James P. Spradley
PARTICIPANT OBSERVATION

参加観察法入門

著＝ジェイムズ P. スプラッドリー
監訳＝田中美恵子　亀田医療大学大学院看護学研究科教授
　　　麻原きよみ　聖路加国際大学大学院看護学研究科教授

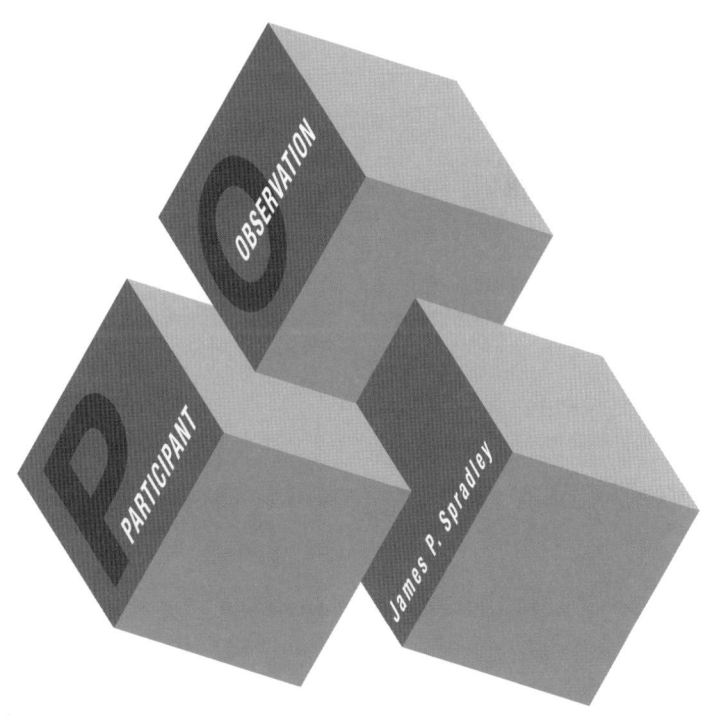

医学書院

● 著者
James P. Spradley(1934-1982)
元・マカレスター大学人類学部教授

Authorized translation edition of the original English language edition
"Participant Observation" by James P. Spradley
Copyright © 1980 by Thomson Learning Inc., London
© First Japanese edition 2010 by Igaku-Shoin Ltd., Tokyo

Printed and bound in Japan

参加観察法入門
発　行　　2010年8月1日　第1版第1刷
　　　　　2024年1月15日　第1版第2刷
著　者　　ジェイムズ P. スプラッドリー
監　訳　　田中美恵子・麻原きよみ
発行者　　株式会社　医学書院
　　　　　代表取締役　金原　俊
　　　　　〒113-8719　東京都文京区本郷1-28-23
　　　　　電話　03-3817-5600（社内案内）
印刷・製本　三報社印刷

本書の複製権・翻訳権・上映権・譲渡権・貸与権・公衆送信権（送信可能化権を含む）は株式会社医学書院が保有します。

ISBN978-4-260-01050-4

本書を無断で複製する行為（複写，スキャン，デジタルデータ化など）は，「私的使用のための複製」など著作権法上の限られた例外を除き禁じられています．大学，病院，診療所，企業などにおいて，業務上使用する目的（診療，研究活動を含む）で上記の行為を行うことは，その使用範囲が内部的であっても，私的使用には該当せず，違法です．また私的使用に該当する場合であっても，代行業者等の第三者に依頼して上記の行為を行うことは違法となります．

|JCOPY|〈出版者著作権管理機構　委託出版物〉
本書の無断複製は著作権法上での例外を除き禁じられています．複製される場合は，そのつど事前に，出版者著作権管理機構（電話 03-5244-5088，FAX 03-5244-5089，info@jcopy.or.jp）の許諾を得てください．

●訳者一覧

掛本　知里	東京有明医療大学看護学部看護学科教授	
大森　純子	東北大学大学院医学系研究科保健学専攻教授	
田中美延里	愛媛県立医療技術大学保健科学部教授	
金谷　光子	新潟医療福祉大学健康科学部教授	
妹尾　弘子	東京工科大学医療保健学部教授	
下川　清美	川崎医療福祉大学医療福祉学部講師	
横山　惠子	横浜創英大学看護学部教授	
畠山　卓也	駒沢女子大学看護学部准教授	
志賀加奈子	日本赤十字北海道看護大学大学院看護学研究科教授	
田中美恵子	亀田医療大学大学院看護学研究科教授	

（翻訳順）

▌監訳者まえがき▐

　本書は，James P. Spradley 著 *Participant Observation*（Thomson Learning, 1980）の全訳である。著者の James P. Spradley は，1969 年からその死去の年である 1982 年まで，マカレスター大学の人類学部教授であり，本書はその時の彼の著作である。本の寿命の短いことで知られる本国アメリカにおいても，出版から 30 年近く経った現在でも刷り続けられているベストセラーである。

　Spradley については，マカレスター大学の HP：Macalester Today（http://www.macalester.edu/mactoday/060105/anthropologyspokenhere.html）で知ることができる。そこには，『永遠の Jim Spradley』（注：Jim は，James の愛称）というタイトルのもと，以下のような内容が記されている。まず冒頭に「カリスマ的な教師，彼は若くして亡くなったが，20 冊の本と彼からたくさんの恩恵を受けた多くの学生を残した」とある。その生い立ちを要約すると次のようになる。

　1934 年　ロサンゼルスで出生。家は貧しかったが，とても信仰深い家庭だった。父親はパートタイムで，ペンテコステ派の牧師をしていた。彼は父から聖書の一節を覚えて要約することを教えられた。このことが後に彼が学生の論文を読むのに役立った。
　1969-1982 年　マカレスター大学人類学部で教鞭をとる。12 年間で 20 冊の本を執筆または編集した。そのうちの 7 冊が現在もなお出版され続けている。
　1982 年　48 歳で白血病により死去。妻 Barbara との間に 3 人の娘がいた。

　この記事からも，Spradley が多くの学生，同僚から敬愛され，彼らに多くの影響を与え続け，今なおその死が悼まれていることが伝わってくる。
　マカレスター大学では，マカレスター初の人類学者である McCurdy 教授と Spradley が 1960 年代後半に着任することにより，それまでは大学院生になってから行うとされていたフィールドワークが学部学生でも可能となり，

監訳者まえがき

学部学生が1学期の間に質の高い人類学研究を実施することができるようになったとのことである。また，今でもその伝統が引き継がれているようである。

このような背景をもつ本書は，まずなによりもエスノグラフィーのフィールドワークの技法を，特に参加観察法に焦点を当てて，初学者が学ぶことができるよう意図された優れたテキストである。第1部では，「エスノグラフィー」「文化」といった基本的な概念やエスノグラフィー研究の目的・特色などが極めて明快に押さえられている。このような第1部を前提にして展開される第2部は，本書の特徴をもっともよく表している。すなわち，**エスノグラフィーの実際を学ぶための最良の方法はやってみることである**」という本書全体の底を流れる前提にもとづき，第2部の各ステップには学習課題が設定され，学んだことを実際に行ってみることで次のステップに進むという極めて実践的な方法で書かれている。また，本書全体を通して，Spradley自身の研究を中心としてたくさんの研究から具体例がふんだんに取り入れられている。そのため，本書は極めて系統的で明解，実践的であると同時に具体的でもある。質的研究を行ううえで突き当たる数々の困難や問題についても，実に懇切丁寧に対処策や解決策が示されている。したがって，著者自身も述べているように，本書は初学者にかかわらず，またエスノグラファーにかかわらず，質的研究を行うすべての人にとってガイドとなる優れた質的研究の書である。また，その率直な語り口やところどころに見受けられるユーモアから，Spradley氏自身の人間的な温かさや魅力が伝わってくるのも本書を読む愉しさの1つである。これらのことが，本書が長い間多くの人に活用されてきたゆえんであろう。

なお，本書の翻訳は，聖路加看護大学・地域看護学の教員と大学院生による自主的な勉強会，ならびに東京女子医科大学大学院看護学研究科博士後期課程（解釈的精神看護学）の講義を通して，それぞれに訳出されたものに監訳を加えることでなし遂げられた。看護学をはじめ，文化を基盤とした人間の経験を扱う多くの学問領域で，本書が活用されることを訳者一同願う次第である。

本書によれば，「エスノグラフィーの中心的な目的は，現地の人の視点から別の生活の仕方を理解することである」(p.3)とされる。また「エスノグラフィーとは，**人々を研究する**というより，むしろ**人々から学ぶ**ことなのであ

る」(p.3)と言う。他の人の視点から見ることを学ぶといったこうした姿勢は，研究に限らず，私たちが生きていくうえで役立つものではないだろうか。

　最後になったが，遅れ遅れの翻訳作業を忍耐強く支えてくださった医学書院の石井伸和氏に心より感謝申し上げる。

2010年初夏

監訳者　田中美恵子
麻原きよみ

序

　本書は，参加観察法を使ってフィールドワークを行う方法を，初学者である学生に示すものである。この本は，誰もが段階を追って指示に従っていけばよいようにできている。社会科学の基礎知識をもっている必要はない。また，研究方法の講義を受けて，この本の内容を補足する必要もない。ここには，研究を開始し，データを集め，結果を分析し，報告書を書き上げるために必要なものすべてが含まれている。必要なのは毎週数時間費やすことと，フィールドワークという冒険に対する興味である。1学期の間に，あなたは質的研究の調査を開始し，完了することになる。そして，その過程で，この本やその他のいかなる本からも得ることができない，社会科学についての何かを学ぶことになる。

　社会科学と多くの応用科学の間に静かな変革が広がっている。教育者や都市計画者，社会学者，看護師，心理学者，公益法専任弁護士，政治学者，その他多くの人々の間に，質的研究に対する新たな理解が生まれてきた。どこに住んでいる人であろうとも，人にはそれぞれの生活様式や固有の文化があるということが深く認識されるようになってきた。人類を理解したいのであれば，これらの文化に真剣に取り組まなくてはならない。人類学者の間で**エスノグラフィー**と呼ばれる質的研究の時代がやってきたのである。

　水かさが徐々に増し，岸にあふれ，小さな川となって多方向に水が流れ出すように，エスノグラフィーの変革は人類学の岸からあふれ出した。この流れは，ニューギニア沖のトロブリアンド諸島の住民や北アメリカのイヌイットとクワキウトル族インディアン，東南アジアのアンダマン諸島の住民のフィールドワークから始まった。しかし現在では，エスノグラフィーははるか彼方のエキゾチックな文化に追いやられることはなく，自分たち自身や現代社会における多文化社会を理解するための基本的な道具となるために，私たちのもとへ戻ってきたのである。

　私が教えているマカレスター大学はミネソタ州セントポール市にあるが，ここから数マイルの所に血液銀行がある。血液銀行は，アメリカの大都会な

序

らばどこにでもあるものである。1人の研究者が、この血液銀行を理解するためにエスノグラフィーを用いて研究にとりかかった。彼女は、血液を売りに来る学生と高齢の失業者をつぶさに観察した。また、看護師が彼らの腕を調べ、チューブと針を取り付け、貯蔵室に血液バッグを運ぶのを観察した。彼女自身も血液を提供し、その際の何気ない会話に耳を傾けた。こうして彼女は数か月にわたって血液銀行にある独特の言語と文化を学び、そのことを参加者の視点から記述した（Kruft, 1978）。彼女はエスノグラフィーを行っていたのである。

　ミネアポリス市のミシシッピー川の向こうに、トランポリンの事故で頸部を損傷し、手足が麻痺している男性が生活していた。彼は専門職として常勤で働いていたが、多くの時間を車椅子で過ごしていた。専門用語では四肢麻痺患者と呼ばれる状態であり、私たちのほとんどが当たり前にできる多くのことを人に頼らなくてはならなかった。私が担当していたクラスで学んでいた医学部予科生の一人が、「四肢麻痺」の文化に興味をもつようになり、多くの時間を費やしてこの男性にインタビューを行った。また介護施設に暮らしている他の四肢麻痺患者も訪問し、次第に彼らの生活に対する見方を理解するようになった。彼は自分が選択した医療分野にも直接応用可能なフィールドワークを、別の文化の中で行った（Devney, 1974）。彼はエスノグラフィーを行っていたのである。

　数年前、私はアルコール依存症とどや街のアルコール依存症者を治療することの難しさに興味をもつようになった。そこで私はエスノグラフィーのアプローチを用いて、長年どや街で暮らしている男性たちを研究し始めた。彼らの話に耳を傾け、観察し、私にいろいろと教えてくれるように頼んだ。その結果、一般の人が「人生の落伍者」と見下す男性たちの生活に形と意味を与えている複雑な文化を発見した（Spradley, 1970）。私はエスノグラフィーを行っていたのである。

　定年退職年齢に達しているアメリカの高齢者の数は、1900年以降500％以上増加した。Jacobs（1974）は、約5,600名からなる退職後の高齢者が住む大きなコミュニティを理解しようとした。彼は町を訪れ、店に行き、クラブや集会に参加し、高齢者が語る彼らの生活の仕方に多くの時間をかけて耳を傾けた。彼は、コミュニティの構成員の視点からこのコミュニティを理解したいと思っていた。彼はエスノグラフィーを行っていたのである。現代におい

ては，これと同様のエスノグラフィーの例を世界のどこからでも引っぱり出すことができるであろう。

　質的な研究に対する新たな関心の高まりは，2つの差し迫った要求をもたらした。その1つは，エスノグラフィーの本質とは何かを明らかにせよという要求である。さまざまな領域の研究者や学生がエスノグラフィーを行おうとして，自分たち自身の学問領域の前提をこのアプローチに持ち込んでくる。多くの場合，エスノグラフィーは他のタイプの質的・記述的な研究と混同されてきた。インタビューと参加観察は他の形の研究でも用いられるため，**エスノグラフィーの記述を導くエスノグラフィーのインタビュー**や**参加観察**とは何を意味するのか明確にする必要が出てきた。そこで本書の第1部では，エスノグラフィーの定義を示し，そのもとになっている前提のいくつかを示し，他の研究アプローチとの違いを示す。またエスノグラフィーを行ううえでの倫理と，計画的なエスノグラフィー研究を行うための基準についても検討する。

　多くの領域でエスノグラフィーに対する関心が高まり，今度はエスノグラフィーの研究技法を学ぶための特別な指導という，2つ目の要求が生じてきた。多くのエスノグラファーは見習い制度の下で，またはいわゆる実地訓練を通して，初めてのフィールド研究を行いながら，必要な技術を自分で学んできた。本書は，エスノグラフィーを行うための系統的な手引書に対する要請に応えるものである。私は本書とその姉妹編である『エスノグラフィーのインタビュー』(*The Ethnographic Interview*, Spradley, 1979) の中で，エスノグラフィーに必要な基本的な概念と技法を明らかにしようと試みた。私はどちらの本においても，このアプローチを**段階的研究手順法**〔the Developmental Research Sequence (DRS) Method〕と呼んでいる。このアプローチに対する私の関心は，**エスノグラフィーを行う際には，ある作業はほかの作業より先に行うとうまくいく**という，ごく単純な観察から始まった。フィールドワークでは，しばしばすべてのことを一度に行うように求められているような気がするが，実際には，エスノグラファーはすべてのことを一度に行うことなどできない。エスノグラフィーのインタビューと参加観察は，別々に行う場合でも，また組み合わせて行う場合でも，ある種の**順序**に従って行うとうまくいく作業を含んでいる。例えば，エスノグラファーはインタビューと参加観察を行う前に，どの社会的状況や情報提供者にするかを決めておかなけれ

序

ばならない。また質問の中には，他の質問よりも先に尋ねたほうがよいものがある。観察とインタビューは，データ分析の前に行わなければならない。この**作業手順**という考え方に従って作業し始めたところ，これは私自身の研究に価値があるだけでなく，エスノグラフィーの技法を学ぼうとする学生や専門家にとっても特別な意義をもつものであることに気づいた。12年の間に明らかになったことは，エスノグラフィーを**行う**手順と，それを**学ぶ**手順である。したがってこの本は実際，エスノグラフィーを学びたいと思っている初学者と，自分の調査スタイルにこの手順を取り入れたいと考えているエスノグラフィーの専門家，この両者のために書かれているのである。

　本書の第2部である「段階的研究手順法」では，「社会的状況を定めること」を起点として，ゴールとなる「エスノグラフィーを書くこと」に至るまで，調査者を導く一連の12の主要な課題について説明している。これら大項目の課題はそれぞれ，エスノグラフィーの質問を行うとか，エスノグラフィーの分析を行うなどという，いくつもの小さな課題に単純化され細分化されている。段階的研究手順法の概略と，本書においてこの方法を用いるうえでどのように限界設定をしたかに関心のある方は，付録Aの「段階的研究手順法」を参照していただきたい。

　エスノグラフィーは，心躍る取り組みである。エスノグラフィーは，人々が考えていることを明らかにし，人々が日々用いている文化的な意味をあらわにしてくれる。これは，人々が学んできた，そして人々が自分の世界から意味を形成するために用いている個々別々の現実に私たちを導いてくれる，社会科学における唯一の系統的なアプローチである。この複雑な社会の中で，他者が自分の経験をどのようにとらえているかを理解することの必要性が，今ほど高まっている時はない。エスノグラフィーは，大いなる可能性を秘めた道具である。教育者には学生の目を通して学校を見る方法を，保健医療専門職には多種多様な背景をもつ患者の目を通して健康と疾病を見る機会を，犯罪司法制度を専門とする人々にとっては，その制度に助けられた人やその犠牲になった人の目を通して世界を見る機会を，さらには，カウンセラーにはクライアントの視点から世界を見る機会をもたらしてくれる。

　エスノグラフィーは私たちすべてに，自分の狭い文化的な背景の外に踏み出し，たとえ一時であれ，社会的に受け継がれてきた自民族中心主義から離れて，異なる意味体系にもとづいて生活する他者の視点から世界を理解する

機会を与えてくれる。私の理解では，エスノグラフィーはエキゾチックな文化を研究する人類学者の排他的な道具以上のものである。むしろこれは，それこそが私たちを人間たらしめている文化的な違いというものを理解するための道である。静かなエスノグラフィー的変革の背後にあってそれを動かしているもっとも重大な力とはおそらく，文化的多様性とは人類に与えられたすばらしい贈り物の1つであるという広くゆきわたった認識である。本書を活用する人々が，こうした文化的多様性をより深く理解できるようになることが私の願いである。

J. P. S.

謝辞

　本書の中で私が展開した考えには，多くの人々が貢献してくれている。特に，過去数10年の間に私のエスノグラフィーのフィールドワークのコースを受けた何百人もの学部生と大学院生に感謝する。彼らは私にエスノグラフィーの実践について多くのことを教えてくれた。彼らの経験はこの本の随所に反映されている。また，今までとは異なる教育と学習のスタイルを自由に試させてくれた，マカレスター大学とその人類学部にとりわけ感謝する。

　本書の中で繰り広げられている考えの多くは，もともとは，同僚であるマカレスター大学社会学部のJeffrey E. Nash教授とともに教鞭をとる中で生み出されてきたものである。Nash教授に対し，その考えや本書に示されている多くのテーマについての長いディスカッションに対し，また参加観察者としての彼の技術から学ぶことを許してくれたことに対し，深く感謝する。あらゆる状況を質的研究の実験室と化し，その発見を記述的な研究に移し変えるその能力は，私の知る社会学者の中でも類を見ないものである。

　このほか，David McCurdy，Thomas Correll，Oswald Werner，Calvin Peters，Richard Furlow，George Spindler，David Boynton，Herman Makler，Mary Lou Burketら多くの方々が，原稿へのコメントや，あるいは意見や助言を通して，この本に貢献してくれた。1976年から1977年にかけて，私はアメリカ学術振興協会（American Association for the Advancement of Science）が後援する夏季短期講習を通して，人類学，社会学，歴史学，心理学，教育学，政治学の専門家に，これらの考えの多くを提示した。彼らの多くが，自身の研究や教育にこのアプローチを活用してくれたが，彼らの考えは本書に記されていることを洗練し，明確化にするのに役立った。

　Barbara Spradleyは，本書にもっとも重要な貢献を果たした。妻として，また同僚として，彼女は私がここに示したすべての考えを繰り広げるのに耳を傾け，多くの示唆とたゆまぬ励ましを与えてくれた。彼女の助力なしでは，この本が日の目を見ることはなかったであろう。

CONTENTS

目次

監訳者まえがき	v
序	ix
謝辞	xv

第1部 エスノグラフィー研究 …………………………………… 1
第1章 エスノグラフィーと文化 …………………………………… 3
1. 文化 …………………………………… 6
2. 文化について推論をする …………………………………… 12

第2章 何のためのエスノグラフィーか …………………………………… 17
1. 人類を理解すること …………………………………… 17
2. 人類への奉仕としてのエスノグラフィー …………………………………… 22
3. 倫理原則 …………………………………… 27

第3章 エスノグラフィー研究のサイクル …………………………………… 35
1. エスノグラフィーの調査計画を立てる …………………………………… 38
2. エスノグラフィーの質問をする …………………………………… 41
3. エスノグラフィーのデータを収集する …………………………………… 43
4. エスノグラフィーの記録をつける …………………………………… 44
5. エスノグラフィーのデータを分析する …………………………………… 45
6. エスノグラフィーを書く …………………………………… 45

第2部 段階的研究手順法 …………………………………… 47
ステップ1 社会的状況を定める …………………………………… 49
1. 社会的状況 …………………………………… 50
2. 選択の基準 …………………………………… 58

ステップ2 参加観察を行う …………………………………… 67
1. 普通の参加者と参加観察者の違い …………………………………… 68
2. 参加のタイプ …………………………………… 74

ステップ3 エスノグラフィーの記録をつける …………………………………… 81
1. エスノグラフィーの記録と言語の使用 …………………………………… 81

目次

  2. フィールドノートの種類 …………………………………… 89
- **ステップ4 記述的観察をする** ………………………………… 95
  1. エスノグラフィーの研究の単位 ……………………………… 96
  2. 記述的観察の種類 ……………………………………………… 100
  3. 記述的質問のマトリックス …………………………………… 105
- **ステップ5 領域(ドメイン)分析をする** ……………………… 111
  1. エスノグラフィーの分析 ……………………………………… 112
  2. 文化的領域(ドメイン) ………………………………………… 115
  3. 領域(ドメイン)分析のステップ ……………………………… 120
- **ステップ6 焦点化観察をする** ……………………………… 129
  1. エスノグラフィーの焦点の選択 ……………………………… 130
  2. 焦点化観察 ……………………………………………………… 138
- **ステップ7 分類分析をする** ………………………………… 145
  1. タキソノミー …………………………………………………… 146
  2. 分類分析 ………………………………………………………… 149
- **ステップ8 選択的観察をする** ……………………………… 157
  1. インタビューと参加観察 ……………………………………… 158
  2. 対比的質問 ……………………………………………………… 161
  3. 選択的観察 ……………………………………………………… 164
- **ステップ9 構成要素分析をする** …………………………… 169
  1. 構成要素分析 …………………………………………………… 170
  2. 構成要素分析のステップ ……………………………………… 172
- **ステップ10 文化的テーマを発見する** ……………………… 181
  1. 文化的テーマ …………………………………………………… 182
  2. テーマ分析のための方略 ……………………………………… 188
- **ステップ11 文化的な目録をつくる** ………………………… 201
  1. 文化的領域(ドメイン)のリストをつくる …………………… 202
  2. 分析された領域(ドメイン)のリストをつくる ……………… 203
  3. スケッチした図を集める ……………………………………… 203
  4. テーマのリストをつくる ……………………………………… 204
  5. 例の目録 ………………………………………………………… 204
  6. 組織化する領域(ドメイン)の明確化 ………………………… 205

7. 索引または目次をつくる ……………………………………205
　　　8. 雑多なデータの目録 …………………………………………206
　　　9. 追加調査の可能性 ……………………………………………206
　ステップ 12　エスノグラフィーを書く …………………………………209
　　　1. 翻訳のプロセス ………………………………………………210
　　　2. エスノグラフィーを書くためのステップ ………………220

付録 …………………………………………………………………………………227
　付録 A　段階的研究手順法（DRS メソッド）………………………229
　付録 B　段階的研究手順法（DRS メソッド）における
　　　　　書くための課題 ………………………………………………235

文献 …………………………………………………………………………………239
索引 …………………………………………………………………………………247

第1部

ETHNOGRAPHIC RESEARCH

エスノグラフィー研究

第1章 エスノグラフィーと文化

　エスノグラフィーのフィールドワークは，文化人類学のお家芸である。ペルーのジャングルの村であろうとニューヨークの街角であろうと，人類学者は人々が生活する所へ赴き，「フィールドワークを行う」。このフィールドワークを行うということは，活動に参加すること，質問をすること，食べ慣れない物を食べること，新しい言葉を学ぶこと，儀式を見ること，フィールドノートをとること，洗濯をすること，家に手紙を書くこと，家系図をたどること，遊びを観察すること，情報提供者にインタビューすることなど，多くのことを意味する。このように活動の範囲があまりに広いために，フィールドワークのもっとも基盤となる作業，すなわちエスノグラフィーを行うことの本来の性質が曖昧になってしまうことがある。

　エスノグラフィーは，文化を記述する仕事である。エスノグラフィーの中心的な目的は，現地の人の視点から別の生活の仕方を理解することである。エスノグラフィーの目的は，Malinowski が述べているように，「現地の人のものの見方，彼らの生活とのかかわりを把握し，**彼らが彼らの世界をどう見ているかを真に理解すること**」（Malinowski, 1922：25）である。したがってフィールドワークとは，自分とは異なった方法で見ることや聞くこと，話すことや考えること，行動することを学んできた人々にとって，その世界がどのようなものであるかについての学問的探究を意味する。エスノグラフィーとは，**人々を研究する**というより，むしろ**人々から学ぶ**ことなのである。次の例について考えてみよう。

　George Hicks は，1965 年にアパラチア渓谷の山岳地帯に住む人々の生活の仕方について学び始めた（Hicks, 1976）。彼の目的は，現地の人々の文化を発見することであり，彼らの視点から世界を見ることを学ぶことであった。彼は，家族とともにリトル・ローレルヴァリーに引っ越し，娘は地元の学校に

通い，妻は地元のガールスカウトのリーダーの1人になった。まもなくHicksは，いくつかの商店と店主たちがその谷の情報伝達システムの中心であり，谷全体にとってもっとも重要な社会的な場となっていることを発見した。彼は，人々がすることをよく観察すること，彼らのすることを真似ること，そして，次第に店の常連の1人になることを通して，このことを学んだ。彼はこう書いている。

> 少なくとも1日1回は，谷のいくつかの店を訪ね，世間話をする男たちのグループの中へ座り込んだ。さもなければ，店主がたまたま独りでいる場合には，親族関係の義務について私がわからずに困っていることについて尋ねた。私は，時間を見つけては，リトル・ローレルの素晴らしい語り手数人と一緒に時を過ごした。それはそれは楽しいひと時だった……その他の時間は，とうもろこしや干草を集め，小屋を建て，木を切り，ガラックス（訳注：アメリカ南東部産のイワウメ科の常緑草）を抜いて袋詰めし，コケモモがたくさんなっている場所を探す地元の男たちの手伝いをしたりした。例えば，凍りついた水道管の修理とか，私が助けを必要とした時には，彼らはいつでも快く手を貸してくれた（Hicks, 1976：3）。

別の生活の仕方の中に隠された原則を発見するために，研究者は**生徒**にならなければならない。店主や語り手たち，そして，地元の農夫たちは**教師**となる。Hicksは，このアパラチア地方の山間の谷の環境をつくりあげている「気候」や「植物相」，「動物相」を研究するのではなく，山に住む人々が木やガラックス，コケモモをどのようなものととらえ，それにどのような価値をおいているかを発見しようとした。彼は「結婚」や「家族」，そして「交友関係」について，ほとんどのアメリカ人が知っているような観点から社会的な生活を記述しようとはしなかった。その代わりに，山に住む人々が親戚や友人をどのようにとらえているかを発見しようとした。親族の男性が負うべきだと彼らが考えている義務について学び，友人についてどのように感じているかを発見しようとした。**内部者の視点**を発見するということは，たとえその者が訓練された社会学者であったとしても，もっぱら外部者の視点にもとづく知識とは異なった種類の知識なのである。

また別の例について考えてみよう。今度は，西洋人ではないエスノグラ

ファーの見方の例である。マカレスター大学の文化を学び始めたイヌイットの女性を思い浮かべてみよう。イヌイットの豊かな文化的伝統の下で十分な教育を受けた彼女は，マカレスター大学の学生や教職員の文化を理解するために何をしなければならないのだろうか。彼女は，この人々の生活をつくりあげているパターンをどのように発見するのだろうか。どうしたら，彼女は自分の見るものすべてに対し，イヌイットの考えやカテゴリー，価値を当てはめずにいられるのだろうか。

　おそらく非常に難しいことではあろうが，彼女は第一に，**素朴実在論**に対する彼女の信念，すなわち，すべての人々が物体や出来事，生物からなる**現実世界**をほぼ同じようにとらえているという，ほとんど普遍的な信念を捨て去らなければならないだろう。言語はそれぞれの社会によって異なるかもしれないが，なじみのない単語や文の背後で，誰もが同じ事柄について話している。素朴実在論者は，愛，雪，結婚，崇拝，動物，死，食物，その他多くの物事は，すべての人間にとって本質的に同じ意味をもっていると仮定している。そのような自民族中心主義を認める人はほとんどいないだろうが，この仮定は，無意識のうちに私たちの研究に影響を与える。エスノグラフィーは，ほとんど完全な無知という意識的な態度をもって始まるのである。すなわち，「私には，マカレスター大学にいる人々が自分たちの世界をどのように理解しているかわからない。それは，まだ発見されていない」という態度である。

　このイヌイットの女性は，学生や教職員が話す言葉を学ぶことから始めなければならない。彼女は，構内の小道をぶらぶら歩き，講義に出たり，特別行事に参加したりすることができる。しかし，意識的に現地の人の視点から物事を見ようとした時にのみ，彼女は人々の見方をとらえることができる。1週間のオリエンテーション期間中，1年生を観察し，その話に耳を傾けなければならない。履修登録の列に並び，自分が取りたい科目について学生たちが話すのに耳を傾けたり，科目の選択について学生にアドバイスする教員を観察するためにいくつかの学部を訪れたりしなければならない。散策しているうちに，タイプを打つ秘書や掃除をする清掃員，雪かきをする用務員を観察したくなるかもしれない。自分の小さな郵便箱を開けようと郵便課に押しかける1,600人以上の学生を観察し，迷惑郵便や自宅からの手紙，または郵便が1通も来ていないことに対する彼らの感想に耳を傾けたりする。教授や

理事たちが何を言い，どのように振る舞っているかを記録しながら，そこで何が行われているかを観察するために教授会に出ることもあるだろう。彼女は，試しにさまざまな講義に出てみたり，週末のビアパーティーをのぞいたり，『マック・ウィークリー』（訳注：マカレスター大学の週刊学生新聞）を読んだり，「恋愛関係」や「フットボールチーム」や「学内アルバイト」などについて，学生たちが話すのを何時間も聴いたりするだろう。彼女は，こうした事柄のすべての**意味**を学びたくなるだろう。そして，これらの意味を学ぶために，彼女はこの大学に所属する人々の話に耳を傾けたり，彼らがすることを見たり，彼らの活動に参加したりしなければならないだろう。

エスノグラフィーの本質的な核心部分は，行為や出来事が，私たちが理解しようとしている人々にとってどのような意味をもつのかという，こうした意味への関心である。これらの意味の中には，言葉で直接表現されるものもあるが，多くはあまりにも当然で，言葉や活動を通して間接的にしか伝達されない。しかし，どのような社会においても，人々は，行動を系統立て，自分と他者を理解し，自分が生きている世界に意味を与えるために，このような複雑な意味体系を絶えず使用している。こうした意味体系が人々の文化を構成しているのであり，エスノグラフィーとは常に，文化に関するある理論のことを指しているのである。

❶ 文化

自分の文化とは異なる文化を研究する時，エスノグラファーは，人間の経験の基盤となる諸側面，すなわち人々がしていること，人々が知っていること，人々がつくり使っている物を扱わなければならない。この3つをある集団が学び，共有している場合に，私たちはこれらをそれぞれ，**文化的行動**，**文化的知識**，**文化的人工物**と呼んでいる。この3つは通常，ほとんどの状況において混ざり合っているが，エスノグラフィーのフィールドワークを行う際にはいつでもこの3つを区別する必要がある。これからこの3つを分けてみることにしよう。

私は最近，シカゴ西部の郊外から中心部まで通勤電車に乗った。それは日中の遅い時間で，私がその列車に乗り込んだ時には，社内には一握りの人がまばらにいるだけだった。それぞれの人が，**文化的行動**の共通の型である，

第1章 エスノグラフィーと文化

読むことに没頭していた。通路の向こうの男性は，『シカゴ・トリビューン』紙を自分の前に広げ，小さな活字を熱心に見てはがさがさと音を立てて次から次へとページをめくっていた。この男性の前の若い女性は，顔からおよそ30 cm の位置に文庫本を持っていた。彼女の目がページの終わりから次のページの初めへ動く時に，頭がかすかに動くのを見ることができた。車両の前方付近では学生が分厚い教科書を読みながら，単語や文章にペンでアンダーラインを引いていた。私の目の前の男性は，買った切符をながめそこに書かれた文字を読んでいた。私はこの情景を瞬時に見渡し，今度は椅子にもたれかかり，窓の外を眺め，どんなに詰まった排水設備の修繕も引き受けると宣伝している配管工事サービスの広告板を読んだ。このように，誰もが皆，同じ種類の文化的行動である「読むこと」に没頭していたのである。

　この共通の活動は，非常に多くの**文化的人工物**，すなわち人間が自然の資源から造り出したり，自然の資源をもとにつくったものに依存していた。私は本や切符，新聞，広告などの人工物を見ることができ，そこにはすべて，「文字」と呼ばれる小さな黒い記号を複雑なパターンで配置したものを見ることができた。そして，これらの小さな人工物は，単語や文，段落というより大きなパターンへと配列されていた。この通勤電車に乗っていた人々は，ある部分，さらにそのほかの人工物のおかげによっても読むということができていたのである。木の皮から紙がつくられ，鉄鋼が印刷機器になり，さまざまな色の染料がインクとなり，接着剤が本のページを貼り合わせ，大きな木枠が広告板を支えていた。もしあるエスノグラファーが，私たちの社会における読むということの文化的意味を十全に理解しようとしたならば，これらの人工物やまたその他の多くの文化的産物に関する念入りな調査が必要となるであろう。

　行動と人工物は簡単に見ることができるが，これは深い湖のほんの表面にすぎない。表面の下の目に見えない部分には，**文化的知識**という膨大な蓄積がある。電車に乗っていた人々は，読むために何を知る必要があったのかを考えてみよう。まず，彼らは少なくとも1つの言語の文法規則を知っていなくてはならなかった。そして，紙に記された小さな印のすべてを知っていなければならなかった。さらには，空白と行，ページの意味も知らなければならなかった。彼らは「目を左から右へ，ページの上から下へ動かす」という文化的なルールを知っていた。ページの下の文章は次のページの上に続いて

7

いるということを知っていた。新聞を読んでいた男性は，列や列と列との間にある空白について，また見出しの意味することについて熟知していた。私たちは皆，誰であれその読み物を書いた人がどのような種類のメッセージを発しようと意図しているかを知っている必要があった。もしある人が，広告のメッセージがもつ重要性と配偶者や子どもから来た手紙のメッセージがもつ重要性とを区別できなかったとしたら，問題が起こるだろう。私は，ほかの人が読んでいる最中であることをどうやって認識するか，その術を知っていた。私たちは皆，電車の中で大きな声を出して読むことは失礼であることを知っていた。新聞でジョークや悲惨な事件の記事を読むとどのように感じるかを知っていた。私たちの文化には，**読むこと**と呼ばれるこの行動に従事し，それに関連した人工物を適切に用いるために，人々が学んだり使ったりする共有の知識が大量に蓄積されているのである。

　文化的知識は，目には見えないが基本的に重要である。なぜなら，私たちは皆，行動を起こし経験を解釈するために常に文化的知識を使っているからである。**文化的知識**はあまりに重要なので，文化的知識について話す時に，私はこれからしばしば，より広義の言葉である**文化**という言葉を使うことがある。実際私は，文化を，**人々が経験を解釈し，行動を起こすために使う習得された知識**と定義する。経験を解釈し物事をなすために人々が自分の文化をどのように使っているかを見るために，また別の例について考えてみよう。

　1973年のある日の午後，私はたまたま，『ミネアポリス・トリビューン』紙で以下の記事を目にした。

> **群集が救助の試みを誤解，警察を襲撃**
> 　1973年11月23日（金），コネチカット州ハートホード。心臓発作を起こした人に心臓マッサージと酸素投与を行っていた3人の警官が75～100人の群集に襲われた。群集はどうやら警官たちがしていたことをよく理解していなかったようである。
> 　救急車が到着するまで，他の警官たちが，大半がスペイン語を話す群集からの攻撃をかわした。何をしているのか説明しようとしたが，群集は警官が女性を叩いていると思っていたようだと，警察は話している。
> 　警官たちの努力の甲斐なく，エヴァンジェリカ・エチェヴァクリアさん（59歳）は死亡した。

ここには，自分たちの文化を使っている人々を見ることができる。2つの異なった集団に属するメンバーは同じ出来事を観察しながらも，それぞれの**解釈**は大きく異なっていた。群集は自分たちの文化的知識を使って，a) 警官の行動を残酷であると解釈し，b) 彼らが残酷であると受けとったことを女性のためにやめさせようと行動した。彼らはある共有された特定の経験に対して，こうした仕方で行動したり物事を解釈したりするための文化的原則を身につけていた。

一方，警官たちは彼らの文化的知識を使って，a) 女性の状態を心停止状態と判断して，彼ら自身の行動を蘇生のための努力と解釈し，b) 彼女に心臓マッサージと酸素投与を行った。警官たちは，酸素マスクと救急車のような人工物を使った。さらに，警官たちは，群集が自身の行動を理解しているのとはまったく異なったやり方で群集の活動を解釈した。2つの集団の人々は自分たちの経験を解釈するために，また緊急事態において行動するために，それぞれに文化的規則を苦心して使い，その結果，少なくともある部分，文化的規則が非常に異なっていたがために衝突が起こってしまった。

この文化の定義を図に示してみると，知識，行動，人工物の関係性をより明確に理解することができる（**図 1**）。文化的知識を基本的なものととらえることによって，強調点を，行動と人工物からそれらのもつ**意味**へと単に移しかえただけのことである。エスノグラファーは行動を観察するが，それを越えてそうした行動の意味を探求する。また，人工物と自然物を見るが，それを越えて人がその物体にどのような意味を付与しているかを明らかにしようとする。さらには，エスノグラファーは情緒的状態を観察し記録するが，それを越えて恐怖や不安や怒りやその他の感情の意味を明らかにしようとする。

図1に示すように，文化的知識は，2つの意識レベルに存在する。**顕在的文化**は，私たちが知っていること，すなわち比較的容易に伝達できるレベルの知識のことである。George Hicks はリトル・ローレルヴァリーで，店主や他の人々に親族のことを尋ねたところ，50歳以上の人であれば誰でも，大勢からなる家系図を説明できることを発見した。彼らは，親族関係のたどり方や，親族の間でとるべきふさわしい行動についての文化的規則を知っていた。私たちは誰もが皆，このように人に話したり説明したりすることができる文化的知識の幅広い領域を身につけている。

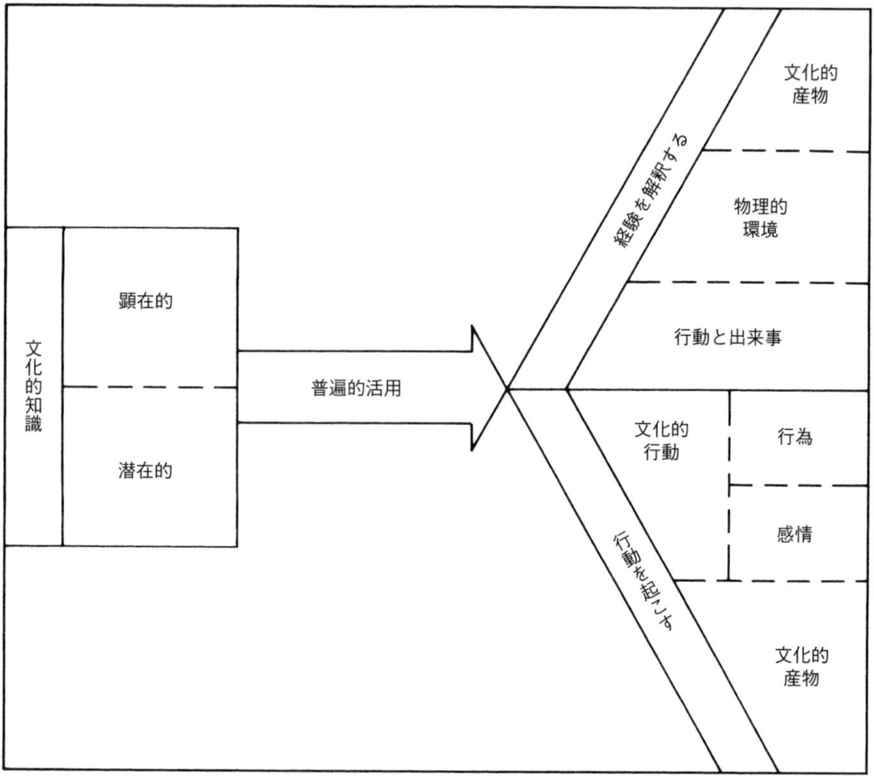
文化的
産物
経験を解釈する
物理的
環境
行動と出来事
顕在的
文化的知識
普遍的活用
潜在的
文化的
行動
行為
感情
行動を起こす
文化的
産物

図1　文化的知識の2つのレベル

それと同時に，私たちの文化的知識の大半は潜在したままであり，私たちの意識の外にある。Edward T. Hall は，その著書『沈黙のことば』（*The Silent Language*, 1959）と『かくれた次元』（*Hidden Dimension*, 1966）の中で，潜在的な文化的知識の本質を解明しようと力を注いでいる。それぞれの文化が空間をどのようにとらえるかは，しばしば潜在的な知識レベルで起こる。Hall は，私たちは皆，他人とどのくらいの距離の所に立つのか，家具をどう配置するのか，どんな時に人に触れるのか，そして，どんな時に部屋を狭苦しいと感じるのかといった，何千もの空間的手がかりを身につけていることを指摘した。自分の潜在的文化が働いていることに気がついていないと，自分とは違う文化をもつ人が，すぐそばに立ったり，話す時に息を吹きかけたり，体に触れたりした時，あるいは家具が部屋の隅ではなく中央に置かれているのを

見た時に，私たちは落ち着かなくなる。エスノグラフィーは顕在的な文化的知識と潜在的な文化的知識の両方についての研究であり，この本の中では，この両方のレベルの知識を明らかにできるような研究の方略を示している。

習得された知識としての文化の概念は，人間の行動を意味によって説明しようとする理論であるシンボリック相互作用論と多くの共通点をもっている。シンボリック相互作用論は Cooley や Mead, Thomas らの社会学者の仕事に起源がある（Mani & Meltze, 1967）。Blumer は，この理論が拠って立つ 3 つの前提を明らかにしている（1969）。

第 1 の前提は，「人間は，その物事の自分にとっての意味にもとづいて物事に対して行動する」（1969：2）というものである。先の例では，警官たちと群集は，彼らにとって物事がもつ意味にもとづいて相互作用をしていた。地理的な位置や人々のタイプ，パトカー，警官たちの動き，病気の女性の行動，そして傍観者の活動など，すべてが特別な意味をもった**シンボル**なのである。人々は，物事自体に対して行動したのではなく，物事の意味に対して行動したのである。

シンボリック相互作用論の基盤をなす第 2 の前提は，「そのような物事の意味は，仲間との社会的な相互作用から引き出される，あるいは，そこから生じる」（Blumer, 1969：2）というものである。共有された意味のシステムとしての文化は，人々の相互作用の文脈の中で学習され，修正され，維持され，そして規定される。群集は，他の人との相互作用を通して，また警察に関する過去の連想を通して，警官たちの行動をどうとらえるかを共有することになった。警官たちは，他の警官やその所属する集団のメンバーとの相互作用を通して，彼らが使った文化的な意味を獲得していた。集団の文化はそれぞれ，特定のコミュニティの社会的な生活と密接に結びついていたのである。

シンボリック相互作用論の第 3 の前提は，「意味は，直面する物事に対処しようとする人が用いる解釈のプロセスを通して，操作され，修正される」（Blumer, 1969：2）というものである。群集も警官たちも何も考えずに機械的に動いていたわけではなく，自分たちの文化によって突き動かされ，あのような行動をとったのである。むしろ，状況を解釈し評価するために文化的な知識を使っていたのである。もしかすると，群集の中には少し違った方法で警官たちの行動を解釈して，異なる反応を示すことになった者さえ出たかもしれないのである。

文化を認知地図と考えれば，こうした解釈という側面がもっとはっきりとわかるだろう。毎日の生活を成り立たせている反復的な活動に，この地図を当てはめてみよう。この地図は，行動したり経験を解釈したりするための指針として役に立つが，特定のやり方に従うようにと強要することはない。警官たちと瀕死の女性，群集の間のこの短い劇的な事件のように，生活の多くは，思いがけない社会的な出来事の連続である。私たちの文化には，このような出来事のための詳細な地図までは含まれてはいないかもしれないが，それを解釈し，それに対処するための原則は与えてくれる。文化は，人々が従うべき厳密な地図というよりも，以下のように考えるのがもっとも適切である。

　　戯曲を生み出すため，台本を書き上げるため，そして，もちろん役者や観客を集めるための一連の原則……文化とは，人々が単に，全面的にせよ部分的にせよ，また多かれ少なかれ，正確に習得し，読み方を学ぶといったような認知地図ではない。人々は，単なる地図の読み手ではなく，地図のつくり手でもある。人々は，不完全に描かれた，常に修正され続ける地図の下書きの中に投げ入れられる。文化は認知地図を提供してはくれないが，それよりもむしろ地図づくりと航海のための一連の原則を与えてくれる。それぞれの文化は，さまざまな地形や海域にうまく対処できるようにつくられた，航海術のようなものである（Frake, 1977：6-7）。

　意味を真剣に取り扱うならば，シンボリック相互作用論者がそうすべきであると主張しているように，意味について丹念に検討することが不可欠である。そのためには，意味に関する理論とその探究のためにつくられた特定の方法論が必要となる。本書は，そのような理論と方法論を提示する。

❷ 文化について推論をする

　文化，すなわち，人々が集団の構成員として学んできた知識は，直接観察することはできない。例えば，Rybski（1974）はグライダーのパイロットを対象にした研究で，飛行場やグライダーの中にいるパイロットを観察し，彼らが離陸したり，操縦したり，着陸したりするのをつぶさに観察した。彼は

「パイロットの頭の中に入ること」だけで，グライダーのパイロットにとって飛行するということがどのような意味をもつのかを明らかにすることができたのである。人々が知っていることを明らかにしたいのであれば，彼らの頭の中に入らなければならない。難しいことではあるが，「これは不可能な離れ業ではないはずである。私たちが対象とする彼ら自身も，自分たちの文化を学び，〈その土地の文化を演じる俳優〉(ネイティブ・アクター)になった時に，それをなし遂げたのである。私たち研究者には備わっていない神秘の認識術など，彼らだってもっていなかったのである」(Frake, 1964 a：133)。

　どこに住む人であっても，人々は推論をすることでその文化を学ぶ。文化について推論をするためには，一般に，3種類の情報を使う。すなわち，人々がすること（文化的行動）を観察し，衣類や道具など人々がつくり使う物（文化的産物）を観察し，人々が話すこと（話し言葉メッセージ）に耳を傾ける。エスノグラファーは皆，これと同じ推論のプロセスを使って，見たこと，聞いたことを越えて，人々が知っていることを明らかにする。推論の作業には，根拠（認識したこと）と前提（仮定したこと）をもとに判断を下すことも含まれる。子どもは大人のすることを見たり，大人の話を聞いたり，また文化的な行動規範について推論することを通して文化を習得するが，その学習は言語の習得とともに加速する。初めての状況に置かれた場合にはいつでも，私たちは人々が知っていることについて推論しなければならない。あるヨーロッパの国で勉強しているアメリカ人の学生は，教授が教室に入ってくると，クラスの他の学生全員が即座に起立することを観察した。彼女は，「起立することは，権威のある人や教員の地位を認めているということである」という推論をした。その後，教授がクラスに入ってきた時に起立することの重要性を学生たちが詳しく説明してくれて，そうすることの理由を教えてくれた。学生たちが話してくれたことを通じて，彼女は彼らの文化的知識について新たな推論を加えた。

　フィールドワークを行う際には，人々の言うことや行動の仕方，また人々が使う人工物から，常に文化について推論していくことになる。文化についての推論は，最初は人々が知っていることについての仮説にすぎない。この仮説は，人々が特定の文化的意味のシステムを共有していることについて，エスノグラファー自身がある程度確信がもてるようになるまで繰り返し検証されなければならない。行動や話，人工物など，推論の拠り所となるものの

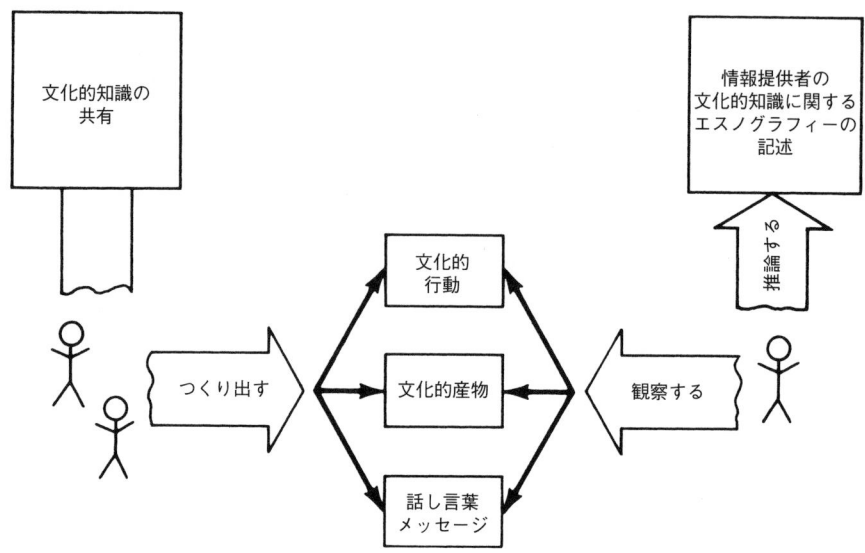

図2 文化的推論

どれ1つとっても確実なものはない。しかしそれらが一体となることで，1つの妥当な文化的記述を導いてくれるのである。そして私たちは，「ある文化に対して未知の人（これが当のエスノグラファーの場合もあるかもしれない）が，エスノグラファーの説明を，その社会の場面を予測するための適切な指示として使うことができるかどうかによって」（Frake, 1964b：112），この記述の妥当性を評価することができるのである（図2を参照）。

文化的知識が言語によって直接的な形で伝達されることがある。このような場合は，容易に推論することができる。「食事の前には手を洗いなさい」とか「食後に泳ぎに行ってはだめよ。お腹が痛くなるわよ」などの子どもへの**指示は顕在的な文化的知識**の代表的な表現である。Rybski（1947）はグライダーのパイロットを対象にした研究の中で，パイロットたちが行っていた飛行は，「ソアリング」（訳注：上昇気流を利用して長時間滞空すること）と呼ばれていて，これにはリッジ・ソアリング，ウェーブ・ソアリング，サーマリングの3つの方法があるということを情報提供者から学んだ。情報提供者は，この文化的知識について容易に話すことができたが，人々の話すことを通して顕在的文化を研究する場合においても，推論の必要性はいささかも減じるものではないということを指摘しておきたい。その場合はただ，作業の困難

さがいささか軽減されるだけのことである。
　しかし前にも述べたように，どの文化でもその大半は**潜在的知識**から成り立っている。情報提供者は常に，直接的には話したり表現したりできないことを知っているものである。したがって，エスノグラファーは人々の言うことに注意深く耳を傾け，その行動を観察し，人工物とその使われ方を研究することによって，人々の知っていることについて推論をしていかなければならない。潜在的な文化的知識の発見について，Malinowski は次のように書いている。

> 　現地の人は自分の基本的な前提を当然のことだと思っているので，自分で自分が信じていることについてその訳を考えたり思案したりしたとしても，いつだってそれは，細かなことや具体的な使い方に関することになってしまうだろう。情報提供者にこのような一般的な説明をしてもらおうとするエスノグラファー側のもくろみはすべて，もっとも稚拙なたぐいの誘導質問の形になってしまうであろう。なぜなら，エスノグラファーは，こうした誘導質問の中で，現地の人にとっては本質的に異質な言葉や概念を引き出さなければならないからである。情報提供者がいったん言葉や概念の意味を理解してしまうと，彼のものの見方は，次々と注ぎこまれる私たち自身の考えに覆い隠されてしまう。したがって，エスノグラファーは独力で一般論を導き出さなければならない。また，現地の情報提供者の直接的な手助けなしに抽象的な説明を作り出さなければならない（Malinowski, 1950：396）。

　すべてのエスノグラファーは，人々が話すことを最大限に活用して文化を記述しようとする。何気ないコメントであろうと長時間のインタビューであろうと，話すことを通して顕在的・潜在的双方の文化的知識が明らかにされる。なぜならば，言語は文化をある世代から次の世代へ伝達するための主要な手段だからである。どのような文化であれ，その多くは言語の形でコード化されている。本書の姉妹編の『エスノグラフィーのインタビュー』（*The Ethnographic Interview*, 1979）の中では，人々が話すことからの推論にもっぱら焦点を当てている。本書では，人々がすること（文化的行動）と，人々がつくり使う物（文化的産物）から推論していくことに焦点を当てている。参加観察をするエスノグラファーは皆，人々の話を記録するだろうから，話すこと（話し言葉メッセージ）からの推論についても，若干触れた。

第2章 何のためのエスノグラフィーか

　エスノグラフィーは，文化を研究する文化である。エスノグラフィーは，研究技法やエスノグラフィーの理論，そして何百もの文化の記述を含んだ知識体系から成り立っている。エスノグラフィーは，人間の文化すべてに関する系統的な理解を，それぞれの文化を学んだ人々の視点から構築しようとするものである。エスノグラフィーは，綿密な検討を正当化する前提，すなわちあらゆる文化に関する知識には価値があるという前提にもとづいている。エスノグラファーは何のために情報を集めるのか。犬ぞりで極冠を移動したり，遠方のメラネシア人の村に住んだり，またニューヨークの摩天楼で働いたりするために，人々が知っておくべきことを見つけ出そうとする理由は何なのか。誰であれ，なぜエスノグラフィーをしなければならないのか。

❶ 人類を理解すること

　まずは科学的な人類学の目的，すなわち，社会的行動の規則性と多様性を記述し説明するという目的から考えてみよう。人間存在のもっとも際立った特徴とはおそらく，その多様性である。なぜ，単一の種が，異なる結婚のパターンをつくりだし，異なる価値観をもち，異なる食物を食べ，異なる方法で子どもを育て，異なる神を信じ，異なる目標を追い求めるといった多様性を示すのか。こうした多様性を理解するためには，まずはそれを綿密に記述することから始めなければならない。人類の多様性の多くは，それぞれの人間集団が生みだし，ある世代から次の世代へと伝えてきた文化から生じている。エスノグラフィーの中心的な課題である文化の記述は，人類を理解するための第1ステップである。

　まず差異を記述し，そしてそれを説明する。文化的差異の説明はある部分，

異文化間比較に依拠しているが，しかし一方で，この作業は妥当なエスノグラフィー研究にも依拠している。人類学における比較作業の多くが，まやかしのエスノグラフィーによって妨害されてきた。このことはしばしば，西洋的概念を西洋以外の文化に押し付けるような研究が原因しており，そのため，研究結果がゆがめられてきた。比較を行うことで，世界中のあらゆる文化の差異だけでなく，類似点も明らかになる。したがって，そのもっとも一般的な意味においてエスノグラフィーは，人間の社会的行動の規則性と多様性の記述と説明の双方に，直接的に貢献するものである。

社会科学の多くは，これよりも限定的な目的をもっている。人間の行動のいかなる研究においても，エスノグラフィーは重要な役割を果たしている。ここで，エスノグラフィーがなしている貢献をいくつか具体的に見ていこう。

a．文化結合理論の洗練

それぞれの文化は，人々が生活している世界をカテゴリー化したり，コード化したり，あるいは定義したりすることを通して，人々に世界を見る方法を提供する。文化は，現実の本質についての前提や，こうした現実に関する具体的な情報についての前提を含んでいる。また，善や真実や信じるに値するものが何なのか，それを特定する価値を含んでいる。ある文化を学ぶ時にはいつでも，人はこうしたことを知らないままに，ある程度までそれにとらわれてしまう。人類学者たちは，このような存在様式を，「文化と結びつけられて」ある者，すなわち，これが「現実」であると当然のごとく思っている，特定のある現実の中で暮らす者として述べている。

社会科学者とその諸理論は，人間存在と結びついているばかりでなく，文化とも結びついている。西洋の教育制度は，経験を解釈する方法を私たちすべての頭の中に吹き込む。世界についての暗黙の前提は，文芸批評，物理学，歴史学，社会科学全般といった，あらゆる学問分野の理論の中に潜り込んでいる。唯一エスノグラフィーのみが，**これにとって代わる**現実の存在を記録し，こうした現実をそれ自身の言葉で記述しようとする。したがってエスノグラフィーは，西洋の社会科学の中で生まれた諸理論を修正する可能性をもっている。

例えば，文化的剥奪の理論について考えてみよう。これは，1960 年代にアメリカで，多くの子どもたちに対する教育の失敗について説明しようとする

中で，具体的な形となって表れてきた1つの考え方である。子どもたちの学業成績が振るわなかった理由を説明するために，子どもたちが「文化的に剥奪」されているという考えが提唱されたのである。主にアメリカ先住民とアフリカ系アメリカ人，メキシコ系住民などの文化をもった集団に焦点が当てられ，文化的剥奪の研究が行われた。この理論の防護網を通して，これらの文化を有した子どもについて研究すれば，文化的剥奪の理論は確認され得るだろう。しかし，文化的に剥奪された子どもと呼ばれる子どもたちの文化について研究したエスノグラフィーからは，異なったストーリーが明らかにされている。教育制度に結びつけられた文化とは異なる，精巧で洗練された適応的な文化を子どもたちはもっていたのである。この理論は今なおある方面では支持されているが，これ自体，「文化に結びついた」理論である。文化的な剥奪とは単に，人々が「自分自身の文化」を剥奪されているということを言っているに過ぎない。確かに，そのような子どもたちがきちんとしたスペイン語や黒人英語を話さなかったとしても，またこの子どもたちの文化の中で価値があると考えられていることをちゃんとできなかったとしても，そのことを問題だと主張する人は誰もいないだろう。しかし，心理学理論や社会学理論の文化との結合性は，文化的剥奪の概念をはるかに越えて広がっている。西洋の行動科学の中で発展した理論はおしなべて，専門職にもっとも典型的に見られる中産階級的西洋文化の暗黙の前提にもとづいているのである。

　エスノグラフィーそのものも，文化との結合から逃れることはできない。しかし，エスノグラフィーは，人間によって生み出された説明的モデルの適用範囲を明らかにする記述をもたらす。また，エスノグラフィーは，社会科学理論がいかに文化と結びついたものであるか，その性質を明らかにする標識として役立つ。そして，人間の行動を研究するすべての研究者に対して，「あなたの研究対象者に対してあなたの理論を押し付ける前に，その人々が世界をどのようにとらえているかを明らかにしなさい」と語りかける。エスノグラフィーは，何世代にもわたって，人々が実際に生活している状況の中で試されてきた民間理論を詳細に記述することができる。そして，専門家の科学的文化以外の視点から，パーソナリティや社会，個人や環境を理解するにつれ，認識論的な謙虚さの感覚が身につくようになる。さらには，私たちの理論はあくまでも仮説であることに気づくにつれ，そうした理論を自民

族中心的でないものへと修正することができるようになるのである。

b．グラウンデッドセオリーの発見

　社会科学研究の多くは，これまで公式理論を**検証**することを目指していた。こうした理論に代わるもの，また自民族中心主義を減らす１つの方策が，文化的記述の実証的なデータにもとづいた理論の開発，すなわち，GlaserとStrauss（1967）が，「グラウンデッドセオリー」と呼ぶものである。エスノグラフィーは，グラウンデッドセオリーの発見のための優れた方策を提供する。例えば，アメリカのマイノリティ文化集団出身の成績優秀な学童のエスノグラフィーから，学業成績についてのグラウンデッドセオリーを開発した研究がある。この研究は，子どもたちは文化的に剥奪されているというよりも，**文化的に過負荷の状態にあること，良い成績をとるためには，２つの文化を同時にもつ能力が求められていること**を明らかにした。しかしグラウンデッドセオリーは，人間の経験の実際的な領域であればどこででも開発可能である。パーソナリティ理論は，民間療法理論に関する綿密なエスノグラフィーによってさらに豊かにすることができる。意思決定理論は，特定の組織における意思決定のための文化的諸規則を発見することによって，さらに豊かなものにすることができる。社会科学理論のほとんどすべての領域は，当たり前となっている文化の中に対応するものをもっているので，このリストは次から次へと増えていくことだろう。

c．複雑な社会の理解

　最近まで，エスノグラフィーはおおむね，西洋以外の小さな文化に追いやられていた。こうした社会を研究することの価値はすぐに受け入れられた。詰まるところ，私たちは彼らについてあまり知らず，また質問紙調査や実験が実施できないため，エスノグラフィーが適切であると思われたのである。しかし，私たち自身の社会を理解するうえで，エスノグラフィーがもつ価値は見過ごされることが多かった。

　アメリカ文化は，私たちにこの複雑な社会についての神話，すなわち人種の坩堝の神話を押し付けている。社会科学者たちは，「アメリカ文化」について，あたかもそれがアメリカで暮らすすべての人によって共有されているひとまとまりの価値を内包するものであるかのように語ってきた。しかし現実

には，アメリカ文化は同質ではなく，現代の複雑な社会で暮らす人々は多くの異なる文化規範をもって生活していることが次第に明らかになってきた。このことは，それがもっとも際立っている民族集団だけにあてはまるわけではなく，さまざまな職業集団においてもまた文化的な差異がみられるのである。アメリカの学校にはそれぞれ文化的なシステムがあり，同じ学校の中でさえ，人によってものの見方は異なっている。高校生の言葉づかい，価値観，洋服の着こなし，活動と，高校教師や職員のそれとを比べてみたらどうだろう。双方の文化の違いは一目瞭然だが，にもかかわらずそのことはしばしば無視されている。刑務所の刑務官と囚人，病院の患者と医師，高齢者たち，さまざまな宗教団体など，これらすべてがそれぞれの文化的な視点をもっている。たとえ同じ町に住んでいたとしても，身体障害のある人とない人とでは，異なった世界に住んでいる。複雑な社会においては，人はある文化的状況から別の状況に移ることによって，それぞれに異なった文化的なルールを用いるのである。エスノグラフィーは，現代生活のこのような複雑な特徴を理解するもっとも良い方法の1つである。エスノグラフィーは，文化的な差異の範囲や，さまざまな視点をもった人々がどのように相互作用しているかを示すことができるのである。

d．人間行動の理解

　動物の行動とは対照的に，人間の行動は行為者にとっての意味をもち，その意味はまた，明確にすることができるものである。私たちは，貝殻を集めている女性に対して，何をしているのか，なぜそうしているのか，その行為について尋ねることができる。人は，周到に計画された科学的な実験に参加する場合であっても，その実験や自分のかかわりについて規定する。そして，どのように規定するかは，常に特定の文化的背景に影響されている。行為者自身が知っていること，すなわち行為者自身がその行為をどのようにとらえているかに触れていない行動についての説明は，それがどのようなものであれ，人間的状況というものをゆがめてしまう偏った説明でしかない。エスノグラフィーという道具は，この意味という事実を扱う1つの手段を提供する。

　したがって，エスノグラフィーの目的の1つは，人類を理解することにある。エスノグラフィーは，特定の状況にある人々の生活についての実証的なデータを生み出してくれる。それによって，私たちは自分たちのものとは異

なった別の現実を見ることができ，人間行動についての，私たちの文化に結びついた理論を修正することができる。しかし，たとえ科学的な理解であったとしても，理解のための知識だけで十分であろうか。私は，そうではないと考えている。しかしながら，エスノグラフィーは，文化変革や社会計画に関与している人々，また広範な人間の問題の解決に携わる人々に，それ以上の恩恵をもたらしてくれるのである。

❷ 人類への奉仕としてのエスノグラフィー

過去には，「知識のための知識」が社会科学を行うための十分な理由である時代があった。これは，少なくとも進歩の必然性と，科学が本来善であることを信じていた人々にとってはそうであった。しかし，その時代が過ぎ去って久しい。その1つの理由として，人間の状況の変化が挙げられる。

> この数十年間，人類はその全歴史の中でももっとも多くの変化に見舞われてきた。現代の科学および科学技術は，コミュニケーション，移動，経済の相互依存といった非常に緊密なネットワークをつくり上げ，そして核による絶滅の可能性を生み出した。その結果，地球という惑星は，その無限の旅の途上で，一隻の宇宙船の中に親密性と仲間と脆弱さを獲得したのである（Ward, 1966：vii）。

決して容易なものではないとしても，こうした脆弱性は私たちの責任を明確にしてくれる。この脆弱性を無視することは，大気圏外を飛行中に燃料を使い尽くし，乗組員が反乱間近にあるという時に，退屈と無重力の宇宙飛行士への影響を研究しているようなものである。

さらに，科学者は研究成果を何に利用するかについて，もはや無視できなくなっている。このことは，遺伝学と原子力の研究だけではなく，エスノグラフィーの研究にもあてはまる。文化的な記述は，人々を抑圧するためにも，解放するためにも用いることができる。私は南アフリカ政府が，人種隔離政策をより効果的なものにするためにエスノグラフィーの記述を利用した例を知っている。また，どや街の酔っ払いたちの文化についての私自身の記述も，

こうした男たちを逮捕しやすくするために警察に利用されるおそれがあることを私は知っていた。このことを知ることは，いつ，どこでこのエスノグラフィーを出版すべきかを決定するうえで，特別な責任を私に課した。そこでは知識が力であるような一隻の宇宙船である私たちの世界において，エスノグラファーは自分たちの研究が何に使われる可能性があるかを考えなくてはならない。

このような事実があるにもかかわらず，科学者の中には自分の研究の実用面へのかかわりには関心をもつ必要などないと主張し続けている者もいる。これは，アカデミックな価値体系の中に深く根づいている考え方である。Robert Lynd は 40 年以上も前に，現在では古典的な書となっている『何のための知識か』の中で，こうした二分化について述べている。

> 学者としての科学者と，科学的な世界の周辺にいる実務家との間で，時間に対するとらえ方に開きが出つつある。前者は，時計の針が巨大な文字盤の上をゆっくり動く，長い，ゆったりとした世界で働いている。彼にとっては，未知のことについて明確な洞察を得ることは，急いでするにはあまりにも大きなもくろみであり，外の世界が騒がしく緊急の要請をしてくることに対して，防音設備の整った研究室の壁の中で，ただ前を向いて働いている。この学者としての科学者の時間世界の中で，「非人格的な客観性」とか，「相対立する価値間の衝突に対する超然とした態度」とか，大きかろうが小さかろうが何であれ「新しい知識」のもつ自己正当的善といったような，ある種の確固たる前提が生まれてくる。一方，実務家は，秒針がせかせかと絶え間なく動く小さな時計の文字盤に従って働いている。「長い過去と無限の将来は気にしないで」と，カチカチと音を立てる小さな文字盤を見るように強要され，「その代わりに，さあ，これをやって，明日の朝までにはこれを片付けて」と言われる。学者としての科学者と実務家の 2 つの時間世界を一致させる必要などないことは，一般には当然とされてきた。直接的な影響は，究極的な影響ほどには重要視されてこなかったのである。そして，急速な発展を遂げた 19 世紀の世界ではすべての時間は進歩という中央司令塔(マスターシステム)に従って動いているものとみなされ，こうした楽観的な寛大さがあまねく正当化されていたように思われる（Lind, 1939：1-2）。

今日，エスノグラファーに対して，この 2 つの視点を融合させるようにと

要請する力が，私たちが研究対象としている人々から湧き起こっている。多くの場において，単に科学的な知識の貯蔵庫を満たすためだけに，人々から文化的な情報を集めることはもはやできなくなっている。「何のためのエスノグラフィーなんですか。貧困についての理論を構築するために，私たちの文化を研究したいのですか。あなたには，私たちの子どもが飢えていることがわからないのですか。あなたは，水脈探しについての民間伝承を研究したいのですか。放射性廃棄物で飲料水を汚染する，新しい原子力発電所についてはどう思っているんですか。あなたは，より難解な理論を構築するために，親族関係の用語について研究したいのですか。貧困の中で孤独に暮らしている親戚のお年寄りについてはどう思っているんですか。あなたは，新しい学習理論を提唱するために，私たちの学校について研究したいのですか。私たちがいちばん急いでいることは，子どもが理解できるような言葉で，子どもの要求を満たしてくれるような学校なんです」と，情報提供者から尋ねられたり，果ては要求されたりさえする。

　人々の要求とエスノグラフィーの目的を融合させる1つの方法は，情報提供者と相談して差し迫った研究課題を決定することである。エスノグラファーは，理論上の問題からとりかかるのではなく，情報提供者が必要と訴えることからとりかかり，そのうえで，そうした課題を社会科学の中で連綿と続く関心事に結びつけるような研究計画を立てていくことができる。エスノグラフィーの優先度を決定する際に，情報提供者の要求には「科学的な関心」と同等の重みづけがされなくてはならない。多くの場合，情報提供者は，差し迫った研究課題についてエスノグラファーよりも明確に知っている。例えば，どや街の住人についての私自身の研究（Spradley, 1970）は，アルコール依存症治療センターの社会構造に対する関心から始まった。シアトル市刑務所で終身刑に服している長年酒浸りの生活を続けてきた私の情報提供者たちは，より差し迫った研究課題について教えてくれた。私は彼らから「なんで刑務所で起こっていることを研究しないのか」とよく尋ねられた。そこで私は研究の目的を，刑務所の文化と受刑者の社会構造，そしてアルコール依存症者が刑務所というシステムによっていかに抑圧されているかに変更した。私の理論上学問上の関心はどちらの研究計画でも満たすことができたであろうが，ホームレスたちの要求は，彼らが刑務所で経験していた抑圧を研究することでもっとも満たすことができたのである。

人々の要求を，科学的な知識の集積と融合させるもう1つの方法は，私が「戦略的研究」と呼んでいる方法である。戦略的研究では，特定の文化や地域への興味や理論上の関心からエスノグラフィー研究を始めるのではなく，人間の問題への関心から研究を始める。このような問題は，求められている変化やこうした変化を起こすために必要な情報とは何なのかを示唆してくれる。例えば，アメリカ文化を再生させる方策に関する議論の中で私は，戦略的研究のための優先課題として，以下のものを挙げた (Spradley, 1976a：111)。

1) 社会のすべての構成員に十分なケアを提供するヘルスケアシステム
2) すべての人々に対する，プライバシーと尊厳を守って提供される，貧困をなくすのに十分なだけの経済的資源の供与
3) 女性，アフリカ系アメリカ人，アメリカ先住民，メキシコ系アメリカ人，高齢者，子どもなどを含む，すべての階層の市民に対する平等な権利と機会の提供
4) さまざまな文化的背景をもつ有権者のために設計された，学校，裁判所，役所などの公共施設
5) 私的利益と同様に公共の利益のためにも活動する社会的責任をもった企業
6) 人口のゼロ成長
7) リサイクルと天然資源の保護への責任にもとづいた，生態学的にバランスのとれた経済
8) 急速に変化する社会の中で，難しい選択ができる能力を身につけさせる，人生のあらゆる段階にあるすべての人のための教育
9) 労働者の人生における意味や目的の感覚に直接的に寄与するような，仕事役割と職場環境
10) さまざまなキャリア形成のための機会と，若者や退職者，高齢者などを含んだ複合的で柔軟なライフサイクル

　戦略的研究では適切なヘルスケアシステムのような一般的な領域を明らかにした後，それを具体的な研究プロジェクトへと移しかえていく。そこで情報提供者に相談をし，戦略的プロジェクトを導き出していく。例えば，ノースウエスタン大学の人類学者 Oswald Werner は，長年ナヴァホ族に関するエスノグラフィー研究を行ってきた。彼は情報提供者と話し合う中で，ナヴァホ族のための適切な医療に対する関心から離れていき，次のような戦略的研

究プロジェクトを選んだのである。すなわち，すでに完成している10冊の文化的記述の中から，ナヴァホ族の医学的知識についての3冊をもとに事典を作成することにしたのである。このプロジェクトは，ナヴァホ族の医学的知識の保存とナヴァホ族へのもっとも効果的な西洋医学の適用の両方に，すぐにでも広範囲に活用できるものである。ナヴァホ族の治療師と西洋の医療専門職が一緒に働く機会が多くなるにつれて，互いのもっている医学的知識を理解し合うことがどんどん必要になってきていたのである。この場合，エスノグラフィー研究は，ナヴァホ族の健康問題解決のための差し迫った要求と，人間の行動を理解するための理論的に重要な情報を蓄積するという要求の双方を満たすものである。

　先に示した優先課題の中から，「私的利益と同様に公共の利益のためにも活動する社会的責任をもった企業」について考えてみよう。この要請からは，何百もの戦略的なエスノグラフィー研究プロジェクトが考えられる。私たちは，企業の取締役会でどのように意思決定がなされるかを知る必要がある。これは，エスノグラフィーによってなにがしか明らかにすることができる。また，企業のロビー活動が州議会にどのような影響を及ぼしているかについて知ること，すなわち企業のロビー活動についてのエスノグラフィーが必要である。さらには，企業が自分たちを規制するために制定された法律をどのようにかわすかを知る必要がある。いくつかの企業が公共の利益を考慮に入れて行動するように変化し始めたならば，他の企業へのモデルとなるようなその努力についてのエスノグラフィーの記述が必要となる。要するに，私たち自身の社会の中にあるこの種の形態をもつ社会組織を理解するために，また，私たちすべての利益に企業がどの程度影響を与えているかを知るために，大規模なエスノグラフィー研究が必要ということになる。

　何のためのエスノグラフィーなのだろうか。それは，人類を理解するためというばかりではなく，人間の要求に応えるためでもある。すべてのエスノグラファーが直面している大きな課題の1つは，こうした研究の2つの用途を融合させることである。エスノグラフィーが，エスノグラファーからの要求と同様に，情報提供者からの要求にも応えるために行われることを認識するならば，そのとき私たちは研究の**倫理的**な側面に直面することになる。学生であっても，専門家であっても，すべてのエスノグラファーは，フィールドワークをする際に多くの倫理的な問題について考慮しなければならない。

❸ 倫理原則

　情報提供者は，問題や関心や利害を抱えた人間である。エスノグラファーの個人的な価値観が情報提供者の価値観と常に一致するとは限らない。フィールドワークをする際には，人は常に，相対立する価値とその幅広い選択の可能性に直面する。情報提供者が話してくれたことをテープに録音したほうがよいだろうか，それとも単に記録にとどめておくだけのほうがよいだろうか。収集したデータをどのように用いようか，そして，データをどのように用いるかを情報提供者に話すべきだろうか。情報提供者が用いている親族関係に関する言葉を研究すべきなのか，それとも，彼らを抑圧しておくために植民地政府が用いている戦略について研究すべきなのか。違法行為にかかわる人を観察した場合，フィールドノートを警察に伏せるべきなのか。情報提供者が子どもの場合，教師か両親にフィールドノートを見せるべきなのか。このような選択に直面した場合，その決定は必ずある価値観にもとづいた倫理原則を表明していることになる。

　1971年，アメリカ人類学会の評議会は，相反する選択に直面したエスノグラファーが従うべき原則を採択した。この「専門家の責任に関する原則」*は，次の序文から始まっている。

　　人類学者は，研究対象とする人々や状況と個人的に密接なかかわりをもちながら，世界のさまざまな場所で活動している。したがって彼らの専門家としての状況は，他に例を見ないほど多様で複雑である。人類学者は，学者仲間，同僚，学生，スポンサー，研究対象者，自国政府や招待国政府，フィールドワー

---

*訳注：アメリカ人類学会の「専門家の責任に関する原則」は1986年に改定された。この改定版と，フィールドワークで遭遇する倫理的問題やその具体例，およびそれへの対応などについて記載された「人類学における倫理的問題に関するハンドブック」が学会サイトにアップされている。関心のある方はアクセスされたい。

アメリカ人類学会（American Anthropological Association）
　http://www.aaanet.org/index.cfm

専門家の責任に関する原則（Statement on Ethics: Principles of Professional Responsibility）
　http://dev.aaanet.org/stmts/ethstmnt.htm

人類学における倫理的問題に関するハンドブック（Handbook on Ethical Issues in Anthropology）
　http://dev.aaanet.org/committees/ethics/toc.htm

クをともにする個人や集団，活動拠点の国々のその他の集団や利益団体，一般の人々の福祉に影響する目下進行中の研究，などと密接にかかわる。このような複雑なかかわり，誤解や対立，相反する価値の中で選択しなければならないことにより，倫理的なジレンマが生まれてくる。このことを予測して，研究対象となる人々に対してばかりでなく，可能な限り学者集団に対しても，損害を与えないような形でジレンマを解決する計画を立てておくことは，人類学者の重大な責任である。このような条件が満たされない場合，人類学者は研究の続行を部分的に断念したほうが賢明であろう。

すべてのエスノグラファーに単一の基準をあてはめることは，不可能ではないにしても，フィールドワークの状況の多様性や複雑性が，それを困難にしている。しかし，アメリカ人類学会が採択した原則にもとづく以下の倫理原則は，有用なガイドとして用いることができる。

□**情報提供者を第一に考える**
　研究において人類学者が最優先すべき責任は，研究対象者に対するものである。利害衝突がある場合には，研究対象者個人を第一に考えなくてはならない。人類学者は，研究対象者の身体的・社会的・心理的な安寧を保護し，尊厳とプライバシーを尊重するために，力の及ぶ限りのことをしなければならない。

（専門家の責任に関する原則，1971，段落1）

エスノグラフィー研究には，エスノグラファーや情報提供者のほかにも多くの人が関与する場合が多い。スポンサーは研究を援助するための資金を提供してくれるであろうし，ゲートキーパーはインタビューや観察を実施するための許可を与えたり，保留したりする権限をもっているかもしれない。複雑な社会では，情報提供者の生活は他の人の生活と絡み合っている場合が多い。例えばSpradleyとMann（1975）は，バーのホステスを対象にした研究の中で，バーテンダーと客と経営者の利害は，しばしばホステスの利害と対立していることを発見した。またホームレスたちは，常に治療センターのスタッフや警官，郡の保健局の職員らとかかわりをもっていた（Spradley, 1970）。エスノグラファーは，情報提供者の利害と他の人々の利害が一致すると仮定してはならない。すべてのエスノグラフィーには，情報提供者の利

害や関心を発見するための問いを含めておかなければならない。そして選択をする時には，これらの利害を第一に考慮しなくてはならない。

　□**情報提供者の権利，利益，心情を保護する**
　　人と人の間の信頼を前提としてもたらされる資料や情報が研究に含まれる場合，研究対象者の権利，利益，心情が保護されなくてはならないことは自明である。
（専門家の責任に関する原則，段落 1，a）

　この原則は，単にエスノグラファーが情報提供者の利益を**考慮する**こと以上のことを指している。私たちには，情報提供者の権利や利益や，そして心情さえも**保護する**積極的な責任がある。情報提供者には事の成り行きが見えないこともあるので，私たちは全体を見渡せる立場から，研究が含意することについて検討しなくてはならない。
　ブリティッシュ・コロンビア州のクワキウトル族インディアンである James Sewid は優れた情報提供者であり，今世紀初頭に育った彼のライフヒストリーを私は彼と一緒に記録した（Spradley, 1969）。編集した記録物を出版することが明らかになった時，私は彼にもエール大学出版会との契約に署名してもらい，正式なパートナーとすることで Sewid の権利を保護することに決めた。彼は，著作権料を私と等分し，内容上の重要な事柄についても私と一緒に決定する権利をもった。私は彼の心情も保護したかったので，最終稿を提出する前に，彼と彼の妻に完成したものを読んで聞かせた。彼らは，自分たちがそうしたほうがよいと考えた場所について削除と変更を求めたが，この変更は私の心情ではなく，彼らの心情を反映したものである。
　たとえどんなに控え目であったとしても，エスノグラフィー研究では常に情報提供者の生活を覗き見することになる。参加観察は，人々の日々の暮らしを侵略する強力な道具となる。それにより得た情報は，情報提供者の権利や利益や心情を**守る**ために使われることもあれば，それらを**侵害する**ために使われるおそれもある。情報提供者は，エスノグラファーのフィールドノートには決して書き込まれない，「オフレコ」で話すという防衛手段を有していなければならない。

□研究目的を伝える
　調査の目的は，情報提供者に可能な限り十分に伝えられなければならない。
　　　　　　　　　　（専門家の責任に関する原則，1971，段落1，b）

　情報提供者は，エスノグラファーの目的を知る権利がある。これは，エスノグラフィーの性質上，研究の全過程で求められるわけではない。研究者の目的は，「私は，ブレイディーズ・バーでの生活がどのようなものか，ホステスとしてのあなたの視点から理解したいのです。私はこのことが，同じような仕事をしている女性の役割を理解する助けになると考えています。私は，バーのホステスの役割を記述することで，この研究を書き上げたいと思っているんです」というように，簡単に説明される場合が多い。

　研究の目的を伝える場合，一度にすべてを伝えるのではなく，多くの場合，徐々に説明していくべきである。エスノグラファーは，誰に目的を説明するかを決めなければならない。エスノグラフィーのインタビューに参加する人はすべて，当然，説明を受けるべきである。ブレイディーズ・バーにおける研究では，私たちは研究の目的をホステスたちに説明した。私たちの研究の焦点はホステスの役割にあったからである。客やバーテンダーの行動も確かに私たちの研究に含まれてはいたが，彼ら全員に研究の目的を説明することはしなかった。この研究では，目的を伝えることが通常よりも困難であった。なぜなら，研究者のうちの1人がホステスの役割をとっており，研究者としての彼女の役割を真面目に受け取ってくれるよう，他の人たちを説得するのが難しかったからである。Mann（1976）はその役割の詳細な分析の中で，研究の目的を伝えることに関連した倫理的な問題について論じている。

　エスノグラファーの初心者，特に学生の場合，第一の目的は，自分とは違う文化について研究する方法を学ぶことかもしれない。「私は，小学4年生であることがどんなことなのかを明らかにしたいと思っているんです。私は大学生で，他の人の視点から物事を観察したり，発見したりする方法について学ぼうとしています。私は，あなたや他の子どもたちが，この4年生の教室で毎日どんなことをしているのか，あなたたちが一番好きなこと，そして，まさに，4年生であるっていうことはどんなことなのかについて，論文を書こうとしているんです」というように，ごく簡単に目的を伝える人もいるだろう。

しかし先の章でも論じたように，研究の目的はしばしば単なる知識の集積以上のものでなければならない。どのようにしたらその研究が情報提供者にとっても有用なものとなるか，その方策を探るために，すべてのエスノグラフィー研究にはある程度情報提供者との会話を含めるべきである。「専門家の責任に関する原則」には，この点についての具体的な記述がある。すなわち，「研究プロジェクトの計画と実施において，受け入れてくれる社会の構成員と協働するために，あらゆる努力をしなくてはならない」と述べられている（段落1，h）。これは例えば，小学4年生の教室で研究をする場合，教員や管理者とだけ計画するのではなく，生徒とも一緒に計画を立てることを意味する。多くの場合，情報提供者はエスノグラフィーとは何なのかをまだ理解していないので，研究を進めながら研究の目的について説明していかなくてはならない。このことは，エスノグラファーは情報提供者と相談しながら，情報提供者が提案する方向に自らすすんで研究を運んでいかなければならないということを意味している。私はどや街のホームレスに，「私は，酔っ払って繰り返し逮捕されているあなた方のような男性の視点から，アルコール依存症を理解したいと思っているんです」と説明することから研究を始めた。しかし，私は研究を進めていくうちに，情報提供者の利益に沿って研究目的を変更した。私はインタビューを行った情報提供者1人ひとりに，刑務所での生活についての私の研究は，収監されているアルコール中毒者の状況を改善するのにおそらく役立つであろうことを説明し，私の新しい研究目的を伝えた。

情報提供者と密接にかかわるようになればなるほど，研究の目的を伝えることがより重要になってくる。しかしながら，インタビューをしたり親密なかかわりをもったりせずに，公共の場で参加観察をする場合には，研究の目的を伝える必要は特にないであろう。例えば，市バス乗車に関する文化的な規則を研究することに決めた場合には，誰かに許可を得ることなく，また，研究の目的を知らせることなく，バスに乗るという通常の活動に参加できる。公共の場を選んだのであり，私たちの社会では，誰もが，他の人が公共の場でしていることを観察し，その行動パターンについて文化的な推論を行う権利をもっているのである。しかも，バスで出会った人全員に研究について知らせることは事実上不可能である。しかしながら，たとえ公共の場での観察であっても，エスノグラフィーの記述を書き上げる際には，研究対象者のプ

ライバシーは守らなくてはならない。

□**情報提供者のプライバシーの保護**
　情報提供者は，匿名性を保つ権利を有する。このことが明確に約束された場合であっても，反対に，はっきりとした理解を得ることが困難な場合であっても，そのどちらの場合においても，この権利は尊重されなければならない。これは，対面式インタビューや参加観察に対してと同様，カメラやテープレコーダー，その他のデータ収集機器を用いたデータ収集に対しても，厳格に適用される。情報提供者には，このような機器の性能を説明しておくべきであり，彼らが望む場合はデータ収集機器を用いることを自由に拒否できるようにすべきである。そして，このような機器を使うことが認められた場合であっても，得られる結果は情報提供者の安寧，尊厳，プライバシーに対する権利と一致したものでなければならない。匿名性を保つあらゆる努力をしているにもかかわらず，匿名性が意図せず脅かされる場合があることについても，情報提供者にはっきりと伝えておくべきである。
　　　　　　　　　　　　（専門家の責任に関する原則，1971，段落1，c）

　プライバシーを保護するということは，最終報告書で名前や場所，その他の身元が判明する特徴を変更すること以上のことを意味している。これらは，匿名性を保証するうえで，最低限求められることである。しかしながら，もし裁判所から召喚された場合には，フィールドノートが公共的な情報になり得ることをエスノグラファーは心にとどめておかなければならない。違法薬物の使用に関する研究を行う際に，ある学生は地元の薬物の売人に対して長時間のインタビューを行い，違法薬物の購入を観察した。ある日，違法な売買システムの「仲買人」が逮捕され，情報提供者もすぐに起訴され，有罪になる可能性が高いことがわかった。彼女のフィールドノートと転記したインタビュー記録に司法当局が関心を寄せるかもしれないことが明らかになった時，彼女は直ちにノートからすべての名前とイニシャルを削除した。そうしたとしても，おそらく情報提供者の身元を隠すことは不可能であっただろう。たとえ違法な証拠隠滅であっても，彼女が次なる手段として，ノートを破棄しない限りはである。また別の例では，地域の学校制度を研究していたあるエスノグラファーが，教師のストライキについてのデータを収集した。組合と教育委員会との間に訴訟が起こり，彼のフィールドノートの裁判所へ

の提出命令が出されそうになった。この2つの場合はどちらも，実際にはそうはならなかったが，それぞれが与えた脅威はエスノグラファーを倫理的ジレンマに陥れた。「どうしたら情報提供者の匿名性を守ることができるだろうか」ということを問い続けなくてはならない。この倫理原則を真剣に考えるならば，ある場合には，別の調査計画を考えなければならなくなるかもしれない。最低限，フィールドノートと最終報告書の中では匿名を使用すべきである。

□情報提供者を搾取しない
　個人の利得のために情報提供者を搾取してはならない。情報提供者のすべての尽力に対して，公正な見返りを与えるべきである。
（専門家の責任に関する原則，1971，段落1，d）

　情報提供者が研究から何も得るところがなかったり，または研究により事実上の被害を被ったりした場合には，個人的な利得は搾取となる。エスノグラファーは，情報提供者への「公正な見返り」とは何なのかについて，慎重に検討を行う責任を負っている。情報提供者によっては，そのような申し入れは無礼だと思う者もいるかもしれないが，長時間のインタビューを行う場合には，時給で謝礼を支払うことを考慮する場合もある。時には，調査結果から情報提供者が直接的に利益を得ることもある。情報提供者が研究目的に対して何らかの意見を言う度合いが増すと，この可能性が高くなる。エスノグラフィーは，情報提供者に新たな洞察と理解を与えるようなやり方で，その情報提供者の文化の一部を記述することがある。エスノグラフィーの記述の写しを渡すことも公正な見返りといえるかもしれないが，情報提供者にとってその調査が価値あるものとなる方法には，もっと直接的でないものもある。高齢者の文化を研究する学生は，情報提供者が昔の思い出に耽り，若くて自分に興味をもってくれている聞き手と話す機会を楽しんでいることに否応なく気づかされる。多くの情報提供者にとって明らかに価値あることは，自分のものとは異なった生活様式について学ぶ学生を手助けする機会を得ることそのものである。調査に参加するという単純な利益であっても，エスノグラファーに話をする多くの情報提供者にとっては十分なことがある。「公正な見返り」は情報提供者によってまちまちだが，情報提供者が調査から

何らかの利益を得る必要があることを無視してはならない。

□**情報提供者が利用できるような報告書を作成する**
　人目につかないように秘密に行われる研究に対する本学会の一般的な立場に従い，一般の人々や，それが実施可能な場合には，研究対象となった人々にも利用できないような報告書は，資金提供者に提出すべきではない。
（専門家の責任に関する原則，1971，段落1，g）

　私のクラスの学生がこの本のステップを踏んでエスノグラフィーを行う場合，私は学生に，情報提供者が論文を利用できるようにすることを勧めている。公共場面について匿名で研究をする場合には，これは必要ない。小学1年生のクラスの場合のように，報告書を理解できない情報提供者に対しては，口頭での報告が適切であろう。この原則は，情報提供者が報告書を読むように仕向けるべきだと言っているのではなく，教師や同僚，一般の人向けに書かれたものを，情報提供者も利用できなくてはならないということを意味している。

　ここに挙げた倫理原則の抜粋は，研究を行う場合に発生する問題をすべて網羅しているわけではない。エスノグラファーは一般の人々と学界に対して重要な責任を負っている。アメリカ人類学会の評議会が採択した「専門家の責任に関する原則」の全文は，私たちの意思決定を導く原則をほかにも備えた豊かな資料である。すべてのエスノグラファーは，社会科学研究にかかわる他の学会が提示しているものと同様に，この文書についても学ぶべきである。

第3章 エスノグラフィー研究のサイクル

　エスノグラファーは，未開の地の地図を作ろうとする探検家と多くの共通点をもっている。探検家は，手始めにおおざっぱな問題から取りかかり，その土地の主だった特徴を明らかにしようとする。エスノグラファーなら同じようにして，文化的な領域を記述しようとする。まず探検家は情報を集め，初めは1つの方向に行ってみる。それからたぶん，同じ道を引き返して来て，そこからまた新しい方向に踏み出していく。大きな森の真ん中で湖を発見したら，探検家はまず湖の周りをぐるっと歩いてみて，それからよく知っている場所の向こうまで歩いていって，森の端から湖までの距離を測るであろう。探検家はたびたびコンパスを眺め，太陽の角度を確認し，主だった目印をメモし，その後観察したことを参考にして，それまでに集めた情報を修正するであろう。何週間も調査した後，探検家はたぶん「あなたは何を見つけたのか」という質問に答えるのが困難であることに気づくだろう。探検家もまた，エスノグラファーと同じように，何かを「見つけよう」としているというよりは，未開の地を記述しようとしているにすぎないからである。

　ほとんどの社会科学研究は，未開地についてすでにある程度詳細な地図をもっている石油技師と多くの点で共通するものをもっている。石油技師は，地中深くに埋蔵されている石油やガスを見つけるという具体的な目標を念頭に置いている。石油技師は調査を始める前に，その地域の地質を示す地図について念入りに調べる。事前に地表深くに石油やガスがあることを示す特徴があることをわかったうえで，石油技師は，特定の何かを「見つける」ために出かけて行く。多くの社会科学研究も，見つけるべきものについて同様の明確な考えをあらかじめもっており，研究者は通常，自分たちが探しているものが何なのかを知っている。

　実際の研究においては，この違いは2つの研究パターンとして表現するこ

```
ステップ1        ステップ2      ステップ3       ステップ4
研究課題を   →   仮説を設定  →  操作的定義  →  研究ツール
決定する         する            を行う          を考える

ステップ5        ステップ6      ステップ7       ステップ8
データを収   →   データを分  →  結論を導く  →  結果を報告
集する           析する                          する
```

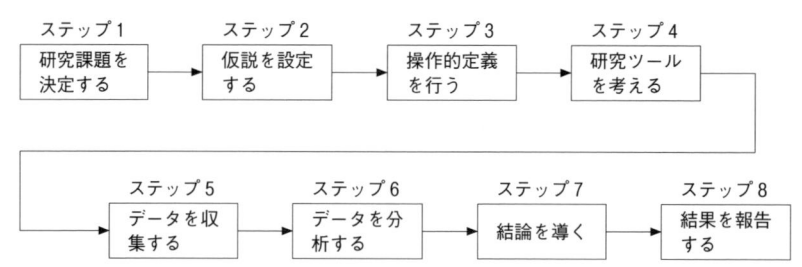

図3　社会科学研究における直線的流れ

とができる。エスノグラファー以外の社会科学研究者は**直線的**パターンに従う傾向があるが，エスノグラファーは**円環的**パターンに従う傾向がある。社会科学研究の直線的流れの例を簡単に示し，その後，エスノグラファーが使う円環的パターンについて見ていくことにしよう。

　McCordとMcCord（1958）はその犯罪に関する研究を，典型的な直線的流れ（図3）に従って行っている。彼らは，親の役割モデルが息子の犯罪行動に影響しているか，あるいはそうした行動の回避に影響しているかを見るために調査を始めた。彼らがどんなふうに直線的流れをたどったのかを知るために，研究の詳細をすべて知る必要はないので，以下にその概略を示す。

　ステップ1：研究課題を決定する
　McCordらは初めに，研究課題を家庭環境と犯罪行動との関係と決定した。
　ステップ2：仮説を設定する
　この研究では，親の態度・行動・しつけと息子の犯罪行動（あるいは犯罪行動が見られないこと）との関係について多くの仮説を設定している。例えば，父親が逸脱者（犯罪歴がある，性的逸脱行動があるなど）の場合，父親の逸脱行動は息子の犯罪行動に影響し，「父親が息子に愛情深いと，息子は逸脱者である父親を模倣するようになる」という仮説を立てている。
　ステップ3：操作的定義を行う
　逸脱行動を同定する際に，研究者間でその意味が一致するように，「逸脱」，「親の役割モデル」などの用語が具体的な言葉で定義された。
　ステップ4：研究ツールを考える
　この研究では，インタビューと観察によって前もって収集されていたデータが用いられた。研究のこの段階で用いられた主要なツールは，個々別々に初期のデータを読んで採点をする，採点者のための採点指示書であった。ス

第3章　エスノグラフィー研究のサイクル

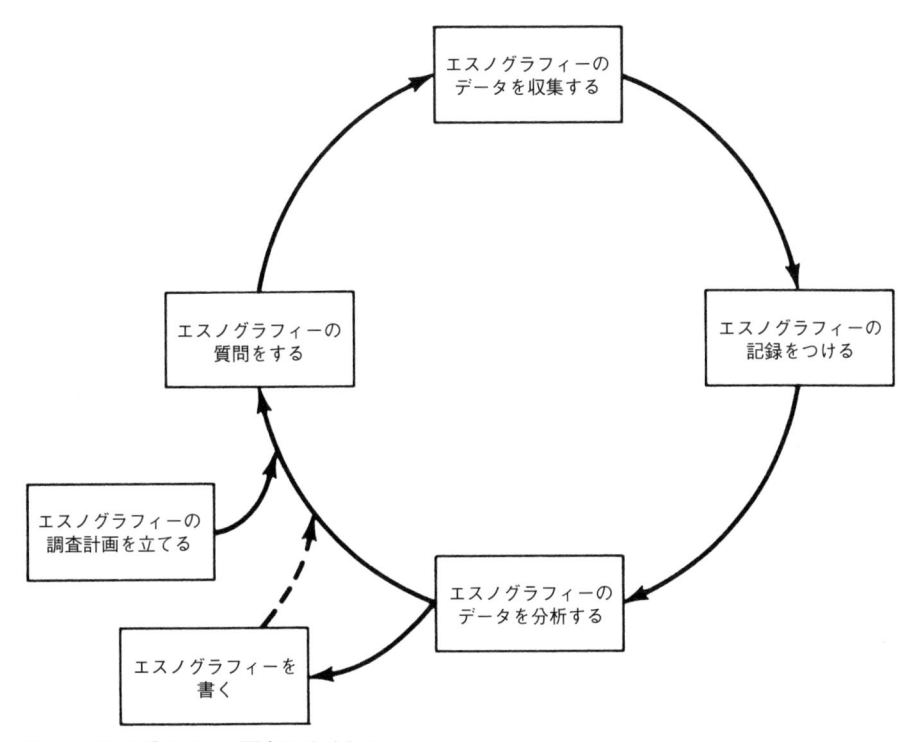

図4　エスノグラフィー研究のサイクル

テップ1からステップ3までは，研究に用いるツールを考えることはできなかった．

ステップ5：データを収集する

それぞれが別々に採点する方式の採点者グループを使って，データは収集された．

ステップ6：データを分析する

仮説と照らし合わせながらデータが検討され，仮説と関係していない新たな結果についても検討された．

ステップ7：結論を導く

この研究により，例えば，父親の逸脱が息子の犯罪行動に影響を与えているなどの多くの結論が導き出された．

ステップ8：結果を報告する

分析が完了し，結論が導き出された後，McCordらは出版に向けて結果を

書き上げた。

　研究を実際に進めている最中に，図3のような直線的流れが研究者によって修正されることがある。例えば，研究の結論として検証可能な仮説を生み出したいと考えている場合は，仮説は提示しないことがある（したがってステップ2を除外する）。しかし，全体の進み方はそのままである。データ収集の前に研究課題を決定し，データ収集が終了した後にのみデータを分析する。研究課題や研究に用いるツールを調査の途中で変更することはない。最終的な報告書を書くことが，新たな疑問を生み出すことはなく，さらなるデータ収集が行われることもない。

　エスノグラフィーが，この直線的モデルに適合することはめったにないと私は考えている。その代わりに，エスノグラフィーには，**図4**に示したような主要な作業が何度も繰り返される円環的パターンが適している。この章の残りの部分で，このサイクルの主要な作業について述べることにする。その中で，本書の第2部で説明する段階的研究手順法の12のステップの概要を見ていくこととしよう。

① エスノグラフィーの調査計画を立てる

　研究サイクルは調査計画を立てることから始まる。エスノグラファーが最初に考慮しなくてはならないのは，おそらく研究の**範囲**であろう。Wolcott（1967）は人口約125人のブリティッシュ・コロンビア州のクワキウトル村で調査を行った。Hicksの研究（1976）では，リトル・ローレルヴァリーの10の部落の住民，総勢約1,300人に焦点が当てられている。私は同僚と共に，都市部にある小さなバーでエスノグラフィーの研究を行った（Spradley and Mann, 1975）。Oscar Lewisは，単一の家族の研究に何年も費やした（1963）。研究の範囲には，マクロエスノグラフィーからマイクロエスノグラフィーまでがある。**図5**に，これまでエスノグラファーによって実施されてきた研究の範囲の連続帯とそこに含まれる社会単位を示す。

　この連続帯の一方の端であるマクロの側から始めよう。何人かのエスノグラファーは，多くのコミュニティで構成され国レベルの諸機関をもつ複雑な社会の文化を記述しようと試みてきた。例えば，Jules Henryはアメリカの文

研究範囲	研究対象となる社会単位
マクロエスノグラフィー ↕ マイクロエスノグラフィー	複雑な社会
	複数のコミュニティ
	単一のコミュニティ
	複数の社会集団
	単一の社会集団
	複数の社会的状況
	単一の社会的状況

図5 研究範囲の違い

化を研究対象にした。彼の古典的な著書『人間に抗う文化』（*Culture Against Man*, 1963）は，以下のような文章で始まっている。

「この本は現代のアメリカ文化—その経済構造と価値観，そしてこれらと国民気質，親子関係，青少年問題やその関心事，学校との関係について，およびこれらと情緒的崩壊，高齢者，戦争との関係について著わすものである。この本はアメリカについての客観的な記述ではなく，むしろ情熱的なエスノグラフィーである」（1963：3）。先ほどの連続帯を下りていこう。Boasはクワキウトル族についての研究の中で，多数のコミュニティについて研究している（1966）。単一のコミュニティ研究は人類学におけるエスノグラフィー研究の中でもっともよく行われており，インドの村々からカラハリ砂漠のブッシュマンの一種族に至るまで地図上をたどることができる。そのほか，単一のコミュニティの中にある社会集団に焦点を当てているエスノグラファーもいる。例えば，Rohlen（1974）は日本のホワイトカラー組織としての現代の銀行について研究を行ったが，彼のエスノグラフィーには，従業員組合や従業員の家族といった，従業員と密接な関連をもつ集団に関する情報も含まれている。

Jacobsonがウガンダの都市のエリートを対象に行った研究（1973）やMaiselがカリフォルニアで行ったフリーマーケットの研究（1974）のように，交友関係のような単一の社会集団を研究するために，研究の範囲をさらに狭めることも可能である。研究の範囲をもっと狭め，単一の社会集団の中のい

くつかの関連する社会的状況に焦点を当てて研究をすることも十分可能である。例えば，私たちが行ったブレイディーズ・バーのエスノグラフィー（Spradley and Mann, 1975）では，バーのホステスにとって重要な社会的状況にのみ焦点を当てている。私たちはそのバーにおける女性の役割についてより深く理解するために，彼女たちの視点からバーの世界を記述したかったのである。最後に，連続帯のもう一方の端であるマイクロエスノグラフィーでは，単一の社会的状況について調査することになる。例えば Irvine（1974）は，単一の社会的状況のタイプとして，ウォロフ族の間で交わされる**あいさつ**を選び研究を行った。私たち自身の社会においても，教室や街角，バスやレストランなどは，エスノグラフィー研究を行うことができる数多くの社会的状況をもたらしてくれる。

　マクロエスノグラフィーを行うには何年にもわたる研究期間が必要であり，しばしば多数のエスノグラファーがかかわることになる。一方，単一の社会的状況について研究するマイクロエスノグラフィーは，それよりもずっと短い期間で行える。このため，本書ではマイクロエスノグラフィーのほうに力点をおくことにする。とはいえ，マイクロエスノグラフィーであっても，データ収集と分析の技法は，より大きな範囲を扱う調査の際に用いられるものと同じである。単一の孤立した社会的状況を研究する場合であっても，あるいはより広範囲のエスノグラフィーを行う場合であっても，どちらの場合にも本書で述べられている段階的研究手順法を用いることが可能である。

　人々が行動を組織化し経験を解釈するために用いている文化的な知識を発見するために，エスノグラフィーは通常，単一の一般的な問題を念頭において始められると，私は述べてきた。このようなおおまかな目標を設定することで，エスノグラファーは，特定の文化的な場面で情報提供者が重要であると思うものは，何でも研究してもよいのだと鼓舞される。しかしながら，多くのエスノグラファーはもっと限定した問題に絞って調査計画を立てている。Hymes は，調査の焦点を絞るのに役立つ，エスノグラフィーにおける 3 つの探究法を明らかにした（1978）。**包括的な**エスノグラフィーは生活全体を記録しようとする。1 つの村において包括的なエスノグラフィーを行うエスノグラファーは，参加観察を通して，そこでの習慣を広範囲にわたり記述しようとし，研究を完了する前にそのコミュニティのほとんどすべての場所をカバーしようとする。**トピック指向型**のエスノグラフィーは，そのコミュ

ニティにある生活の1つ，もしくは複数の側面に焦点を絞る。例えば，あるエスノグラファーは，親族関係か飲酒行動，あるいは養子縁組などのトピックを選択するかもしれない。エスノグラフィーが行われることである文化についての知識が増えてくれば，Hymesが**仮説指向型**のエスノグラフィーと呼ぶものが行えるようになる。子育ての経験が成人のパーソナリティに与える影響についての仮説は，人類学における多くのエスノグラフィー調査を生むきっかけとなった（Whiting, Child, and Lambert, 1966）。こうした場合にも研究は，図4に示したサイクルに従って行われるが，しかし最初にどのような調査計画を立て，どのようなデータを収集するかは，仮説の影響を受けることになる。

「ステップ1　社会的状況を定める」の中でエスノグラフィーの調査計画を立てる作業について，再び述べることになる。そこでは，マイクロエスノグラフィーを実施する場を定めるのに役立つ，6つの主要な基準を明らかにしていく。

❷ エスノグラフィーの質問をする

　エスノグラフィーのフィールドワークは，エスノグラフィーの質問を開始するところから始まる。このことはインタビューを行う時には，当然明らかであるが，もっとも簡単な観察やフィールドノートへの記入であっても，その中には質問をするということが含まれている。エスノグラファーとして市バスに乗り込む場合をしばし思い描いてみよう。バスが混み合った交差点で停止し，人々がバスに乗り込み，バスの入口が閉まり，そして運転手が交差点から出発するのをあなたは見ている。皆が座るのを待ってから，あなたはフィールドノートに「スネリング通りのバス停で3人，女性が1人と男の子が2人バスに乗った。彼らはそれぞれ空いている3つの席，それもすべて窓側の席に座った」と記録したとしよう。その時あなたは，それと気づかぬうちに，自分に差し向けられた質問，次のようないくつかの暗黙の質問に答えていたのである。

1）誰がバスに乗ったか。
2）新しく乗り込んだ乗客の性別と年齢はどうか。
3）彼らはバスに乗り込んだ後に何をしたか。

4）それぞれ，どこに座ったか．

このような質問をする代わりに，「それぞれの乗客の背の高さはどのくらいか」，「どんな服を着ているか」，「通路を歩きながら，どこを見ているか」という質問もできたはずである．このような質問をしていたら，あなたはフィールドノートに別のことを記入していたことだろう．

大半の社会科学研究では，研究者が行う質問は研究対象となっている文化的場の**外**からもたらされる傾向がある．（社会科学の専門領域という）ある1つの文化的場からやってきた調査者は，自分の枠組みにもとづいて質問を組み立てる．そして，それとは異なる文化をもつ場へ行って，インタビューや観察をする．彼らは知らず知らずのうちに，質問と答えは人の思考の中で別々の要素であると思い込みがちである．自分とは異なる文化の研究においては，こうした思い込みは常に歪曲をもたらす．

エスノグラフィーは，これとは異なる仮定から始まる．すなわち，質問と答えという流れは，人の思考の中で単一の要素であるという仮定である．質問は常に答えを暗示する．発言はいかなるものであれ，常に質問を暗示している．質問や答えがはっきりと述べられていない場合でさえも，このことはあてはまる．エスノグラフィーを目的とした参加観察を行う場合には，できる限り，**質問と答えの両方が，研究対象となっている社会的状況の中で発見されなくてはならない**．Black と Metzger は，この考え方について以下のようにまとめている．

　　何に対する答えなのかがわかるまでは，発話や出来事から情報を得ることはないというのは，コミュニケーション理論の基本である．すなわち，どのような質問に対する答えなのかをあなたは知っていなければならないということになる．エスノグラフィーにおいても，ある文化の中にいる誰かが答えようとしているその当の質問が何なのかを知るまでは，その答えについて多くを知ることはできないと言えるであろう．にもかかわらずエスノグラファーは，フィールドの中で，**答えの大群に歓迎される**．エスノグラファーは，人々があらゆる行為を通して，どのような質問に**答えようとしている**かを知る必要がある．別段考えるまでもなく「皆が知っている」ことなので，当たり前とみなされている質問はどれなのかを知る必要がある．……したがって，エスノグラファーにとっての課題は，調査対象者にとって概念的に意味ある実体の間にある関係を探し当てるための質問を発見することなのである（Black and Metzger, 1964：144)。

　次章以降で述べられる段階的研究手順法の主要な特徴は，研究対象となる社会的状況の中でどのように質問を見いだしたらよいか，その方法を示してくれることである。エスノグラフィーの研究サイクルの段階を経ていくと，尋ねるべき新たな質問が見つかり，そしてこれらの質問が，データ収集を導いてくれる。また，データを分析する時には，新しいエスノグラフィーの質問が明らかになり，サイクルの繰り返しを導いてくれる。このプロセスは研究全体を通して続いていく。

　エスノグラフィーには3種類の主要な質問があり，それぞれが，フィールドでの異なった観察の仕方を導いてくれる。すべてのエスノグラフィーは，「ここにいるのはどのような人か」，「彼らは何をしているのか」，「この社会的状況の物理的環境はどのようなものか」といったおおまかな**記述的質問**（ステップ4）から始まる。観察を導くこのような質問をし，最初のデータを分析した後で，**構造的質問**（ステップ6）や**対比的質問**（ステップ7）を見つける段階へと移っていく。これらの質問は，より焦点化した観察へと導いてくれる。今のところは，参加観察では必ず，何を見，何を聞いたらよいのかを教えてくれるエスノグラフィーの質問を見つけ，それを使うのだということを覚えておくだけで十分である。

❸ エスノグラフィーのデータを収集する

　エスノグラフィーの研究サイクルで重要な作業の2つ目（図4）は，エスノグラフィーのデータを収集することである。参加観察を行って，人々の活動や社会的状況の物理的特徴，そしてその場に属していることをどのように感じているかなどを観察することになる。ある部族の村で1年間調査するにしても，あるいは航空機の客室乗務員について数か月間調査するにしても，フィールドワークを行っていくうちに観察のタイプは変化していく。社会的状況やそこで起こっていることの概要をつかむために，まずは広範囲の**記述的観察**から始めることになる（ステップ4）。それから，最初のデータを記録し分析した後，研究の的を絞り，**焦点化観察**を始めていく（ステップ7）。最

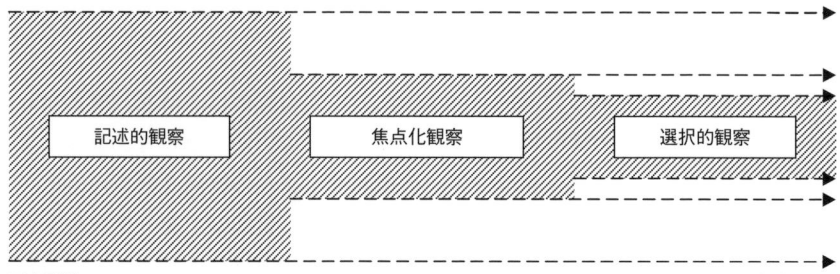

| 記述的観察 | 焦点化観察 | 選択的観察 |

調査開始 　　　　　　　　　　　　　　　　　　　　　　　　　　調査終了

　参加観察は広範囲な記述的観察から始まる。破線で示したように，この観察はフィールド調査の最終段階まで継続するが，観察の中心は次第に焦点化観察，選択的観察へと移っていく。

図6　エスノグラフィーの3種類の観察

　後に，もっと多くの分析や観察を繰り返した後に，調査の的をさらに絞って，**選択的**観察へと進むことができるようになる（ステップ10）。とはいえ，観察がより焦点化されたとしても，フィールド調査の最後まで，一般的な記述的観察は続けられることになるだろう。この3つのタイプの観察はエスノグラフィーの3つのタイプの質問に対応している。1つのタイプの観察から次のタイプの観察へと進んでいく過程を図6に示す。

4　エスノグラフィーの記録をつける

　研究サイクルの次のステップは，観察を行ったら直ちにエスノグラフィーの記録をつけることである。これには，フィールドノートをとること，写真を撮ること，地図を描くこと，その他のあらゆる手段を使って観察したことを記録することが含まれる。こうしたエスノグラフィーの記録は，観察と分析の間に橋を架けてくれるものである。実際，分析の大部分は記録されたものに大きく依存している。ステップ3では，エスノグラフィーの記録をつけるための方略について述べることとする。

❺ エスノグラフィーのデータを分析する

　大量のデータを収集し終わるまで，研究の次のステップを待っているわけにはいかない。エスノグラフィーの探究においては，分析とは，質問を見いだしていくプロセスのことである。エスノグラファーは具体的な質問をもってフィールドに入る代わりに，質問を見つけだすために参加観察から得られたフィールドデータを分析していく。次の参加観察の時に何を探すのかを明らかにするために，一定期間のフィールドワークが終了したらそのたびにフィールドノートを分析しなければならない。本書の中では，エスノグラフィーの4つの主要な分析法，すなわち**領域**(ドメイン)分析（ステップ6），**分類**分析（ステップ8），**構成要素**分析（ステップ10），**テーマ**分析（ステップ11）について検討していく。経験豊かなエスノグラファーならば，これら別々の分析法を研究期間中に同時に行うかもしれない。初心者は，それぞれの分析について順番に学びながら次の分析に進むといった具合に，一定の順序に従っていけばよい。参加観察を行いフィールドノートへの記録をしたら，必ず分析を行い，新たなエスノグラフィーの質問を見つけだす。そして，さらなるデータ収集，さらなるフィールドノートへの記入，さらなる分析と進んでいく。このようにして，調査が終了するまでこのサイクルを続けていくのである。

❻ エスノグラフィーを書く

　研究サイクルにおける最後の主要な作業は，調査の終わり近くになってから行われる。しかしながら，この段階でも新たな質問やさらなる観察を導きだすことは可能である。エスノグラフィーを書くことにより，研究者は新たな，しかもより集中的な分析を迫られることになる。書く作業を早くから始め，まだ観察ができる段階にいる人は，書くことが研究サイクルの一部であることに気づくことであろう。

　エスノグラフィー研究は，オープンエンドの質問を含んでいる。つまり，エスノグラフィー研究は，研究の方向性を示してくれるフィードバックを常に必要としているということである。エスノグラファーは自分の研究の進むべき道を，事前にはごくおおざっぱに計画することしかできない。研究サイ

クルにおける主要な作業のそれぞれは，研究の軌道を外れないためのコンパスの役割を果たしてくれる。エスノグラフィーを社会科学研究に典型的に見られる直線的パターンと混同してしまうと，無用な問題に直面してしまうことになる。エスノグラフィーは直線的に進行すると考える人たちは，何週間にもわたってフィールドノートを集め，やがてはまとまりのないデータの山に圧倒されてしまうということになりかねない。こういった人たちは，どんなトピックであれ，十分な情報がいつ集まっているのかを見極めることができていないのである。集中的な分析を始める前に，すべてのデータが集まるまで待っていると，問題はさらに大きくなる。データから新たな質問がもたらされても，新たな質問をすることができない。なぜなら，フィールドに戻ることが困難か，もしくは不可能だからである。その結果，取りこぼしたデータを満たす方法がないために，情報に食い違いが起きてしまう。

　エスノグラフィー研究のサイクルを知っておくと，どんなに小規模な調査であっても道に迷わずにすむ。参加観察を性急に行うと，エスノグラファーは大量の初期データに埋もれてしまう。1週間に2～3時間しか研究を行わない学部生が，毎週10～15ページ程度のフィールドノートを溜めこむことも珍しくない。毎日数時間，参加観察に時間を費やすエスノグラファーは，それに見合っただけのより多くのフィールドデータを手にすることであろう。フィールド調査の最中に，ときどき高い木に登って，あたりを見回し，自分がどんなに遠くまで来たのか，目の前にはどんな作業が残っているのか，これからどちらの方向に進むべきなのかを考える必要がある。すべてのエスノグラフィーは，基本的なサイクルを通るものであることを理解すれば，木を見て森を見ずという事態を避けることができるのである。

THE DEVELOPMENTAL RESEARCH SEQUENCE → 第2部

段階的研究手順法

　第2部は，1つの重要な前提にもとづいており，それは本書の残りの部分に影響を与えている。その前提とは，**エスノグラフィーの実際を学ぶための最良の方法はやってみることである**，というものである。各ステップは次のような項目から成り立っている。
　学習目標：エスノグラフィーのプロセスの各段階における学習目標に関する短い説明
　概念：各段階における学習目標を達成するために必要とされる基本的な概念の検討
　学習課題：学習目標を達成するための具体的な課題
　各ステップのタイトルが，「社会的状況を定める」，「参加観察を行う」，「エスノグラフィーの記録をつける」など，行為の形で表されているのは偶然ではない。より大きな段階的研究プロセスの各ステップであるこれらの行為が，独創的なエスノグラフィーの記述をもたらしてくれる。
　前のステップを読んで，そこで述べられている**学習課題**を行わなければ次のステップには進めないと，ことさら強調するつもりはないが，もし本書の残りの部分を，第1部と同じような方法で読んだとしたら，参加観察に対する理解はゆがめられてしまう可能性がある。要するに，第2部の各ステップは，**読むこと**同様，**行うこと**を目的に書かれているのである。

第2部は，参加観察を行うことにさながら焦点を当てているということを，読者の方々は心にとめていただきたい。このように焦点化することで，読者は多くの研究技法を学ぶ時よりも，高いレベルの習得に達することができるのである。その人の使える時間や経験によっては，複数の社会的状況でエスノグラフィーのインタビューを行ったり，観察を行ったりといった次なる課題にたやすく取り組むことができるようになるだろう。

　研究の最初から，最終産物は文化的記述，すなわち**エスノグラフィー**であることを念頭に置いておくのがよい。あるエスノグラファーは，短い記事か論文の中に，一連のエスノグラフィー研究から得た，ある文化の小さな断片しか記述することができないかもしれない。かたや，その同じエスノグラファーが，その同じ文化を記述するのに，1冊，いやもしくは数冊の本を書き上げることになるかもしれない。ステップ12の中で私は，エスノグラフィーを書くための方略について述べた。数ある大切なことの中でもっとも大切なことは，**早いうちから書き始める**ことである。すべてのデータが集まるまで書くのを待っていたとしたら，書くことによって生まれてくるひらめきを追いかけるには遅すぎるのである。早くから書き始めることのもう1つの理由は，作業を単純化するためである。多くの人にとって30ページの報告書を書くことは大変だが，13ページの報告書を書くことはそんなに難しくはないだろう。

　書くという作業を容易にするために，またそれを研究プロセスの一部分とするために，巻末の付録Bの中に，エスノグラファーが研究を行いながら書くことができるような簡単な事柄をリストアップしておいた。ここに示された書く作業はそれぞれ，研究の各段階に合うように意図されており，私はラフ下書きの形で書かれた数ページをイメージしている。最終的なエスノグラフィーを書くために机に向かった時，これらの短い下書きを修正すればよいだけとなり，作業はずっと楽になることだろう。段階的研究手順法の各ステップに取りかかる前に，ステップ12と付録Bにある書くための課題を読んでおくのが役立つであろう。

ステップ1 社会的状況を定める

□ **学習目標**
1) 参加観察を始めるにあたって，社会的状況の役割を理解する。
2) 参加観察にもっとも適した社会的状況を選択する基準を明らかにする。
3) エスノグラフィー研究を行う社会的状況をいくつか定める。

エスノグラフィー研究では，研究の場としては通常選ばれないような，さまざまな場で参加観察が行われてきた。インドの人里離れた部族の村 (McCurdy, 1971) からアラスカ北部のイヌイットの狩猟民族 (Nelson, 1969) に至るまで，またフィンランドのヘルシンキのセルフサービスのレストラン (Kruse, 1975) からオクラホマ州タルサ市のバス (Nash, 1975) に至るまで，エスノグラファーはさまざまな所で参加観察を行ってきた。人々がその生活を秩序立てるために使っている文化を探求したいという気持ちが，エスノグラファーを，漁船や市内の動物園，狩猟民族や高層団地，空港の待合室や巨大精神科病院，サハラ砂漠の遊牧民族やワシントンDCの街角へと連れていった。

このように研究の場が非常に多様なため，どんな場所で行われようともそこに共通している重要な特徴が見失われることがある。どこへ行こうとも，また社会単位の規模（街角，農村，街，大都市）がどうであろうとも，参加観察はすべて，**社会的状況**の中で行われる。参加観察という手段によって行われるエスノグラフィーの最初のステップは，社会的状況を定めることである。研究プロジェクトにおけるこの概念とその役割を理解することによって，研究を実施するための興味深く，しかも作業のしやすい場所を容易に見つけることができるようになる。このステップでは，社会的状況の本質とこの最初の選択を首尾よく行うためのいくつかの重要な基準について検討して

いくこととする。

❶ 社会的状況

あらゆる社会的状況は，3つの主要な要素によって特徴づけられる。すなわち，**場所**，**行為者**，**活動**である。参加観察を行っているうちに，自分の居場所が決まってくる。そしてあれこれと行為者を観察し，その人たちとかかわるようになる。そうして次には，活動を観察しそれに参加するようになる。これらの基本的な要素が社会的状況の社会文化的な意味を満たすことはないが，それを理解するためのきっかけとしては役立つ。いちばん重要なことは，ある単一の社会的状況に焦点を当てることで，エスノグラフィー研究を始めるという課題を大いに単純化することができる，ということである。図7に示すように，社会的状況をとらえてみることが役立つだろう。

a．場所

どのような物理的な場であっても，そこに人がいてなんらかの活動に携わっているのであれば，それは社会的状況の基盤となる。人々が行き交う**道**，列ができ取引が行われる**銀行の窓口**，散歩や釣りをしたりする**港の桟橋**，人が乗り降りする**バスのドア**，客が買った商品が記録され代金が支払われ商品が袋に詰められる**食料品店のレジカウンター**など，これらはすべて社会的状況である。このどれもが，参加観察の機会を豊富に提供してくれる。

エスノグラフィーは，参加観察のための単一のそれと識別できる明確な場所から始まる。しかしながら，社会的状況は，さまざまな場所のうちの**たまたま1つの場所**であると考えてみたほうが役立つことが多い。例えば，あるエスノグラフィーの初心者がミネソタ州セントポール市のグランドアベニューを走る，とあるバスの観察を始めた。ところが，その特定のバスだけについて，研究のすべてを行うわけにはいかないことはすぐにはっきりとした。そこでこの研究者は，ここを走るすべてのバスを「グランドアベニューを走るバス」という1種類の場所として扱うことにした。さらには，もしそうしたければカテゴリーを「市バス」全体まで広げて，それら全部を1種類の場所，すなわちさまざまな行為者が活動を行う1つの社会的状況として扱うこともできたはずである。Nelson (1969：228-245) は猟を行うイヌイット

```
         ╱╲
        ╱  ╲
    行  ╱    ╲  活
    為 ╱ 社会的 ╲ 動
    者╱  状況   ╲
     ╱_____╲
         場所
```
図7　社会的状況

についての研究を行った時，アザラシ猟のためのさまざまな場所を1種類の場所，すなわち**呼吸のための穴**という場所として扱った。彼はたった1か所の呼吸のための穴だけで，すべてを観察したわけではない。それでは発見がごく限られたものになってしまうと考えたためである。さまざまな呼吸のための穴を観察していくうちに，彼はイヌイットの猟師が一連の複雑な活動を行っていることに気づいた。これとははっきりと区別できる別の種類の場所として「氷縁」があり，それはもう1つのアザラシ猟のための基地であり，はっきりと識別できるもう1つの社会的状況でもあった。研究の中では，1か所の特定の場所で観察することになるかもしれないし，いくつかの場所からなる1種類の場所を観察することになるかもしれない。いずれの場合であっても，いかなる社会的状況にとっても主要な要素の1つである物理的環境の中で，参加観察を行うことになるであろう。

b．行為者

あらゆる社会的状況は，特定の種類の行為者とみなされる人々を含んでいる。会社員，未亡人，子どもが，スーパーマーケットのレジカウンターで列をつくっているとしよう。この人たちは皆，自分がいる社会的状況の中で，短時間，**客**（一種の行為者）になる。多くの人が行き交う交差点では，人々は横断者となる。バスの中ならば，バスの乗客と運転手となる。アザラシの穴と氷縁では猟師となる。私が同僚と一緒にエスノグラフィー研究を行ったブレイディーズ・バーでは，人々は客になったり，従業員になったり，はたまた経営者になったりした（Spradley & Mann, 1975）。参加観察を行うための社会的状況を探す時には，この第2の基本的な要素である，人々がなる行為者の種類ということを念頭に置いておく必要がある。

ある社会的状況の中に初めて足を踏み入れた時には，どんな種類の行為者がそこにいるのかを知ることは難しいことが多い。調査者が見ているのは，すべて人である。繰り返し観察していくうちに，服装，行動，態度，素性を表すものや，その他その状況でどんな行為者であるかをはっきりさせるために人々が示す特徴の違いに気づくようになる。例えば，Northrop (1978) は屋内競技場を走る人々の観察を始めた時，最初は，全員がただ「走っている人」にしか見えなかった。しかししばらくすると，いくつかの異なったタイプの行為者が見えてきた。すなわち，新参者，見学者，常連，競技チームのメンバー，長距離走者などである。社会的状況を選択する際には，さまざまなタイプの行為者を見分けておく必要はない。行為者である人々がそこにいることを知っているだけで十分である。人々は，たとえただ単にぶらぶら歩いているだけであっても，何らかの種類の活動に参加しているのである。

ｃ．活動

　すべての社会的状況の第3の主要な要素は，そこで行われている活動である。エスノグラファーには最初，それぞれがまったく違ったように見える幾百もの行為からなる行動の流れしか目に入らないかもしれない。観察を繰り返しているうちに，1つひとつの行為が，狩猟とか，短距離走とか，飲み物の注文とか，バスの座席を選ぶことだとか，スーパーマーケットのレジカウンターで商品を袋に詰めることとかいった，活動パターンとして認識できるようになる。

　いくつかの活動が結びついて，**出来事**と呼ばれるより大きなパターンにまとまることがある。スーパーマーケットで棚卸しをするとか，大学で陸上競技大会を開くとか，狩猟に出掛けるとか，教会で伝道集会を開くとか，高校を卒業するとかいったことはすべて，多くの異なった活動からなる出来事である。実際，活動と出来事とをはっきりと区別する境界線を引くのは難しい場合が多い。エスノグラフィー研究に取りかかったばかりの時点では，さまざまな活動が1つの出来事を構成しているかどうかを見極めるのは不可能であるかもしれない。出来事はしばしば，多くのさまざまな社会的状況を通して起こる。例えば，結婚式という出来事は，リハーサルから始まって，**式当日の朝食，婚儀，披露宴，ハネムーンの見送り**などを含んでいる。結婚式にかかわる行為者が場所から場所へと移動し多種多様なことを行うので，もし

別の文化からやって来たエスノグラファーならば，これらの活動がすべて，「結婚式」と呼ばれる大きな出来事と結びついているとは気づかないことであろう。そこで，社会的状況における活動（行動のより小さな単位）を観察し記録することから参加観察を始めるのが最善の方法ということになる。作業が進むにつれて，出来事の構造はおのずと明らかになってくるであろう。

d．相互に関連した社会的状況

　通常は，単一の社会的状況を定めることからエスノグラフィーを始めるのが最善の方法である。しかしながら，互いに密接な関係をもついくつかの社会的状況から研究を始めることもあろう。あるいは，研究の途中でいくつかの社会的状況にまで対象を広げたいと考えるようになることもあるかもしれない。いずれにせよ，社会的状況の関係の仕方には，次の3通りがあることを知ることが役に立つ。

　1）社会的状況のまとまり　単一の場所しか含まないと考えていたもっとも単純な1つの社会的状況であっても，いくつかの社会的状況のまとまりであることが明らかになることがある。近くにある半ブロックほどの公園で参加観察をする場合を考えてみよう。この場合，1つの観察地点から，すべての行為者とその活動を観察することができるだろう。ぶらっと訪れてみた時には，それは1つの社会的状況のように見える。つまり，何人かの子どもがブランコとのぼり棒で遊んでおり，親たちは遊びの付き添いをしているか遊び場のそばのベンチに腰掛けている，といった具合である。しかし，何回か出かけ，もっとよく観察してみると，実際にはそれぞれ密接に関係した社会的状況の集まりを調査していることに気づく。すなわち，①ブランコのある場所，②親たちが腰掛けているベンチ，③公園を横切っている遊歩道（散歩とスケートに使われている），④公園の奥まった所にある土手（ティーンエイジャーが集まって話したりタバコを吸ったりしている）の4つである。この例のように，いくつかの社会的状況が，物理的な近さによって相互に結びつけられ，1つのまとまりとなっていることがある（図8）。公園の4つの状況はすべて，ある1つの場所から観察することができる。これらは空間的に結びつけられているのである。ブレイディーズ・バーは小さな建物であったが，メイン・バー，ホステスの休憩所，テーブルのある所，電話のある所などからなる，社会的状況の1つのまとまりを見いだすことができた（Spradley &

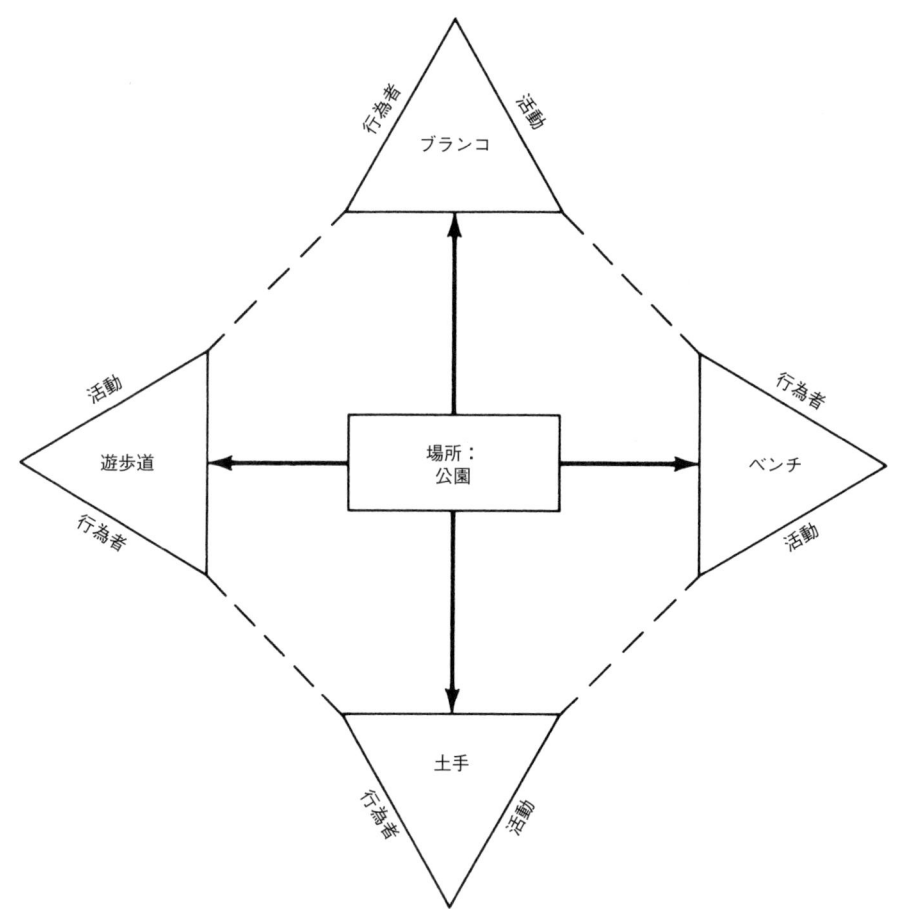

図8 社会的状況のまとまり

Mann, 1975)。

　社会的状況の1つのまとまりに含まれる場所が，無秩序に現れることもあるかもしれない。例えば，公園での観察では，道を走る自動車や自転車，遠く離れた家で芝刈りをしている男性，公園から50ヤード（約45 m）南の所で電話線の修理をしている2人の電話工事の作業員も見えるかもしれない。これらすべての行為者とその活動も，相互に関連した社会的状況のまとまりに組み入れるべきだろうか。実際には，公園にいる人々自身が関連していると思っていることをもとに決めることになるだろう。研究の目的や特に初め

て参加観察を行うという観点からいえば，この問題を解決する必要はない。単一の社会的状況を選択して，関係がありそうな2,3か所に観察を広げて，ほかの所はそのままにして，後で自分が研究している人々にとって重要ではないことが明らかになったら除外すればよい。

　2）**社会的状況のネットワーク**　物理的な近さによって関係し合っている社会的状況のほかに，同じ人たちが異なった状況で行為しているということによって関係づけられている状況もある。複雑な社会では，人はいろいろな場所を動き回り，広範な人々と接触をもつ。ある学生が，ある日の午前中に，次のような社会的状況に参加することもあるかもしれない。つまり，家族での朝食，バスの停留所，化学実験室，図書館の学習室，食堂である。これらの場所が，この学生にとっての社会的状況のネットワークを構成しているのだが，非常に多様な人々がいるため，このすべての場所で参加観察を行うのは困難である。

　私たちはエスノグラフィー研究者として，同じ**集団**に属す**人々**がともに活動するような社会的状況のネットワークに関心を寄せている。次の例について考えてみよう。David Gordon はシカゴ市の「ジーザス・ピープル」と呼ばれる宗教活動の研究にとりかかった（Gordon, 1974）。彼はこの集団に共通してみられる文化的パターンを発見するために，8か月にわたって参加観察を行った。彼は「聖書研究会」と呼ばれる1つの社会的状況で観察していたが，「ジーザス・ピープル」は1つの社会的状況のネットワークと関係していたため，最終的にはそこに含まれるすべての場所が Gordon の研究の場となった。すなわち，聖書研究会，伝道集会，街頭布教活動，行進，教会や学校での講話，ラジオやテレビのトークショーへの出演などであった。これは，単に1人の人がさまざまな状況を移動するというのではなく，**1つの社会的状況のネットワーク**を共有するある組織化された集団が，さまざまな状況を移動していたのである。複数の社会的状況が結びついて1つのネットワークを形成している様子を，**図9**のように示すことができる。

　3）**類似した活動が見られる社会的状況**　社会的状況が結びつく第三の方法は，活動の類似性である。研究が進むにつれて，研究者は1種類の活動（例えば，水泳，列に並んで待つ，中古車を買う）を明らかにすることによって，次にそれと似たような活動を観察するために別の場所を見つけて，研究の幅を広げたいと考えるかもしれない。例えば，水泳について研究を行った場合，

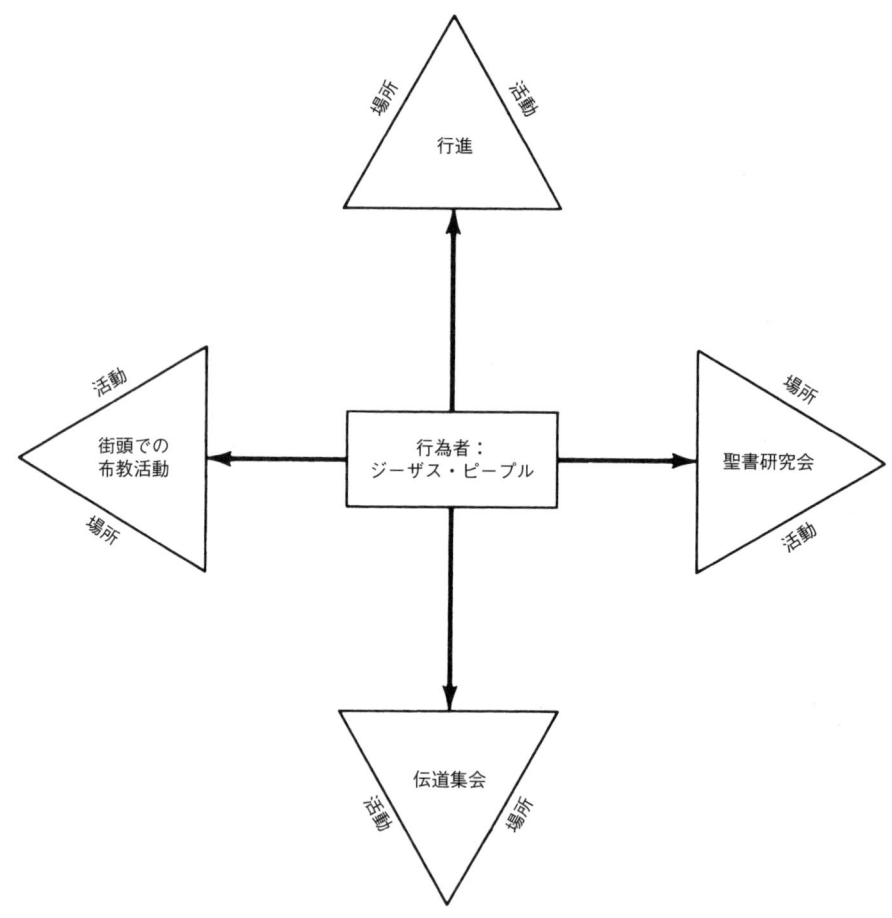

図9 社会的状況のネットワーク

（図中：行為者：ジーザス・ピープル／行進（場所・活動）／街頭での布教活動（活動・場所）／聖書研究会（場所・活動）／伝道集会（活動・場所））

　裏庭のプール，川，湖，公営プールなどで，常にこの1種類の活動に焦点を当てながら観察をすることができるだろう。
　単一の社会的状況の中で1つの活動が行われている場合と，複数の社会的状況の中で1つの活動が行われている場合とを比較するために，列に並ぶという文化的ルールに焦点を当てた2つの研究を見てみよう。Ferry（1978）は単一の社会的状況として，大きなデパートのクレジット部門を選んだ。そして，人の列を観察するのに都合の良い場所に身を置いた。そこは，客が小切手を現金に換えたり，その他，クレジットに関する用件を処理するところで

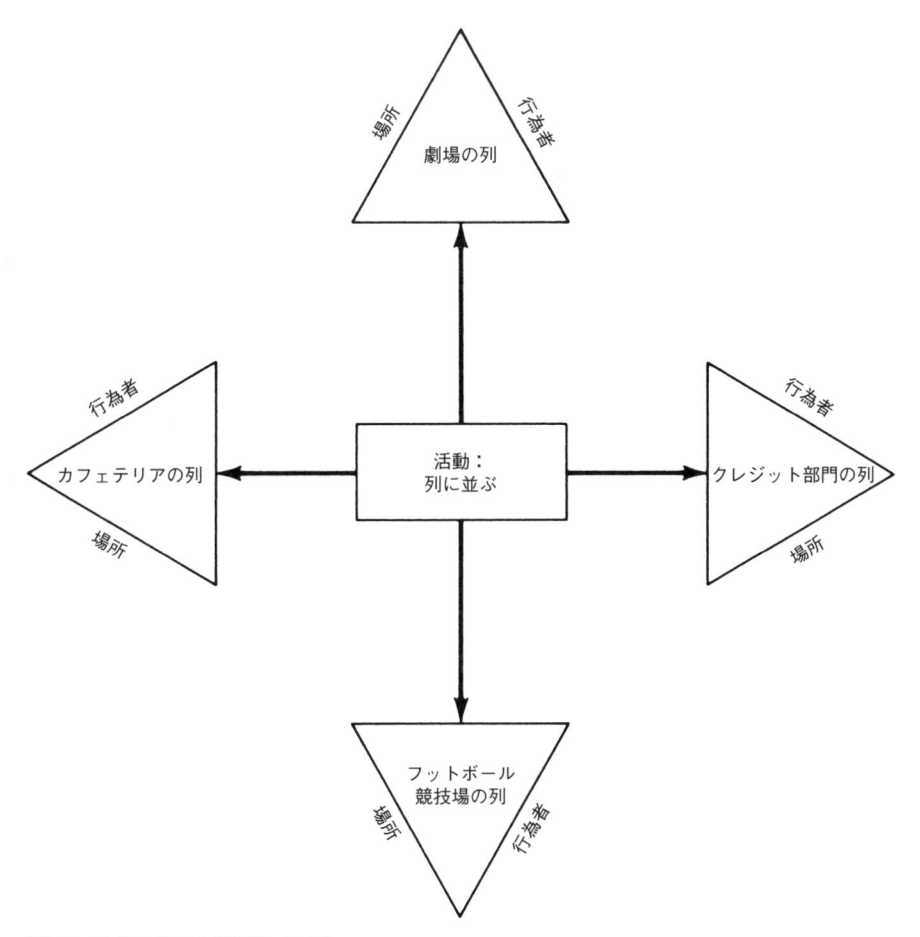

図10 社会的状況と類似した活動

あった。一方，Mann（1973）はこれと同じ現象を異なったいくつかの場所で調査した。彼は劇場やフットボール競技場など，切符がなかなか手に入らない場所で人々がつくる列を観察した。また，貴重な切符を手に入れるために長蛇の列に並んでいる人についての新聞記事からも情報を集めた。場所や行為者はさまざまであったが，彼の研究は同じ活動に焦点を当てていた（図10を参照）。

　以上のことをまとめてみよう。すべての社会的状況は3つの主要な要素，すなわち，場所，行為者，活動を含んでいる。エスノグラフィー研究の初心

者は，このことを念頭に置いておけば，研究の対象となる社会的状況をいくつか簡単に定めることができる。おそらく研究の最初の段階から，自分が選んだ単一の社会的状況がほかの社会的状況とどのように結びついているかがわかるであろう。そのうちに，ほかの社会的状況を研究に取り込むことになる場合もあるだろう。物理的な近さによって，いくつかの社会的状況が1つのまとまりになっている場合もあるだろう。また，同じ集団に属する人々がある場所から別の場所へと移動しているために，相互に関連し合っている社会的状況もあるだろう。そうした時には，社会的状況のネットワークを研究したいと思うかもしれない。最終的には，まず1つの社会的状況における単一の活動に焦点を当て，その後で類似の活動が行われている別の場所を見つけて研究を広げていくことになるかもしれない。

❷ 選択の基準

　参加観察は多種多様な目的に用いることができる。研究者はそれぞれが，違う理由をもって研究のための場を選んでいる。例えばWolcott（1967）は，異文化間教育に関心があったので，クワキウトル族の村とその学校を選んだ。またWalum（1974）は，男性と女性が建物に入っていくのを観察することができる大学の出入り口を選んだ。それは，男性と女性のやりとりを調べたかったからである。次の基準はエスノグラフィー研究の初心者を想定してつくられたものである。このガイドラインに従って研究計画を立てれば，研究がうまくいく可能性が高まるし，また参加観察を行うのに必要な技法を学ぶ機会も増えることだろう。

a．単純さ

　この基準については，**単一**の社会的状況を選ぶよう勧めた時にすでに述べた。参加観察はすべて，もっとも単純な単一の社会的状況から，もっとも複雑な社会的状況や社会的状況ネットワークまでの連続線上のどこかに位置する場で行われる。前の段落で述べた2つの研究，すなわちクワキウトル族の村と大学キャンパスの出入り口について考えてみよう。Wolcottが参加観察を行ったブリティッシュ・コロンビア地方のブラックフィッシュ村の人口は125人であり，世帯数は13にしか過ぎなかった。しかし，彼はその研究で何

百もの社会的状況，すなわち学校，森の中の小道，家の中，船，海岸やその他さまざまな場所で観察をしている。このこじんまりはしているが複雑なアメリカ原住民の村の文化を発見するのに，集中的な研究が1年以上にもわたって行われたのである。一方，Walumは単一の社会的状況，すなわち人々が通り過ぎる出入り口を研究した。この研究は，扱う範囲がより限定されているばかりでなく，実に洗練されている。どちらの研究でも参加観察が行われているが，クワキウトル族の村でのWolcottの研究は非常に多くの時間と労力が必要であり，またデータを収集するのにさまざまな方策を活用する必要があった。

　初心者が単純な場で参加観察を行うことの最大の利点は，**独創的な研究**を実際に行いながらエスノグラフィーのやり方を**学ぶ**ことができる点である。単純なものから複雑なものへと続く連続線上に位置する社会的状況について考えながら，連続線上でもっとも単純なものに近いものを選びとるようにしたほうがよい。後になって，さらに経験を積んだならば，もっと複雑な社会的場でもいともたやすくやりこなすことができるようになるであろう。

b．入りやすさ

　社会的状況の入りやすさにはさまざまな程度がある。容易に入り込めて，自由に活動に参加でき，自分の観察したことを記録できる場もある。一方で，1回は簡単に入れても，もう一度入り込むことが困難であったりそれが不可能であったりする場もある。銀行のさまざまに異なった社会的状況について考えてみよう。

　参加観察はしようと思えば，銀行の入り口，窓口に並ぶ人の列，従業員の休憩室，金庫室などで可能だろう。こうした場での研究はどれも銀行の文化を理解するには興味あり役立つものとなろう。しかし，それぞれの社会的状況への入りやすさには著しい違いがある。銀行の入り口はもっとも参加観察がしやすい。銀行内に並ぶ人たちを研究する場合には，中に入って，列に並んで待ち，小切手を現金に換えて立ち去ることは，ごく容易にできるだろう。しかし，繰り返し参加観察を行うことは容易ではないだろう。日に何回か並んで待っていたら，遅かれ早かれ誰かが疑いの目を向けることになるだろう。入り口にせよ列にせよ，銀行員に研究について説明し許可を得たほうがよいと思えてくることだろう。従業員の休憩室は，たとえ許可を得ていたとして

も，ずっと入りづらいだろう。そして，金庫室にはまったく入り込めないことがわかるだろう。いくら研究としてユニークで価値のあるものだとしても，たとえ許可を得たとしても時間の大半は金庫室に入るのを待つことに費やされ，しかもその行動は，金庫室を使う人からはなはだしい疑いの目を向けられることになるだろう。

　入りやすさの程度が異なるほかの社会的状況について考えてみよう。家族の夕餉のひと時は，街角よりも入りにくい。会社の役員会は町の公園に比べると入りにくい。また病院の手術室は学校の食堂よりも入りにくい。市の留置場は市議会よりも入りにくい。このような場はすべてエスノグラフィー研究のための意義ある機会を提供してくれるが，こうした入りにくい場は，エスノグラフィー研究の初心者に対して，研究の仕方を学ぶためには必要のない苦労を与えてしまうことになる。例えば学校の食堂ではなく手術室を選んだ場合，**入るためだけに**，おそらく数週間にわたってみっちりとレッスンを受けることになるだろう。しかし一方で，観察や分析，エスノグラフィーを書き上げる練習をする機会はほとんどわずかとなってしまうことだろう。自分自身の関心やその他の基準について検討する際には，社会的状況が入りやすいものであればあるほど，エスノグラフィー研究の仕方を学ぶ機会がそれだけ多くなることを念頭に置いておいたほうがよい。後になって，経験を重ねれば，もっと難しい状況に取り組むことができるようになるであろう。

c．目立たなさ

　人類学者は小さな西洋以外のコミュニティで調査を行う場合，ヒナギク畑の巨大なヒマワリのように目立つ存在になってしまう。例えば，白人の人類学者で身長183 cmのColin Turnbullは，アフリカのピグミー族の中にいて自分の存在を目立たせずにおくことはできなかった。彼には，人に気づかれずに群集に紛れ込んだり，活動に参加したりすることはできなかった。人類学のフィールドワークで何か月にもわたる終日のかかわりが必要な理由の1つは，エスノグラフィー研究では研究者の存在に対するあらゆる反応を扱う必要があるからである。フィールドワークの技法を学ぶ目的で短期間の参加観察を行う場合には，人々の注意をあまりひかないようにしたほうが明らかに都合が良い。

　目立たずにいられる可能性がずっと高い場所がいくつかある。バス，レス

トラン，人通りの多い道，ショッピングモール，フットボール競技場，空港，図書館などの公共の場所は，エスノグラファーが自分を目立たせずにすむ場所である。Hagstrom（1978）は自宅近くの小さなレストランで常連になる過程を研究している。彼女は，客の役割をとることで自分の存在を目立たせずにすんだ。週のうち何日か，午前中にそのレストランに行き，人の注意をほとんどひかないような隅の席に腰掛けるようにし，そこでコーヒーを飲みながら1時間以上フィールドノートを書くことができた。一方，人工妊娠中絶を行うクリニック前での抗議行動を研究したEstenson（1978）は，自分を目立たない存在ですませることはできなかった。最初は，向かいにある人通りの多い広い道から観察しようとしたが，行動の細かいところまで見ることができなかった。そこで近づいて見ていると，中絶反対派の人々は彼女が自分たちを観察していることに気づき，彼女が「自分たちの仲間」なのかどうか不審に思った。最終的には，彼女は自分の存在を目立たなくするためにクリニックの中に入り，大きな窓越しに観察をした。このようにすることで効果的なやり方で研究を実施することができたが，自分が目立つということでさまざまな困難が生じたのであった。

　参加観察とは，研究者の目立たなさということを，ほとんど常にその意味の中に含んでいる。自分が非常に目立ってしまうような社会的状況に挑戦することもあるかもしれない。目立つ要因をすべて排除して自分の存在を完全に隠そうとするよりも，むしろ，その社会的状況が自分の活動に対してどのくらい注意を向けるのか，その程度を注意深く見極めるほうがおそらくよいだろう。エスノグラフィー研究の初心者の場合には，自分の活動に対して直接関心が向けられないような場を選択するほうが，研究がうまくいく可能性がより高くなることであろう。

d．許可の得られやすさ

　どのような社会にも，誰かの許可を得ずには研究ができない社会的状況がある。許可を願い出るかどうかを決め，許可を与えてくれる人物を見つけ，研究の内容を説明し，そしてやっと許可を得るところまで漕ぎ着けるのは時間のかかることである。エスノグラフィー研究の初心者がこうした困難を回避することができるならば，研究を進めることも，参加観察の技法を習得することも，この両方がスムーズになることであろう。研究の許可を得るとい

う観点から3つのタイプの社会的状況について考えてみよう。

出入りが自由な社会的状況では，エスノグラファーは許可を得ることなく研究を実施することができる。例えばEdgerton（1978）は，南カリフォルニア州にある広大な浜辺でエスノグラフィー研究を行った。この浜辺には夏の間，毎日何千人もの人が集まっており，彼は匿名の参加者となって，そこで起こることを観察した。個々のインタビューの際には許可を得たが，データのほとんどは参加観察によって集められた。例えば，人々が自分の狭いテリトリーをどのように主張するか，ビーチタオルの広げ方や私物管理の方法を観察した。観察した人全員から許可を得るのは，事実上不可能であったことだろう。Nash（1975）はオクラホマ州タルサ市で市バスに乗るのに許可を得る必要はなかった。そのうえ，乗客全員から観察のための許可を得るのは不可能であり，その必要もなかったであろう。すべてではないにせよ，公共の場所の多くは自由に出入りができる。参加観察を学ぶために社会的状況を選択する際に，自由に出入りできる社会的状況を選べば，研究を成功に導く助けとなろう。

出入りに制限のある社会的状況では，研究を実施する前に1人以上の人から許可を得る必要がある。事務室，理髪店，アルコール依存症治療センター，病院の救急室，個人の家などは出入りに制限のある状況である。学校のような公共の場でも，通常，少なくとも校長と観察を行う予定の学級の教師には許可を得る必要があるだろう。学校によっては，子どもの親1人ひとりから許可を得る必要がある場合もある。出入りに制限のある社会的状況は，許可を得る手続きがスムーズに進みさえすれば，初めてフィールド研究をする人にとってはすばらしい場所になる。例えばVein（1978）は，聴力障害のある子どもたちを聴力障害のない子どもたちと「一緒に参加させている」学級を研究した。校長と学級担任に連絡をとったところ，容易にしかも速やかに許可が得られた。研究の間，担任教師からの援助と関心も得ることができ，彼女は教室の後ろに腰掛けて，そこで起きたことを記録した。出入りに制限のある社会的状況をリストから取り除くのではなく，許可を得るのにかかる時間と労力を見積もってみるのがよい。適切な人に電話をかければ，容易に許可を得ることができるのか，それとも何日もかかるのかどうかを判断することができる。許可を得ようとすることは，それが込み入ったものでなく時間もかからないものであるならば，フィールドワークの学びの経験を豊かなも

のにしてくれる。

　第三のタイプである**出入りが禁止されている**社会的状況は，許可を得るのが非常に難しいかあるいは不可能である状況のことである。犯罪組織や街のギャング，秘密組織，教会や企業での非公開の会議などには皆，参加観察を難しくする制限がある。この人たちの信頼と信用を獲得するのに数か月も要するとしたならば，これらの集団のどれかをずっと研究することになってしまうかもしれない。例えばSolowayとWalters（1977）は，ヘロイン中毒者の研究を行ったし，またKeiser（1969）はバイスローズという街のギャングの参加観察を行った。しかしながら，こうした状況は，多くの困難とともに，許可を得るのに数週間，場合によっては数か月にもわたる忍耐が必要とされる。研究のための興味深い社会的状況のリストができたならば，フィールドワークの初心者は，出入りが制限されるという問題を抱えたものはリストから外すとよいだろう。

e．頻繁に繰り返される活動

　行動のための文化的ルールを発見するためには，似たような活動が何回も繰り返されるのをたくさん観察する必要がある。道路を横断する際の文化的ルールを研究するために，人里離れた郊外の交差点を研究対象に選んだならば，繁華街の混雑した交差点を選んだ場合より，この活動の実例を観察する機会はずっと少なくなってしまうだろう。したがって，社会的状況を選ぶ際の重要な基準として，**活動が繰り返される頻度**がある。Ehrman（1978）は混雑した空港での**待つという行動**を研究し，何百人もの飛行機の出発を待つ人を容易に見つけだすことができた。もしその代わりに，公衆の面前で**眠るという行動**を，空港で起こる活動の1つとして研究していたならば，眠るという行動は相対的に起こる頻度が低いので，研究が制限されてしまったことだろう。目標は，いくつかの活動が頻繁に繰り返されるような社会的状況を選ぶことである。

　同じ活動が繰り返される頻度は，どの時間帯を観察のために選ぶかによってもいくらか左右される。毎朝9時15分に，近所のスーパーマーケットへ行ってレジカウンターを観察しても，ほとんど何の活動も見いだせないだろう。しかしながら，夕方の5時から6時までの混雑のピーク時に行けば，何度も同じ活動が繰り返されるのを見ることができるだろう。エスノグラ

フィー研究の初心者は，非常に多種多様な活動が見られる社会的状況を探そうという過ちを犯しやすい。繰り返して何度も行われる活動が見られないとしたならば，その状況は研究の目的を果たすのに役立たないということになる。ある社会的状況で観察できる活動を予測するのは難しい場合が多いので，研究の途中でこの基準を当てはめなければならなくなることもあるかもしれない。あらゆることを観察することはできない。そこで，どこに焦点を当てるかを決める際には，比較的高い頻度で起こる活動を選ぶようにしたほうがよい。Tolzman（1978）は，ある大都市の郊外にあるたくさんの商店が立ち並ぶアーケード街を研究した。最初，彼女はこの変哲もない公共の場で人々が出くわす危険を観察したいと考えていた。しかしすぐに，実際には危険な兆候の実例をそれほど多くは観察できないことが明らかになった。つまり，そうしたことは，単純にそれほど多くは起こらなかったのである。そこで彼女は，研究の焦点を，自分の安全を守り個人空間への侵入を防ぐために行われる活動に変更した。するとすぐさま，このような活動の実例がたくさん見つかった。すでに強調したように，段階的研究手順法のすべてのステップは，独創的な研究を実際に行いながら，エスノグラフィーのやり方を学ぶという二重の目的をもっている。もし，活動が繰り返し行われる社会的状況を注意深く選べば，この2つの目的を達成することはずっと容易になることだろう。

f．参加

　エスノグラファーはただ単に観察するのではなく，参加もする。参加することにより，活動を直接経験でき，出来事がどのようなものかを体感でき，自分が感じとったことを記録することができる。同時に，エスノグラファーは社会的状況の中で完全な参加者になることはめったにない。ステップ2では参加の程度と形態について検討するが，社会的状況を定める今の時点では，参加の機会を最大限提供してくれる社会的状況を探すのがよいだろう。

　2つの対照的な社会的状況における参加の可能性を考えてみよう。第一に，もし，図書館での行動における暗黙のルールを研究しようとしたならば，本を探したり，机の前に腰掛けたり，本を借りたり，本を返却したりすることによって，参加することは容易である。このように自らかかわることによって，ほかの人たちが図書館で何をしているのかについての観察を検証す

ることができ，観察だけの場合よりも，さらに深く文化を探求することができる。一方，病院の手術室の手術チームの活動を研究する場合は，間違いなく傍観者の立場にいなければならない。傍観者であっても重要なデータを集めることができるだろうが，参加者が抱く感情や認識はわからないであろう。エスノグラファーは，参加の機会がほとんどない状況にしばしば遭遇する。その場合は，観察とエスノグラフィーのインタビューに頼らざるをえない（Spradley, 1979 を参照）。例えば，部族社会ではおそらくエスノグラファーは結婚しないだろうし，子どもを産むこともないだろうし，思春期の儀礼を体験することもないだろう。エスノグラファーは，ただこのような出来事を観察するだけである。このような場合には，データの収集は常に広範なエスノグラフィーのインタビューに依拠することになる。

　研究にふさわしい社会的状況を検討する際には，**どのように参加するのか**を思い浮かべてみるとよい。どや街の男たちの罪状認否と判決手続きについて研究を行ったシアトル市の刑事裁判所では，私は法廷で認められている役割である**傍聴人**として参加した。バーのホステスについて私と共同で行った研究で，Mann（1976）は完全な参加者となり，ブラディーズ・バーのホステスとして勤めた。Maisel（1974）は，人々が中古品を売り買いするフリーマーケットを研究した。彼は商品を買ったり，見て回ったり，売ったりすることで参加した。Hayano（1978）は郊外にある大きなポーカー場の文化を研究した。彼はポーカーをすることで参加者となった。Singwi（1976）はウェートレスの役割を通して小さなレストランの文化的ルールを研究した。一方，Hagstrom（1978）は同じような研究を，客の役割として参加することで行った。エスノグラフィー研究の仕方を学ぶのにもっとも適した社会的状況は，自然な形で参加できる機会を豊富に与えてくれ，かつ，時には観察者だけとして行動し，メモをとったり，ほかの人の活動をじっくり見たりすることを可能にしてくれるような状況である。Kruft（1978）は血液銀行に関する研究でこのバランスを見いだした。Kruft は参加者として血漿を提供しに何度も足を運んだが，これは献血者として人がどのような経験をするのかを見いだすためであった。献血の順番を待つことが多かったが，待っている間に人々を観察しフィールドノートをつけることができた。

　参加観察を行うための社会的状況を選ぶ際に使われる，5つの基準について述べてきた。すなわち，①単純さ，②入りやすさ，③目立たなさ，④許可

の得られやすさ、⑤頻繁に繰り返される活動の5つである。単一の状況で、これらの基準がすべて十分に満たされることはまずないかもしれないが、最初の選択をする際のガイドラインとしてこれらの基準は提示されている。自分の関心や時間的制約、そして理論的関心などに応じて、やがてはこれらの間でバランスをとってみたくなることであろう。参加観察の技能が向上するにつれて、それほど重要でなくなる基準もあるだろう。しかし、この5つの基準にもとづいて選ばれた社会的状況の中でフィールドワークを行えば、エスノグラフィー研究の初心者は、エスノグラフィーの技法を容易に身につけることができるであろう。

□ **学習課題**
1）参加観察を行うことができると思われる社会的状況を少なくとも50挙げなさい。
2）自分の関心とここで述べた5つの基準にもとづいてもっともよいと思われる社会的状況を5つか6つ挙げなさい。

ステップ2 参加観察を行う

□ **学習目標**
1）参加観察者の役割に慣れる。
2）エスノグラフィー研究で使われるさまざまなタイプの参加の仕方を理解する。
3）実際にフィールド観察に着手する。

　参加観察を行うことは，初めての社会的状況で誰もが遭遇することと共通している点が多い。私は，アメリカ陸軍に入隊した日のことを思い出す。他の徴集兵や軍人たちに混じり，自分がよそ者であることを感じながら，入隊センターに出頭した。忠誠の誓いをたて，身体検査を受け，オリエンテーションを聴き，カリフォルニア州フォートオードに向けて出発するまでの間，私は自分がどう振る舞えばよいのか幾度となく戸惑った。過去に入隊経験のある人のように気楽ではいられなかったので，他の人々が何を言い，何を行うかを注意深く観察することで私はその場に順応しようとした。最初の基礎訓練の数週間，私はほとんど参加観察者のように振る舞い続け，軍隊における一兵卒としての振る舞い方を学ぼうとした。フォートオード基地内を歩き回る時には，通り過ぎる車や士官と思われる人に対して他の人たちが敬礼するかどうかを観察しようとした。彼らがしていることを手がかりに，その行為を真似しようとした。次第に私は軍隊生活の文化を学び，自分がよそ者とはそれほど感じられないようになり，自分が出会う社会的状況についてあまり考えることもしない普通の参加者となっていった。
　あまりなじみのない社会的状況を選ぶ場合，こうしたよくある経験を足場にすることができる。自分がよそ者のように感じられ，また行動のための暗黙の規則がわからないために，自然に参加観察者の役割をとるようになる。

このステップでは，社会的状況の中での**普通の参加者**と，研究目的のためにとる役割，すなわち**参加観察者**との違いについて検討する。

① 普通の参加者と参加観察者の違い

　人は誰でも，多くの社会的状況の中で普通の参加者として振る舞っている。文化に関するルールを学習してしまえば，それが暗黙の了解ごとになり，自分がしていることについてあまり考えなくなる。例えば，込み合った交差点を何千回も渡ったことのある普通の参加者について考えてみよう。この人は，交差点を渡ることについての文化的ルールなど考えずに通りに近づく。交通量を見たり，歩道の縁石から踏み出すために歩く速度を落としたり，白線の内側で立ち止まったり，反対側から来る人波を巧みに縫って進んで行ったりする。普通の参加者は何も考えていないかのようである。一方，このよくある社会的状況を研究する参加観察者も，外見上はまったく同じように見えることだろう。目に見えない違いは，大部分調査者の頭の中に隠されているのである。ここで，研究の場を訪れる際にはその都度意識する必要がある，普通の参加者と参加観察者との6つの主な違いについて考えてみよう。

a．二重の目的

　参加観察者は，①その状況に特有な活動に参加する，②その状況における活動や人物，物理的な側面を観察する，という2つの目的をもって社会的状況に近づいていく。普通の参加者は，その同じ状況に，特有な活動に参加するという，1つの目的だけをもって近づいていく。活動に参加しながら，普通の観察者は通常，そこで起こることをすべて見て記録したいとか，そこにいる行為者をすべて記述したいとか，物理的な環境について書きとめたいなどとは思わない。

　自動販売機で清涼飲料水を買うという，よくある社会的状況について考えてみよう。マカレスター大学には，「コーク・マシーン」と呼ばれるものが大学構内にあるほとんどの建物の手頃な場所に設置されている。私もよく清涼飲料水を買うために立ち寄るが，その時ほとんどいつも，他の教員や学生，職員も，この機械で清涼飲料水を買っているのを目にする。私は普通の参加

者として，単一の目的をもって自動販売機に近づく。すなわち，清涼飲料水を買うという目的である。多くの人と同様，私もこの機械を操作するために，どのような手順を踏むかには関心がない。私はそれをよく知っており，考えることもなく投入口にコインを入れ，適当なボタンを押し，コカコーラまたはセブンアップを販売機のトレイから取り出す。他の人が買い終わるのを待たなくてはならない場合であっても，その人の行為をもっとよく理解するために観察したりはしない。私は，その人がしていることをよく知っているからである。ただし，どんな恰好をしているかと眺めたり，またもし以前に名前を聞いたことがあるとすれば，それを思い出そうとしたりはするかもしれないが，せいぜいそれくらいである。私はこの社会的状況では，普通の参加者として，限定された目的をもって行為しているのである。

　参加観察者は，1つのことしか念頭にないといったこうしたアプローチはとらない。Monsey（1978）は，人々が，機械，特に自動販売機とどのようにかかわるかについて，エスノグラフィー研究を行った。彼女は参加観察者として，自動販売機から頻繁に飲み物を買った。表面的には，他の人がしているのと同じことをしていたのだが，彼女は，さらにもう1つの目的をもって自動販売機に近づいていた。すなわち，自分自身の行為や他の人の行動，そして，この社会的状況で目にすることのできるすべてのことを観察するという目的である。買う順番を待たなくてはならない時には，人々が機械とどのようにやりとりするか，飲み物を買うためにどのような手順を踏むか，機械が正しく動かなかった時にどのような反応をするかに着目した。すべての参加観察者と同様，彼女は頭の中に，同時に2つの目的をもっていたのである。

b．明白な意識

　社会生活があまりに煩雑なため，普通の参加者は，多くのことを意識から排除している。もし銀行に行き，列に並んで待っているとすると，自分の周りで起こっていることのほとんどを気にもとめないだろう。自分のすぐ後ろの人があまりに近くに立っていることには気づいたとしても，列に並んでいる人がめいめいどのくらい離れて立っているかを観察したりはしないであろう。また，それぞれの人がどのくらいのスピードで進んでいるかとか，どんなふうに立っているかとか，自分の持ち物をどんなふうにいじっているかとか，カーペットの色とか，銀行から立ち去る時の経路だとか，そのほか自分

の周りで起こっている数多くのことに注意を払おうとはしないだろう。確かに，自分の前の人が窓口の係の人に話していることや，ある列がほかの列より速く進むことには気づくかもしれないが，自分の周りで起こっていることのほとんどは意識の外にあるだろう。

　もし人間が，自分が認識することのできる**すべての活動，すべての対象，すべての情報**を，積極的に覚え記憶の中にとどめようとするならば，そしてこれを**常**に行ったとしたならば，学者たちが**過負荷**と呼んでいる状態を経験することになるだろう。過負荷は，「システムの処理能力以上の入力があったため，環境からの入力をシステムが処理できない状態」である（Milgram, 1970：1461）。私たちは皆，必要のない情報や欲していない情報にはほとんど目をくれないことで，過負荷の潜在的な脅威に適応している。この遮断はあまりに頻回かつ連続的に起こっているため，私たちは遮断なしでは生きてはいけないほどである。

　誰もが，ごく普通の活動の中で自分たちがどのくらい遮断しているかを気づかせてくれるような経験をしている。例えば次のような経験である。ジョンは，講義に出るために廊下を歩いて行く。彼は立ち止まり自動販売機でコーラを買い，その後，廊下の端まで行き，教室に入る。友人はジョンがコーラを持っているのを見て，彼がおそらく廊下の途中にある自動販売機で買ったのだろうと推測する。「あの自動販売機のタブ（ダイエットコーラの一種）はまだ売り切れだったかい」と友人は尋ねる。「気がつかなかったよ」とジョンは答える。そばにいた誰かが，「廊下の向こうの印刷室は開いていたか気づいたかい」と尋ねる。ジョンはまたもや，気づかなかったと答える。彼は，おそらく，印刷室のドアが広く開いていたのも，また自動販売機のタブの売り切れ表示も「見た」ことであろう。しかし，私たちのほとんどがそうであったであろうように，彼はそれを明白な意識からは締め出していたのである。

　参加観察者はこれとは反対に，通常は過負荷を避けるために遮断していることを明白に意識しようとする。意識を高めることは簡単ではない。長年行っていた**選択的な不注意**や無視，見ないことや聞かないことを乗り越えなくてはならないからである。Monsey（1978）は，自動販売機とそこで清涼飲料水を買う人についての研究の中で，普段は排除していた情報に注意を向けるよう自らを仕向けなければならなかった。例えば，人々はどのように清涼飲料の蓋を開けたか，自動販売機はどんな音を立てたか，廊下には何人いた

か，自動販売機に貼られたメモに対して人々はどのように反応したか，「売り切れ」表示ランプや買う順番を待つ人に対して，そのほか，自動販売機のそばで起こった多くのこまごまとしたことに対して人々がどのように反応したか，などである。参加観察は，エスノグラファーに対して，意識を高め，注意レベルを上げ，通常は排除しているものに目を向けるよう要請するのである。

c. 広角レンズ

人間は皆，知覚能力を使って社会的状況についての情報を収集する。普通の参加者として振る舞っている時でも，私たち皆，**観察者**である。しかし，私たちが見たり聞いたりすることは，何らかの活動を達成するという当座の目的のためだけに限られている。参加観察者は意識を高めるだけでなく，より幅広い情報のスペクトルを視野に入れるような広角レンズでもって，社会生活にアプローチしなくてはならない。

廊下のコーク・マシーンの話に戻ろう。自動販売機を利用する人は皆，何がしかの観察をしなければならない。5セント，10セント，25セントのうちどのコインが必要なのかについて知らなければならない。また，コインを入れる投入口を見つける必要がある。買ったものが出てくる場所を見つけるため，機械全体をざっと眺めてみなければならない。缶またはビンが自動販売機から出てくる時には，耳を傾けなくてはならない。誰かが自動販売機の所にいるかどうかを見て，順番を待つ必要があるかどうかを確認する必要もある。このような観察は大なり小なりすべての人間が行う活動である。

自動販売機の利用やそれとのやりとりに関する潜在的な文化的ルールを研究している参加観察者ならば，もっと幅広い観察をすることであろう。Monsey (1978) は，廊下にいる人すべてを観察した。自動販売機に近づいた人々を見ながら，その人たちがこの機械にどのように近づき，どのように離れて行ったかを観察した。また些細なことのように思われるかもしれないが，自動販売機が出す音についてもすべて書きとめた。この音は，自動販売機を利用する人にとっては，それが意味することがしごく当たり前であるような，なんらかの情報を伝えていたからである。彼女は，飲み物が出てこなかった時に，人々が自動販売機に向かって放った言葉を書きとめ，そして自動販売機を叩いたり蹴飛ばしたりするのを観察した。彼女は，自動販売機の

周囲の雰囲気を記述しようとしたのである。彼女が観察したことの多くは，普通の参加者だったならば，「不必要な些細なこと」と考える類のものであっただろう。しかし，参加観察者は，観察の焦点を幅広くとることによって，もっとも重要なデータのいくつかをつかみとるのである。

d．インサイダーの経験とアウトサイダーの経験

　ある社会的状況の中にいる普通の参加者は，通常，直接的・主観的な形で社会的状況を経験する。私たちは身の周りで起こっていることの一部を見，自分自身の動きを体感し，主体，すなわち活動に参与する者として，一連の活動を行う。要するに，私たちは**インサイダー**なのである。社会的状況に参加するという私たちの経験は，私たちがその状況の**中にいる**，つまり，その一部となっているという事実によってこそ，その意味と一貫性を保っているのである。

　一方，参加観察者はインサイダーであることとアウトサイダーであることの両方を同時に経験する。ポーカーをしている人について考えてみよう。普通の参加者は，ゲームの一部となっている。参加観察者は，アウトサイダーでありながら，主体として振る舞っているのである。Hayano（1978）は，カリフォルニア州ガーディナー市のポーカー場で参加観察をすることに決めた。6つのポーカー場には，週末になるといつも数千人の客が集まっていた。Hayanoは，そこで何千時間もポーカーをし，人々の話に耳を傾け，人々がゲームの戦術を操るのを観察した。彼は**インサイダー**としてカードを切り，それを配り，賭けをし，はったりをかけ，そして勝ったり負けたりした。彼は**インサイダー**として，普通の参加者がゲームの間に感じるのと同じ感情を経験した。同時に，彼は**アウトサイダー**であることを経験していた。つまり，ゲームと自分自身を**客体**として見る者であるという経験をしていた。彼は，ポーカープレーヤーであると同時に，ポーカープレーヤーとして振る舞う自分自身や他の人を観察する者でもある，というめったにない経験をしていた。彼はその場面の一部でありつつ，にもかかわらず場面の外側にもいたのである。こうした経験は，研究中のエスノグラファーにとってだけ起こるというわけではないが，参加観察を行う人にとっては，普通よりずっとありふれた経験である。おそらく始終，このインサイダーとアウトサイダーを同時に経験し続けるということはまずないだろう。ある時には，アウトサイダーとして観

察しなければならないことも忘れて，完全な参加者として振る舞っていることに気づきはっとするということもあるかもしれない。また別の時には，観察者の立場を取り戻し，もっと距離を置いた観察者になることもあるだろう。エスノグラフィーのフィールドワークを行うということは，インサイダーとアウトサイダーの経験の間を行ったり来たりしながら，両方の経験を同時にするということを意味しているのである。

e．内省

多くの人は，ある経験について自分がどのように感じているかを見極めるために，自分の心の内を見る。通りを渡るとか自動販売機でコーラを買うとかいった，決まりきった普通の活動の中では，私たちはそれほど内省的にはならない。こうした活動を行う時には，私たちは通常，自分の内面の状態には最低限の関心しか向けていない。しかし，自動車事故にあうとか試験に落ちるなどの予想外の出来事が起こった時には，私たちは深く内省することになる。

参加観察者として，自分の内省力を高める必要がある。真の意味で自分自身を研究の用具として使うことを学ぶのである。例えば，私たちのブレイディーズ・バー（Spradley and Mann, 1975）に関する研究では，Mann はホステスとして働きながら，何日もの夜を過ごし，ほかのホステスが経験するすべてを自ら経験し尽くした。そして仕事が終わった後，しばしば簡単な報告がてら，彼女は自分がこの経験をどのように感じたか，ものごとをどんなふうに行ったか，ホステスとして働くということはどんな感じがするものなのかを明らかにしようとした。普通の活動に対するこうした類の内省は，経験を当たり前のものとしてとらえることを学んできた普通の参加者の場合とは鋭く対照をなす。内省というものは，「客観的」とは思われないかもしれないが，それは，私たち誰もが皆，新たな状況を理解するために，また文化的ルールに従ううえでの技術を獲得するために使っている道具なのである。内省は，エスノグラファーが参加観察を通して収集するデータを大いに豊かにしてくれることであろう。

f．記録をつける

参加観察者は大方の普通の参加者とは異なり，客観的な観察と主観的な感

覚の両面について詳細な記録をつけることになる。記録はその場で行われることもあるが，そうでない場合は，社会的状況から離れた後で記録することになる。普通の参加者の場合には，通りを渡る，電話をする，博物館に行く，フリーマーケットに行く，ジムで走る，レストランで食事をするなどの日常的活動を詳細に記録するということはめったにない。次のステップでは，エスノグラフィーの記録について述べていくことになる。

参加観察者の役割は社会的状況ごとに異なるので，調査者はめいめい，自分が作業を進めるためのやり方について考えてみなければならない。しかし，役割を開拓しながらも，**二重の目的**も維持し続けなければならない。つまり，参加しようとすると同時に，自身や他者を観察しようとするという二重の目的である。他の人が当たり前と思うことを**明白に意識する**必要がある。活動に対する近視眼的な焦点を越えて，**広角レンズ**で心の中に像をとらえることが重要となる。**インサイダー**であると同時に**アウトサイダー**でもあるという感覚を同時に経験することになる。決まりきった活動に参加しながら，自分の経験を十分に理解するために，**内省**に従事しなければならない。そして最後に，自分が見たり経験したりしたことを**記録に残す**必要がある。参加観察者の役割のこの6つの特徴は，普通の参加者の役割として自分がすでに心得ている役割とは区別されるのである。

❷ 参加のタイプ

参加観察者による調査は，その人の研究スタイルによって，大きな違いを見せることになる。1つの重要な違いは，かかわりの程度，すなわち，観察対象となる人々**との**かかわりの程度，および観察対象となる活動**との**かかわりの程度にある。下の表に示したかかわりの程度の違いによる5つの参加のタイプを検討することで，この相違を知ることができる。

かかわりの程度	参加のタイプ
高い	完全な参加
	積極的な参加
	中程度の参加
低い	消極的な参加
かかわらない	参加しない

a．参加しないこと

　研究する人々や活動にかかわらない，観察者のかかわりの程度が一番低いものから始めよう。観察だけでデータを集めることも十分に可能である。この種の研究は，エスノグラフィーのフィールドワークは行いたいが，かかわりはもちたくないという，非常に内気な人によって行われることがある。時には，社会的状況によってはいかなる参加も許可されない場合がある。しかしこのような場合でも，研究の可能性はまだ残されている。

　テレビ番組に関するエスノグラフィー研究について考えてみよう。Bean (1976) は，現代の連続ホームドラマの中にある文化的なテーマに関する研究に取り組んだ。彼女はさまざまな番組を見るとともに，『ソープオペラ・ニュースレター』を読んだ。その結果，多くの文化的なテーマが明らかになり，彼女は，「連続ホームドラマは，アメリカの家族が支えとしている基本原理を首尾一貫して表現している」と結論づけた (1976：97)。テレビの視聴は，そのほかにもたくさんの参加しない観察の機会を与えてくれる。例えば，それほど「やらせ」ではないタイプのものでエスノグラフィー研究の可能性を与えてくれる番組は，フットボールの試合である。テレビで何試合も何試合も見ることによって，エスノグラファーは試合の明白なルールだけでなく，ユニフォームの着用から，ハーフタイムショーの演出，非言語的なコミュニケーション，チームメンバーに対する感情の表出，さらには，スポーツキャスターとしての振る舞い方に至るまで，そこに暗黙のルールを見いだすことができるであろう。子ども漫画や宣伝広告，ニュース放送など，番組すべてにわたって，かかわることなしのエスノグラフィー研究の機会が提供されているのである。

b．消極的な参加

　消極的な参加を行っているエスノグラファーは，活動の場面にはいるが，そこに参加したり，人々とかかわったりはあまりしない。すべきことは，そこで起こっていることを観察し記録するための「観察の場」を見つけることである。消極的な参加者が社会的状況の中で何らかの役割をとるとすれば，それは「見物人」か「傍観者」，または「あたりをぶらつく人」といった役割だけであろう。

　公共の場での参加観察は，このような距離を置いた立場から始まることが

多い。私はシアトル市刑事裁判所で，傍聴人の1人として，飲酒罪の被告，裁判所書記官，他の傍聴人，裁判官を観察することに多くの時間を費やした。最初，私の素性や私がしていることについて知る者は誰もいなかった。次第に私はもっと積極的になり，裁判官にインタビューをしたり，書記官に話しかけたり，公衆の面前での飲酒罪に対する告訴の法廷に姿を現した多くの男たちと深いかかわりをもつようになったりした（Spradley, 1970）。

　消極的な参加者の有利な立場を利用することで，人々が従っている文化的なルールについて非常に多くのことを推測することができる。もし，病院の育児室の窓の外に立ち，看護師と乳児を観察すれば，乳児の抱き方や泣いたままにしておく時間の長さ，着替えや授乳パターンなど，いくつかの文化的な行動パターンに気づくことであろう。こうした場面では育児室の窓の外側にずっといなければならないかもしれないが，多くの状況においては，消極的な参加から，やがてよりかかわりをもつ参加に移行することができるようになる。

　消極的な参加のもう1つの例を考えてみよう。Hall（1976）はクラシックバレエのクラスに関する研究において，6つのバレエスタジオでの観察許可を得た。彼女自身，子どもの頃から16年間にわたってバレエのレッスンを受けていたのだが，エスノグラフィー研究の目的で観察をすることにした。彼女は3週間にわたり，それぞれのスタジオの2つの上級クラスに通い，その後は2か月間にわたり，1つのスタジオで3つのクラスを観察をした。彼女はレッスンには加わらず，隅の方で観察し記録をつけた。それ以前の普通の参加者としての経験から，消極的な方法で観察することへと，彼女は移行したのである。そしてその後に，観察を補うために1つの上級クラスの10人のメンバーにインタビューを行った。

c．中程度の参加

　かかわりの程度が高くなってくると，この章で先に述べた研究のスタイルに近づいてくる。中程度の参加は，エスノグラファーがインサイダーであることとアウトサイダーであることとの間，また参加と観察との間でバランスを維持しようとする時に起こる。Sandersのピンボール・プレーヤーについての研究（1973）は，中程度の参加の恰好の例である。彼は，「あたりをぶらつく人」「ゲームを見る人」として，西海岸のピンボール場に入ったが，彼が

とったこの2つの役割は，こうした場ではごく受け入れられやすいものであった。彼は最初から丹念にフィールドノートをとり，フィールドから帰ってきたら記録に残すということをやり続けた。やがてはゲームをし，常連のプレーヤーのように好みの台を見つけるところまで行ったが，常連のプレーヤーの技術やレベルに到達することは決してなかった。

d．積極的な参加

　積極的な参加者は，単に受け入れられるためだけでなく，行動のための文化的ルールについてより深く学ぶために，人々がしていることを**しよう**とする。積極的な参加は観察から始まるが，人々がしていることについての知識が増えるにつれて，エスノグラファーはその同じ行動を学ぼうとするようになる。Richard Nelson はイヌイットに関する研究の中で，積極的な参加者になろうとした。彼は次のように書いている。

　　この研究全体にわたり，その主たるデータ収集は観察によって行われたが，その観察は特別の性質を帯びたものである。これは，大部分の人類学者が使ってきた意味での「参加観察」ではない。これは，その地域に住んで日常の生活に参加するといった以上のことを意味しており，そこで起こっていることを観察するためにいつもそこにいるといった程度を越えたものである。活動や相互作用の一部分となって実際にかかわるということをしないこの種の観察は，消極的な参加といってよいだろう。
　　この研究では，「積極的な」参加または「完全な」参加と私があえて呼んでいる技術を用いている。これは，狩りをしたり旅をしたりする技術を記録するために，エスノグラファー自身が，それを学び習得しようとする——つまり，最大限可能な限り完全に参加しようとすることを意味している。
　　完全な参加という言葉が，例えば狩猟のような技術を記録するために用いられる場合，エスノグラファーは自分自身で狩りができるようになるために，少なくとも狩りを首尾よく行うために必要とされる最低限の技術を身につけなければならない。その時ある意味では，彼は他者を観察し他者から学んでいるのだが，同様に自分自身を観察することによっても学んでいるのである（Nelson, 1969：394）。

　積極的な参加は非常に役立つ技術ではあるが，すべての社会的状況におい

てイヌイットがアザラシ猟をする場合と同じような機会が得られるわけではない。病院での開胸手術やプロのバレリーナのダンスを研究しているエスノグラファーは，外科医やバレリーナが行うのと同じ活動を行うのは困難であろう。しかし，多くのエスノグラファーは自分の研究において，積極的な参加が可能な領域を見つけることができる。そして，たとえ限定的であったとしても，それを行うことができるならば，より深い理解を得ることができるだろう。

e．完全な参加

かかわりの程度のもっとも高いこのレベルは，エスノグラフファー自身がすでに普通の参加者になっている状況を研究する時に起こってくる。Nash (1975) は，タルサ大学行きのバスに毎日乗っており，そこで乗客についてエスノグラフィー研究をすることに決めた。彼は完全な参加者であり，バスに乗るためのルールについてすでに知っていたので，日々の活動を通して系統的な観察にやすやすと取り組むことができた。Nash (1977) は，もう１つのエスノグラフィー研究の中では，バスの乗客に関するエスノグラフィーを行うために，長距離バスの中で完全な参加者となる方法をとった。彼はまた，大学院を修了してまもなく患者になってしまったために，病院とは何たるかを学び，完全な参加者となった。Backer はジャズ・ミュージシャンについて研究し，次のように書いている。

> 私はこの研究の素材を参加観察によって，つまり，ミュージシャンとしての仕事と余暇時間から構成されるさまざまな状況の中に，他のミュージシャンとともに参加することよって収集した。研究をすると同時に私は，数年間，プロの演奏家としてピアノを弾き，シカゴにある音楽サークルで活動していたのである（Backer, 1963：83-84）。

自分自身がその一員である普通の状況を研究の場として活用したエスノグラフィーの例は，ほかにもいくつも挙げることができる。事実, Riemer (1977) はその優れた論文『日和見主義者の研究あれこれ』（Varieties of Opportunistic Research）の中で，人類学者と社会学者による，完全なかかわりをベースとした数多くの研究に関するレビューを行っている。その中には，故郷，タク

シー，バー，警察，戦争捕虜部隊，カイロプラクティックのクリニック，競馬場，カーニバル，さらには沿岸警備隊学校までもが含まれていた。エスノグラフィーの初心者は，このような例にならって，身近にある機会を探そうとするかもしれない。しかし，普通の参加者としてその状況をよく知っていればいるほど，エスノグラファーとして研究することは難しくなるという警告をここでひと言発しておきたい。西洋以外の文化に関する研究の中でエスノグラフィーが生まれ，発展してきたのは偶然ではない。その社会的状況についてなじみがなければないほど，そこで作用している暗黙の文化的ルールを発見しやすくなるのである。

研究対象とする社会的状況を最終的に選択する際には，かかわりの程度がどれくらいであるかについて考慮する必要がある。これから述べる各ステップで学ぶ技術は，参加しないことから完全な参加までの，どのかかわりにおいても役立つはずである。これらの技術を使うことによって，テレビのプロレスの試合の底に潜んだ文化的知識や，大学の教室での行動のための文化的規則を見つけることができるようになる。ひとたび，エスノグラフィーの質問の仕方やデータの集め方，記録や分析の仕方を学んでしまえば，この技術を使ってより複雑な社会の文化を理解することができるのである。

□ **学習課題**
1）あまりなじみのない社会的状況の中で，30分間参加観察をしなさい。
2）フィールドノートをとってみて，参加観察者の役割をとる中で体験した問題をすべて列挙しなさい。
3）エスノグラフィー研究の対象として考えられる社会的状況を少なくとも1つ選び，それについて予備調査を行いなさい。そして，最終的な調査計画を決めなさい。

ステップ3 エスノグラフィーの記録をつける

□ 学習目標
1) エスノグラフィーの記録とはどういうものかを理解する。
2) フィールドワークのノートを準備する。
3) 第1期の参加観察を行い，そこで経験したことを記録する。

　段階的研究手順法の次のステップは，研究記録のまとめ方を学ぶことである。参加観察を始める前であっても，エスノグラファーは印象や観察，決定事項など記録すべきことをもっているはずである。もうすでに，これから調査する社会的状況の選択が終わり，その状況の最初の予備調査がすんでいることだろう。どのようにして選択したのか，第一印象はどうだったのかを記録しておくことは，あとあと大変役に立つ。このステップでは，エスノグラフィーの記録とはどういうものであるかについて，また記録すべき情報の種類について，さらには分析やエスノグラフィーの執筆に最大限役立つような記録を作成するための実際的な手順について検討する。

❶ エスノグラフィーの記録と言語の使用

　エスノグラフィーの記録は，フィールドノート，録音テープ，写真，工芸品など，研究下の社会的状況を記録するあらゆるものから成り立っている。Frake（1964b, p. 111）が指摘しているように，「文化の記述，すなわち，**エスノグラフィーは**，一定期間内にある社会で起こった出来事に関する**エスノグラフィーの記録**から生み出される。社会的出来事にはもちろん，エスノグラファーに対する，またその質問やテストや持参している道具に対する情報提

供者の反応も含まれている」。

どや街の男たちに関する私自身の研究（Spradley, 1970）は，シアトル刑事裁判所での参加観察から始まった。毎週幾度となく，私はシアトルのビジネス街の中心部にある公安局の建物まで車で通った。エレベーターで7階まで行き，法廷が開かれる午前9時まで待ち，法廷に入ると傍聴人席についた。約1時間，審理を観察し，時には最後の被告が留置場へ戻されるまで訴訟を観察することもあった。私はやがて傍聴人席で顔なじみとなり，書記官や裁判官，アルコール依存症者のカウンセラーから会釈を受けるほどになった。

この間，さまざまなことがエスノグラフィーの記録に書きとめられた。私は公安局の建物の1階のエレベーターのそばの大きな掲示板から，裁判の名称と裁判官の氏名，部屋の番号を書き写した。また法廷内の地図を描いて，見たとおりの物理的配置を記録した。法廷での審理を傍聴するためにやってきた人の数を数え，その人たちの主な特徴を記そうとした。以下に示すのは，私のフィールドノートからの抜粋である。

　　午前9時，20～30人の男たちが横のドアから法廷内に隊列を組んで入ってきた。傍聴人は40～45人であった。男たちは法廷の前方左側に2列に整列した。男たちのすぐ目の前には裁判所職員が3人，おそらく書記官と思われる人たちがいた。男たちから見れば左側，法廷の前方中央に裁判官がいた。ノエ裁判官はその日は担当ではなく，臨時にリーム・ピュアイ裁判官が任務に就いていた。裁判官の目の前には，また別の書記官と執行官がいた。男たちが部屋に入り終わるや，裁判官のすぐそばにいる書記官が男たちの名前を大きな事務的な声で読み上げた。男たちは半ば気を付けの姿勢で立っていた。ほとんどの者が両手を後ろに組んでいた。彼らは全員，市の留置所から来ていた。皆貧しい身なりをしており，大半が無精髭をはやしていた。男たちの人種は黒人やアメリカ先住民，イヌイット，白人などであった。

　　裁判官は男たちに，「諸君らは，シアトル市の条例違反である公衆の面前での飲酒または物乞い行為の罪状により告訴された。罰則は，500ドルの罰金もしくは180日の拘留である。諸君らには弁護士を立てる権利がある。有罪または無罪を申し立てることができる。裁判を望む場合は弁護士の費用を支払わねばならない。審理延期を望む場合は，その旨を申し立てること。有罪であると認める場合は，上級裁判所への上告の権利を失う。審理予定に戻る。名前を呼ばれたら，有罪か無罪かを申し述べること。何か申し立てたいこと

がある場合は，そうするように」と言い渡した。

　男たちは，1人ずつ前へ進み出た。書記官は，男の名前と判決文を読み上げると，再度その男に公衆の面前での飲酒罪に問われていることを申し伝え，何か申し立てることがないかと尋ねた。ほとんど全員が「有罪です」とひと言発するだけだった。第2グループの男たちが前へ進み出て，彼らに判決が下されるまでの時間は，8人それぞれに対して，25秒，12秒，20秒，14秒，34秒，10秒，35秒，18秒であった。男たちが速やかに前に進み出るように促している男性が何人かいた。そのうちの1人は，おそらく留置場からの付添人と思われた。

　翌年も私はずっと，法廷内でフィールドノートをとり続け，訴訟手続きに対する自分の反応を記録し，法廷記録から情報を収集し，どや街の男たちの写真を撮り，アルコール依存症者や警察官，裁判官，書記官，アルコール依存症のカウンセラーとの雑談を記録した。また，たくさんのインタビューを行い，それも録音した。新聞記事の切り抜きや警察の報告書，アルコール依存症治療センターの掲示板に貼られた通知を収集した。そして常に，実際に研究を行うという自分の経験を記録にとどめようとした。この記録はホームレスのエスノグラフィーを書く際のもととなった（Spradley, 1970）。

　エスノグラフィーの記録の大半は**フィールドノートの記録**から構成されている。自分が見聞きしたことを書きとめ始めた瞬間から，ものごとを機械的に言葉という記号に置き換えていることになる。これはかなり単純作業のように思われるかもしれないが，フィールドノートに記された言葉は，研究に長期間にわたって多くの影響を及ぼすことになる。人類学者が西洋以外の社会でエスノグラフィー研究を行う際には，言葉の決定的な相違に突き当たることになる。例えば高地ニューギニアの部族を研究する際には，彼らの言葉を学ぶことが最初の仕事となる。フィールドノートは土地の言葉で一杯になるが，エスノグラファーが使っている言葉と研究対象となっている人々が使っている言葉を区別することは容易である。

　しかしながら，自分自身の社会でエスノグラフィーを行う際には，言葉の違いを見逃しやすく，その結果，文化的意味に関する大事な手がかりを見失ってしまいがちである。フィールドノートをとる際にすべてのエスノグラファーが直面する重大な問題は，**どんな言葉を使ってエスノグラフィーの記**

録をつけるべきか，ということである．

　ホームレスに関する研究で，私がとったエスノグラフィーの記録の一部から，言葉の多様性の例について見てみよう．

1）研究者の母国語：フィールドノートの多くは私が日常的に使っている普通の言葉で記されていた．これには明らかに，私が子ども時代から獲得してきた意味が含まれていた．

2）社会科学の言葉：他の記入事項は，私が人類学の専門家として学んできた社会科学に関する抽象的な言葉で記録されていた．

3）ホームレスの言葉：ホームレスが法廷で言ったこと，治療センターで雑談中に話したこと，インタビューの中で語ったことが記録されていた．

4）法廷での言葉：罪状認否や判決手続きに日々かかわっている弁護人，書記官，裁判官は，それぞれ独特な話し方をしていた．警察官の証言には，普段彼らが裁判所の外で身につけている文化が反映されていた．

5）アルコール依存症治療センターでの言葉：センターのスタッフは3つの異なった文化的背景，すなわち，社会福祉部門，司法当局，AA（匿名によるアルコール依存症者の会）から来ていた．自分の仕事を遂行するために，スタッフメンバーはそれぞれ，自分たちの言いたいことを他の人が理解できるような言葉に始終置きかえていた．しかし，ほとんどあらゆる会話の中で，それぞれの独特な言葉づかいが見られた．例えば，ソーシャルワーカーは，ホームレスのことを「患者」と呼び，保安局の護衛官は「収容者」と呼んだ．そして，アルコール依存症者のカウンセラーは，「アルコール依存症者」と呼んだ．それぞれの言葉は，治療センターに送られてくるホームレスに対する多くの暗示を示唆しながら，それぞれに独特な意味を伝えていた．

　この研究の状況は言語的に複雑に見えるかもしれないが，もっとも単純な状況でさえもエスノグラファーは自分自身の言葉と情報提供者の言葉を取り扱わなければならない．そしてさらに重要なのは，翻訳したり単純化したりしてしまうという自らの傾向に対処しなければならないということである．エスノグラフィーの記録をつける際に心にとめておくべき3つの原則を提案したい．すなわち，ⓐ識別原則，ⓑ逐語原則，ⓒ具体原則である．これらの原則は，より正確なエスノグラフィーの記録を作成するという，たった1つ

の目的のためにある。こうして作成された記録は，エスノグラフィーの分析を容易にすることであろう。以下に，それぞれについて簡単に見てみよう。

a．識別原則

この原則は，単純に次のように言うことができる。すなわち，**フィールドノートに記入される言葉をそれぞれはっきりと識別できるようにせよ**ということである。フィールドノートに何かを記入する時には，いつでも言葉を選ばなければならないので，識別のためになんらかの方法が使われることになる。カッコや引用符，あるいはカギカッコに入れたりする場合もあるかもしれない。話し手が誰なのかをわかるようにしなければならないということである。目標は，**実際のフィールドの状況で使われている言葉の差異をそのまま映し出すようなエスノグラフィーの記録を作成すること**である。

どや街でのフィールドワークを初めて行った時には，私自身も言葉の識別原則にうまく従うことができなかった。「混ざり合った言葉」と私が呼んでいる言葉で出来事を記録してしまったのである。その中には，ホームレスたちの使う言葉や法廷で使われる言葉，治療センターのスタッフが使う言葉，さらに私自身の文化から引き出された言葉などが混ざり合っていた（**図11**）。ほかのエスノグラファーたちと話しているうちに，このことが決して珍しい経験ではないことに私は気づくようになった。エスノグラファーは，知らず知らずのうちに，複数の人が話したことから混ざり合った言葉をこしらえ，文化的場面の合成写真を作り上げてしまいがちなのである。

フィールドノートを混ざり合った言葉で記入することは，単純化という点

フィールドでの言葉の違い	フィールドノートで使われる言葉
ホームレス ソーシャルワーカー エスノグラファー 警察官 アルコール依存症のカウンセラー 裁判官 書記官 市の弁護士 護衛官	混ざり合った言葉：エスノグラファーの言葉と誰の言葉かわからない複数の人の言葉の混合

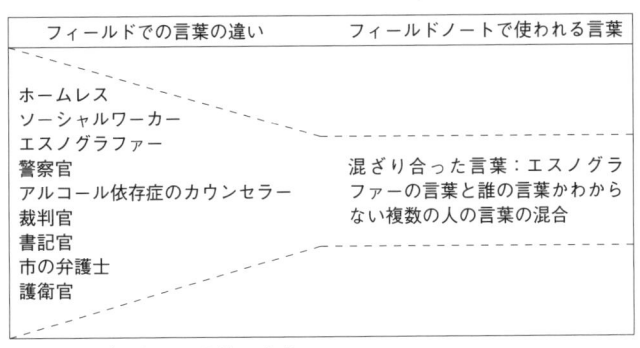

図11　混ざり合った言葉の生成

では明らかに長所がある。しかし，エスノグラファーがノートに戻り文化的意味をより丹念に分析しようとした時には，それが不可能とはいえないまでも，困難であることに気づくことになる。なぜならエスノグラフィーの記録をとる間に，文化的意味がゆがめられてしまっているからである。

b．逐語原則

フィールドの状況での多様な言葉づかいを識別することに加えて，エスノグラファーは**人々が話したことを逐語的に記録しなければならない**。この逐語的に書き記すという明白な原則はしばしば破られる。普段の場面で言ったことを記録する場合であろうと，あらたまったエスノグラフィーのインタビューを記録する場合であろうと，調査者の翻訳してしまうという傾向は作用し続ける。ホームレスの調査を開始した時，私は逐語原則の重要さに気づいていなかった。そこで，情報提供者の言ったことをそれと気づかずに好き勝手に要約したり，言い換えたり，短縮したりしていた。

次の例を見てみよう。

情報提供者の実際の発言：「共同投資(ブーリング)で1回，シアトルでブタ箱入りしたんだ。俺はやつに，どのくらいムショにいたんだって聞いたのさ。そしたら，そいつがおとり捜査のデカだったんだ。そいで，パクられちゃったってわけさ」

フィールドノートの記録：「私はジョーから，彼がどや街でしらふの時に逮捕された経験について聞いた」

その時は，この要約された記録は十分なように思われた。私は実際，ジョーが言ったことをゆがめているとは思っていなかった。私は彼の語った言葉のすべてを十分に理解していたわけではなかったが，それらの言葉が意味することは大体理解していると思っていた。しかしながら，この記録は情報提供者の文化にとってもっとも大事な手がかりのいくつかを取り逃していたのである。例えばそれは，**共同投資**(ブーリング)(何かを購入する資金を集めるための面倒な日課)，**ブタ箱**(市の留置場)，**おとり捜査のデカ**(警察官の一種)，**パクられた**(逮捕された)のような，彼らの俗語からもたらされる手がかりのことである。ジョーが話したことはさらなる疑問をもたらしてくれるはずだった。しかし，私の要約はそうではなかった。調査が進むにつれて，情報提供者が話した言葉は彼らの文化を解くための鍵を握っていることに気づくようにな

り，それから私は，逐語的な記録をとるようになった。

　緊張感に満ちたインタビュー場面や，あるいは普段の場面では，不完全な逐語録をとるよりも，完璧な要約をすばやく書くほうが賢明であるように思われるかもしれない。しかし，それは真実とは相反する。先の例では，たとえ不完全であったとしても，以下のように逐語的に記録したほうが役に立ったことであろう。

「ブタ箱入りした」
「ムショにいた」
「おとり捜査のデカ……パクられた」

　これらのちぎれちぎれの語句は，エスノグラフィーの疑問を導き出すために使うことができたかもしれない。しかし，要約ではそれは不可能である。
　土地の言葉と**観察者の言葉**は双方とも，フィールドノートの中に記入されることになる。大切なことは，それらを注意深く区別することである。土地の言葉は逐語的に記録されなければならない。別の文化の内部にある意味を発見するための道の第一歩を踏み外してしまうことは，現地の人が知っていることを発見したという偽りの自信へとつながる。自分の絵がひどくゆがんだ不完全なものであることに気づくことさえないのかもしれないのである。

c．具体原則

　この原則は，**観察したことを記述する時には，具体的な言葉を用いよ**ということを述べている。幼稚園の子どもたちのための就学前教育プログラムの研究において，Dixon は次のように具体的に記述した。

　　公園から戻る道すがら，タミーとディーディーはアレーシアの手をつかんでいた。そして，アレーシアの手を爪で引っ掻き始めたので，アレーシアは泣き出した。そこでタミーとディーディーは手を離したが，アレーシアは私の手にしがみついて泣き始めた。少々面倒なことになった。私はヴィヴィアンのコートを持ち，彼女の手をつかんでいた。アンドレイは半ば私の足にまとわりついていた。そして，反対側ではアレーシアである。コートはずり落ちそうになっていたが，それをしっかりと押さえられるような余裕は私にはなかった……その時ヴィヴィアンは，私の手を爪で引っ掻き始め，私がそれを痛がるかどうかみようとした。幸いにもヴィヴィアンの爪は短かったので，私は気

づかないふりをして知らんぷりをしていた。そしたら，彼女はやめた（Dixon, 1972：207）。

具体的な記述の代わりに，一般的な記述をすることがどんなに簡単か考えてみよう。Dixon はただ次のように書くこともできたはずである。「子どもたちは家に帰る道で，私の注意を引くことに懸命だった」と。タミー，ディーディー，アレーシア，ヴィヴィアン，アンドレイと，具体的な名前を書く代わりに，「子どもたち」と書くこともできたはずである。爪で引っ掻く，泣く，つかむ，しがみつく，足にまとわりつくという代わりに，「懸命だった」という言葉を使うこともできたはずである。子どもたちめいめいの行動や，それに対する彼女の反応を書く代わりに，「私の注意を引こうとして」と書くこともできたはずである。

具体的な言葉で書くことは難しいことである。なぜなら，人はたいてい短縮したり，要約したり，省略したり，一般化したりする訓練を何年にもわたって積んで来ているからである。私たちは「冗長すぎる」書き方を避けるよう学んできた。フィールドノートを書く際に，私たちはこの一般化するという根深い習癖を打破しなければならない。そして，**豊かできめ細やかで綿密な記述**を心がけ，できる限り**具体的に詳しく記述**しなければいけない。

フィールドノートをとる際に，具体的な言葉を使って記述を膨らませるのに役立つ方法の1つは，後で記述を膨らませることができるように動詞や名詞のリストを作っておくことである。例えば，列に並んでいる人を記述するとすれば，次のような動詞をリストしておくとよい。**立つ，移動する，見上げる，見下ろす，ポケットをさぐる，頭をゆする，うなずく，引っ掻く，にらみつける，眉をひそめる，後ずさりする，直進する，歩く**，などである。こうしておけば，フィールドノートの具体的な記述をより豊かにすることができるだろう。もし，公園で犬を散歩させている人を記述するとすれば，次のような名詞をリストしておくことができるだろう。**鎖の綱，皮の綱，舗装されていない小道，歩道，縁石，アスファルトの道路，葉，草，消火栓，木，棒，小物入れ，コート**，などである。

具体的な言葉を使うというこの原則に従う際には，エスノグラファーは社会科学の抽象的な専門用語をフィールドノートの記述の中に忍び込ませてしまうという傾向に対して用心深くあらねばならない。社会科学の主要な目標

は一般化することである。**役割，敵意，ひきこもり，社会的相互作用，儀式，行為者，社会的状況，文化的戦略，社会化，支持する，伝達する，観察する**のような言葉はすべて，一般化された言葉である。調査中に一般化したくなったとしても，自分が見たり，聞いたり，味わったり，嗅いだり，感じたりした具体的事実から始めることが肝要なのである。もし，フィールドノートが社会科学の抽象的な専門用語で一杯になるようならば，こうした一般化された言葉から一般論を引き出すのは難しいことに気づくだろう。エスノグラファーは皆，エスノグラフィーを行う中で，具体的に記述された言葉と一般化された抽象的な言葉の間を行ったり来たりすることを学ばなければならない。殊にフィールドノートをつける際に，この2つを厳密に分けることで，研究に深みと具体性が加わることになるであろう。

❷ フィールドノートの種類

　エスノグラフィーの記録のためのフィールドノートのつけ方には，いくつかの種類がある。エスノグラファーは皆，ファイルやフィールドノートを整理するための方法を編み出している。次に示すやり方は私がもっとも便利であると思っている整理の仕方である。

a．短縮記録

　実際のフィールド観察の間にとられたメモは，実際に起こった事柄の短縮されたものである。起こっていることすべてや，あるいは情報提供者が語ったことすべてを書きとめることは，人間にとって不可能である。短縮記録はしばしば，語句とか単語とか，ばらばらの文から成り立っている。警察官にインタビューをすることにしたあるエスノグラファーの経験について考えてみよう。連絡をとると，彼女は情報提供者から，4時間の勤務の間パトカーに同乗してくれないかと頼まれた。パトカーの中で，彼女は起こった出来事やパトカーが向かった場所，無線での呼び出し，そして情報提供者が使った語句や言葉についてメモを取り始めた。4時間のうちに，彼女のノートには**短いメモ**が数ページにわたって書き込まれた。彼女は自分が経験したことのほんの一部を記録したにすぎないと感じながら，最初のインタビューを終えた。にもかかわらず，この短縮記録には非常に大きな価値があった。なぜな

ら，それは現場で記録されたものであったからである。

　短縮記録は，フィールドワークの最中，あるいは直後につけておくことが望ましい。ピンボールの研究において，Sandersは次のように書いている。

　　　隠れるところがどこにもない調査であったので，目立たずにその場でメモをとる方法を見つけることはできなかった。そこで私は，発見したことを書きとめるために家に戻るまで待たなければならなかった。私の住まいはピンボール場から歩いて5分の所にあった。したがって，忘れたり書き損ねたりしてしまうということは最小限ですんだ。観察時間は15分から1時間半であったが，それでもってその施設が営業していた1週間のすべての日，すべての時間をカバーするようにした（Sanders, 1973）。

　このような状況では，短いメモは，重要な語句をすぐに記録し主だった出来事を明確にしておくための最善の方法であるかもしれない。もし，観察中の社会的状況でメモを取らないことにしたならば，**観察した直後に少なくとも短いメモをとるのに都合のよい場所を近くで見つけるようにするのがよい**。もし，フィールドワークをしている場所から，1時間車に乗らなければならないとしたならば，運転する前に短いメモをとる時間を確保するのがよい。自分の見たものをすばやく記録すればするほど，ますます記録は鮮明で詳しいものになる。短縮記録の真の価値は，インタビューやフィールド観察を終えた後で，それを膨らませる時にやってくるのである。

b．詳述記録

　フィールドノートの2番目のタイプは，短縮記録を膨らませたものである。各フィールド調査が終わったら（あるいは短縮記録をとった後に），エスノグラファーはできるだけ早く，詳細を書き込んで，現場では記録されなかったことを思い出さなければならない。書きとめられたキーワードや語句は，詳述記録をつくり上げる時，思い出させるきっかけとして役立つ。詳述する時には，識別原則，逐語原則，具体原則を心にとめておくとよい。

　ホームレスについての私の調査の大部分は，アルコール依存症治療センターで作業をしたり，食事をしたり，カードをしたり，座って話をしたりしている情報提供者の間を歩き回り，普通に話す中で行われたものである。私

はときどき，ポケットに忍ばせておいた小さなカードに短いメモを書きとめた。数時間見たり聞いたりした後で，自分のオフィスにそっと戻り，メモを頼りに思い出せる限り詳しいことを書きとめた。多くのエスノグラファーと同じように，短縮記録から詳述記録をつくり出すという訓練を通して，私は，出来事や会話をどんどんすばやく思い出せるようになっていく自分の能力に気づくことになった。

　調査の場に戻るたびごとに，エスノグラファーは，同じではないにしても，以前に起こったことと似たような活動を目にするものである。もし**繰り返される出来事**に着眼して，社会的状況を選んだとするならば，繰り返しはすぐにはっきりしてくる。詳述記録を作る際に，以前に見たり記録したりしたことを，「これはすでにフィールドノートに書いた」と思って省いてしまうことは，よくあることである。エスノグラファーは，繰り返しを避けるのではなく，それを文化に関する最良の手がかりの1つとして歓迎すべきである。フィールドノートの記述は，実際のフィールドの状況を反映すべきである。もし出来事や活動が何回も起こるならば，何回も記録しなければならないのである。

　フィールドでの繰り返される観察や，フィールドノートへの具体的な記述の繰り返しは，「氷山の一角の仮説」と私が呼ぶものを乗り越えるもっとも確実な方法の1つである。駆け出しのエスノグラファーでも，経験豊かなフィールドワーカーでも，ほとんどすべての人が，新しい社会的状況の中では「大したことは起こっていない」という感じを抱くものである。特にマイクロエスノグラフィーを行う時には，この仮説の餌食になってしまう。私たちは氷山の一角を，氷山全体だと誤ってみなしてしまう。しかし，氷山の9割は海面の下に隠されているのである。繰り返される観察や，フィールドノートで繰り返される記述を通してのみ，エスノグラファーは，表面上単純に見える社会的状況の複雑さを目にすることができるのである。

　私は，Frank（1976）の経験を思い出す。彼女は，学生のエスノグラファーであり，マカレスター大学のメインキャンパス内にある，宿舎と学生カフェテリアを隔てている通りを学生たちが渡る方法を調査しようとした。初めこの社会的現象はあまりにも単純すぎて調査するに値しないと思われた。学生は歩道から踏み出し，やってくる車に注意しながら通りを渡り，反対側の歩道に上っていった。氷山の一角の仮説を脇に置き，Frankは観察する場所を

見つけ，繰り返し記録し，自分の見たものを具体的な言葉で書いていった。自分でもたくさんの異なった状況で通りを渡ってみた。毎日，同じことを記録しているように思われた。しかし，それから2～3週間後，いくつかの興味深いパターンが現れ始め，最初には気がつかなかったことに彼女は気づき始めた。

　例えば，通りを渡るということはいくつかの複雑な段階から成り立っていること，そして各段階はそれぞれ文化的ルールに則っていることを，彼女は観察した。これらの段階にいったん気がつくと，各段階に必要とされる行動をなし遂げるのにいくつかの障害があることに気づくようになった。次に彼女は，人々の行動から，目標の1つは，つまずくとか，長く待つとか，道の真ん中で立ち往生するとか，あるいは車の流れを止めてしまうとかいったことから起こってくるきまりの悪さを感じないで通りを渡ることであるということに気づいた。通りを渡ることは，実際，1つの社会的状況であり，行為者が自分の学んできた役割を演じる1つの舞台なのであった。人々が通りを渡るやり方にいくつかのパターンが見えてきた。そして彼女は，次の4つのタイプを明らかにした。すなわち，**注意深い計画型**，**せっかちな突進型**，**車線重視型**，**用心深い悲観型**の4つである。彼女は辛抱強く繰り返し観察することを通して，都会のありふれた活動，つまり通りを渡ることの暗黙の文化的ルールについて論じた。もし彼女が氷山の一角が氷山全体であるという仮説に屈していたのなら，そのことは，彼女の観察やフィールドノート，そして最終的には調査の質にまで影響を与えていたことだろう。

c．フィールドノート日誌

　観察やインタビューから得られたフィールドノート（短縮記録，詳述記録）のほかに，エスノグラファーは常に日誌をつけるべきである。こうした日誌には，日記のように，フィールドワーク中に起こった経験，考え，恐れ，失敗，困惑，成功，問題などの記録が記される。日誌はフィールドワークの個人的側面に相当する。そこには情報提供者への反応や，他の人々に対して感じたことなどが書き込まれる。

　それぞれの日誌の最初には日付をつけるべきである。後になって日誌を読み返してみると，フィールドワークの最初の数日や数週間に起こったことをいかに早く忘れているかを思い知ることであろう。数か月後になって，研究

をまとめようとした時，日誌は日付に関する重要な情報源となる。エスノグラフィーを行うということは，エスノグラファー自身が調査のための主要な用具になるという点で，他の多くの調査とは異なっている。フィールドワークの内省的な記録をとることで，個人的なバイアスや感情を考慮に入れることができ，それらが調査に与える影響を理解することができるのである。

d．分析と解釈

　フィールドノートの第4のタイプは，エスノグラフィーの記録と最終的に執筆されるエスノグラフィーとの間をつないでくれるものである。一般的なこと，文化的な意味の分析，解釈，そして研究中の文化に対する洞察を記録する場が，ここである。この章以降のステップにおける作業のほとんどは，フィールドノートの詳細な分析を含んでおり，フィールドノートのこのカテゴリーの中に記録することができる。

　分析と解釈のノートは，一種のブレーンストーミングの役割を果たすことが多い。以前読んだ本や，何か特定の理論的な観点，情報提供者の意見，調査についての友人との話し合いなどから，考えが生まれてくるもかもしれない。フィールドワークのノートの中のこの部分を，探求中の文化について「紙の上で考える」場所だと思うことが大切である。

☐ **学習課題**
1) 次のように区分けされたフィールドノートかあるいはファイルを用意しなさい。
　　a．短縮記録
　　b．詳述記録
　　c．日誌
　　d．分析と解釈
2) 参加観察を一定期間実施し，その経験を記録しなさい。
3) フィールドノートの詳述記録からひとまとまりの文章を選び，それをもっと具体的な言葉を使うことで，いくつかの文章に膨らませてみなさい。

ステップ4 記述的観察をする

□ **学習目標**
1）記述的観察の仕方を学ぶ。
2）さまざまな種類の記述的観察について知る。
3）記述的観察を目的とした参加観察を一定期間実施する。

　これまでに，少なくとも1回は一連のフィールドワークを行い，観察の経験をいくらか積んできたことだろう。これからは毎日フィールドで過ごすようになり，もっと多くの観察をすることになる。多くのエスノグラファーは最初，自分が観察したり，記録したりしたことすべてに圧倒されてしまいそうに感じるものである。特に，「自分は，観察すべきことを観察しているのだろうか。重要なことを観察しているのだろうか」と思い悩むかもしれない。エスノグラファーはめいめい，こうした疑問への答えを見つけなければならない。そして，その答えは，フィールドワークの経過中に変化していくことだろう。この時点でもっとも役立つのは，観察それ自体について，またさまざまなタイプの観察についてよく理解することである。このステップでは，いちばん最初に行われ，かつもっとも大切な観察のタイプである，**記述的観察**について検討していくこととしよう。

　社会的状況を見て，できる限り記録しようとする時にはいつでも，記述的観察をすることになる。このことは，いかなる**特別な**問いももたずに，ただ「ここで何が起こっているのだろうか」という**一般的な**問いだけをもって活動に近づいていくことを意味する。第1部の第3章では，観察の3つの主要なタイプを明らかにし，フィールドワークにおけるそれらの流れについて論じた。ここでは記述的観察に焦点を当てるが，この順序に従って，ほかのタイプの観察も学ぶことになることを念頭に置いておいてほしい。

```
記述的観察  →  焦点化観察  →  選択的観察
```

これらの観察の形はそれぞれ、どういう問いをするかという探究の仕方に基礎づけられている。

❶ エスノグラフィーの探究の単位

すべてのエスノグラフィー調査の基礎的な単位は、**質問-観察**という単位である。一方が、もう一方から離れて存在することはない。先に、エスノグラフィーの研究サイクルについて述べた中で、この前提についてはある程度検討した。観察をしながらフィールドにいる今こそ、自分が見て記録するものは、それぞれ自分が抱いている問いによって影響を受けるということを心にとめておく必要がある。適切な質問をする技術を身につけるに従って、観察の技術も身についていくのである。

フィールドワークの実例を見てみよう。何年か前に、私は陪審員に任命され、そしてその機会を活用して、エスノグラフィーのフィールドワークを行うことにした。私は、陪審員の1人として参加し、目立たないように作業をした。可能な時には審理中にメモをとり、終日続いた審理の後には自分の観察したことをより詳しく記録に残した。ここに、最初の集まりで私が書いたフィールドノートの一部がある。

　　私は、郡の裁判所の近くに車を止め、その新しい建物まで短い距離を歩いた。人々がロビーに流れ込みエレベーター前広場に押し寄せた。8台のエレベーターのうちの1台から、若い男が「上へ行かれますか」と声をかけた。私はうなずいて乗り込み、彼がエレベーターを8階で止めるまで待つと、そこに、マーシャル郡刑事裁判所があった。

　　廊下に沿って歩いていくと、2つの大きな扉に「刑事裁判所」という表示がかかっていた。約束の時間の午前9時までにはまだ5分あったが、私は中に入ることにした。スイングドアの1つを押し開けると、そこは大きな法廷であった。

　　羽目板張りされた壁と調和するように、すべて濃い茶色のナラ材かクルミ材で作られた傍聴席が列をなしていた。傍聴席は、「公務」のための広い場所をきっちりと区切っているかに見える手すりの所まで25フィート以上続いて

いた。私は中へ進み，傍聴者席の一番後ろの列に座り，そして，法廷のあちこちに腰かけている幾人かの人を眺めた。高い天井と深い茶色の木材は，まるで自分が，神聖なほとんど宗教的な場所にいるかのように感じさせた。私の前に座っている2人の人がひそひそ声で話していたが，私には彼らの言っていることは聞き取れなかった。人が新たに入ってくるたびに，その人は立ち止まり，あたりを見回し，そしてとてもゆっくりとした足取りで座る場所を探し腰かけた。手すりの向こうの右手には，もう1つ手すりがあり，そこには12脚の革張りの高い背もたれの椅子があった。がっしりとした椅子のそばにある大きなナラ材の机はすべて，裁判官席と思われる高い書見台のほうを向いていた。このあたりには誰もいなかった。私は待った。

　9時を数分まわって，1人の男がきびきびとした足取りで歩いてきた。大きな法廷のあちらこちらにいる人々や傍聴席にいる私たち皆を見て，「こんにちは。こちらの皆さんは陪審員になられる方々ですね。フレッド・アダムズ裁判官が，まもなく席に着かれます。皆さん陪審員席にお座りください」と言った。人々はゆっくりと立ち上がった。私は彼らと一緒に前のほうへと進んだ。なんと見知らぬ男が気安く指示を出し，私たちは皆それに従ったのである。私は前列の席に座り，12客の椅子はすぐに満席になった。数人は傍聴席の第1列目に座った。3人の男性が「公務」の場所の椅子に腰かけた。私は，ここがこれから数か月間私たちが集まる場所なのだろうかとか，自分たちは何をするためにここに召集されたのだろうかとか考えた。誰かが小さな声で感想を言うのが聞こえたが，私は誰にも話しかけなかった。私はメモ帳を取り出し，フィールドノートをつけ始めた。私の周りの人々は，私が手紙か何かを書いていると思うだろうかと考えた。私は自分がカジュアルな服装と顎ひげで目立っていることに気づいた。ほかの人たちは皆きちんとした服装であった。男性はスーツにネクタイ，何人かはジャケットをはおり，大抵は濃い色のビジネススーツを着込んでいた。彼らは皆，何かの専門職のように見えた。女性は，スーツかドレスにハイヒールという出で立ちで，化粧をしていた。皆私より年上のように見えた。まるで，何かフォーマルな式典のために正装してきたかのようであった。私は，自分が少し場違いであるように感じたが，気にしないことにした。

　私たちを陪審員席に呼んだ男が名前を呼び始めた。「メアリー・ウエントさん」「はい」「ジョゼフ・ウォルターさんどちらですか」「はい」私はできるだけたくさんの名前を書いたが，あまりに速くていくつかは書き損ねた。「ジェイムズP.スプレッドレイさん」と彼は呼んだが，明らかに発音が間違っていた。私が「はい」と言うやいなや，彼は「合っていますか」と聞いた。私はうなず

き，私に注意をひきつけないようにした。彼はリストを読み続け，いつのまにかやってきたさらに幾人かの人の名前もすらすらと読み上げた。答えない人が何人かいた。誰もいない人のことは気にとめなかったし，少なくともいない人について進んで情報を提供する人はいなかった。

私は後ろの人たちの話に耳をそばだてた。「何か新しいことを始めるのって楽しいわ」と女性の声がした。「そうね，私は新しい経験をするのが好きよ」と別の声が言った。「休暇から戻ってきたら，郵便受けに書状が来てたのよ」彼女は陪審員に選任されたという知らせについて言っていたのだろう。「私は，寝付きが悪いのよ。不眠症だから。午前2時まで眠れなくて6時には起きたから，たった4時間しか寝てないのよ」

私たちが何を待っているのか定かではなかったが，多分，裁判官を待っていたのだろう。「今朝，ゲルシン（制酸剤）を2錠飲んだのよ」明らかに緊張した様子の別の女性の声が聞こえてきた。列の端のほうの男性が，読んでいる新聞をガサガサさせた。「刑事法廷がいくつあるのか知らなかったけれど，エレベーターボーイがたぶん，私がどこに行ったらよいか知っているんじゃないかと思って」これは，最初の女性の声だった。私は周囲に目をやった。彼女は赤いドレスを着ていた。「何人の人にこれを送ったのかさえ知らないのよ」「23人だと思いますよ」彼女たちの会話を聞いていた男性の声がした。「それで，16人が来るといいと思っているんですよ」明らかに何かを期待するような雰囲気が満ちていた。私はそれを感じた。私たちは選ばれた——それなのに，それがどのようにかは知らなかった。少なくとも私は知らなかったし，他の何人かも知らなかった。しかし，興味深い仕事を担ったこのグループの選ばれた1人となった。どのぐらいの期間集まることになるのか，何をするのかも知らずに——今のところ，皆かなり興奮した面持ちであった。

左の腰に拳銃を装着し上から下まで制服で身を固めた郡の警察官が，私たちの名前を呼んでいた男性の傍らに来た。男のほうは法廷を横切り，裁判長席近くの扉の側に立った。男性と警察官は互いに見つめ合い，1人が時計にちらりと目をやった。陪審員席にも期待の雰囲気がみなぎった。何か重要なことが起ころうとしていると感じることはできたが，それが何なのかはわからなかった。

「皆さんご起立下さい！」警察官が叫ぶと即座に扉が開いた。「マーシャル郡の名誉ある裁判官，フレッド・アダムスの法廷が開廷されます」［立っている間は書けなかったし，彼の言ったことを正確に思いだすことができないので，これはおおよそである］私は気をつけの姿勢で立ったまま，自分の鼓動がいつもより速いのを感じた。長い黒のローブをまとった，背の高い白髪の男

性がゆっくりと歩いてきて，裁判官席のほうに向きを変え，そこに上り腰かけた。皆いっせいに注意を集中した。ついにその時が来たのだ。

席に着き，自分のローブを整えてから，彼は「皆様お座りください」と言った。「私はこれから皆様方にいくつかの指示をいたします。まず皆様方の中から1人を陪審員長として任命いたします。ストーンさん，お引き受けいただけますか」彼は威厳に満ちた様子で話し，質問は受けずにただ命じた。「はい。光栄に存じます」とストーン氏は手短に静かな声で答えた。

このかなり長い記録は，実際には15分足らずの観察を記録したものである。これは完全に記述的であり，私の念頭にあった**暗黙の質問**をたやすく見抜くことができる。

1) 大陪審の初日に私は何をしたか。
2) 法廷とはどのようなところか。
3) 他の陪審員たち，裁判官，その他の役人たちが，初日にどのように行動したか。
4) 人々は何と言ったか。

これらはすべて**記述的観察**を導く**記述的質問**の例である。明らかに私は，その日観察することができた，陪審員たちの靴の色とか，男性の着けているネクタイの色とか，あるいは，陪審員たちが刑事法廷で最初に席に着いた時に彼らの間にあった空間的距離とかいったような，その他の情報を記録しなかった。このような具体的な問いは，後で重要になってくるかもしれないが，調査のこの段階では，概略的な記述が第一優先にされたのである。

情報提供者と作業する時には，エスノグラファーは，情報提供者自身の社会的状況に関する観察を引き出すために，記述的質問をすることができる。例えば，私が参加した大陪審を他の人と比較したければ，私は，情報提供者の所在を突き止め，「大陪審の初日にあなたは何をしましたか」など，上記と同様の質問をすることができる。記述的観察をするということは，ある意味，1つの社会的状況に参加するということであり，したがって，**自分自身をもまた1人の情報提供者として扱うことができる**（情報提供者へのインタビューについては，Spradley, 1979を参照）。

記述的質問に対する答えとしての記述的な観察の中には，かなりの量のエスノグラファーに関する情報が含まれることになる。第一に，エスノグラ

ファーの行動が含まれる。私は，私が行った所，したこと，座った場所，どんなふうに聞き耳を立てたか，誰を見たかを記述した。どのような種類であれ，記述というものは，常にある観点からなされる。それは，ある特定の個人の感覚器官に源をもつ。後になって，大陪審における初日について一般的な記述をしたくなることもあるかもしれない。しかし目下は，私の行動を含んでおくことが重要である。第二に，記述には，エスノグラファーの考えたことや感じたことが含まれる。一個人として，私は自分の感覚や考えに近づく。「私は，ここが，これから私たちが集まる場所なのだろうか……」とか，「私は，自分が少し場違いであるように感じた……」などと言うことができる。

しようと思えば記述的質問は数限りなくあるが，それらを，記述的観察の特定のタイプにつながるようないくつかのタイプに分類することが役に立つ。

❷ 記述的観察の種類

記述的な質問-観察は，エスノグラファーが，ある社会的状況に関する知識をほんのわずかしかもっていないような時でさえ行うことができる。実際，これは，調査中の文化についてほとんど知らないような時に研究を導くようにデザインされているのである。このような観察のほとんどすべてが，2つの主要なタイプに分類される。つまり，グランドツアー型観察とミニツアー型観察である。

a．グランドツアー型観察

「グランドツアー」の概念は，誰かが私たちに，家とか仕事場とか，あるいは学校とかを見せるといったよくある経験から来ている。友人たちが夕食に来て，私の家の玄関に立って，「まあ，なんて素敵なところですの」と言えば，私は「他もご覧になりますか」と丁寧に尋ねる。「ええもちろん，喜んで」ということになる。そして，一部屋一部屋案内しながら，私は「では，ざっとひと巡りしましょう」と言う。そのあとに続くのは，私の家の**主要な特徴**を見せることである。私は，キッチンが改装されたことを話すだろう。ランドリールームと書斎を見せるだろう。けれども，キッチンの改装費用について話したり，ランドリールームと書斎で行われるすべての活動について

詳しく話したりはしないだろう。

　大陪審が始まったあの最初の日，あの後で，私たちは「陪審員室」と呼ばれる部屋へと移動した。「陪審員室を記述することができるか」この問いは，部屋に入り，そこを歩き回り，部屋の中の物を調べれば出くわすだろう特徴を書いたグランドツアー型の記述を導き出した。

　私たちは，グランドツアーという観念を，空間的な配置だけでなく，ほとんどあらゆる経験の側面を含んだものにまで広げることができる。大陪審の出来事のもっとも大きな流れを辿ってみることにしよう。「大陪審にいる時に起こった主要な出来事について，最初から最後まで記述できるか」以下の記述は，この問いへの短縮された答えであり，これからもずっとこれらの出来事の道案内（グランドツアー）となるであろう。

　　　あなたは選任されたので，決められた日に出頭しなければならないという知らせの手紙を受け取ったその時から，大陪審のための務めが始まる。この後には，待機期間があり，ほとんどの陪審員はいったい何が待ち構えているのだろうと思う。マーシャル郡裁判所に電話し，さらなる情報を得ようとしたり，義務から免除されようと試みたりする者もいる。
　　　次の主要な出来事は，陪審員候補者が法廷に現れ，陪審員の法的義務についての指示を受けた時に起こる。裁判官は，法令集からこの指示を読み，私たちは誓いを立てさせられた。法律に従い義務を果たし，それを遵守することを宣誓しなければならなかった。
　　　同じ日のその後，陪審員室で最初の会合があった。この会合でマーシャル郡の検察官が，このグループに期待されていることや，どのように事件やおそらくは証人が提示されるかについて説明をした。次に私たちは，それらの事件が，正規の裁判を行うための十分な証拠があるかどうかについて投票しなければならなかった。その最初の日に私たちは，2，3 の訴訟を聞いた。実際その日は，提起された訴訟を聞き，議論し，コーヒーブレイクをとり，昼食休憩をとり，そしてさらに訴訟を聞き，ついに解散となるという具合に終始した。
　　　3 か月間にわたる月 1 回の会合の後，刑務所に調査に出かけるというもう 1 つの出来事が起こった。陪審員は，刑務所が法律に則って運営されているかどうか，また囚人たちの権利が侵害されていないかどうかを監査する権限をもっている。私たちは，小さなグループに分かれ，刑務所を訪問した。そして，最後の会合があり，その数週間後に，陪審員たちはガソリン代の小切手と 1 日

につき 6 ドルの報酬を受け取った。

　すべてのグランドツアー型観察と同様に，この例は，出来事のもっともおおまかな特徴のみを提示している。つまり，起こっていることの概略を提供しているのである。
　先のステップにおいて，社会的状況の 3 つの特徴を明らかにした。すなわち，**場所**，**行為者**，**活動**である。これらはそれぞれ，グランドツアー型記述を提供する。例えば，私は，大陪審という場で，そこにいるさまざまな行為者を記述しようとした。この中には，**裁判官**，**検察官**，**検察官助手**，**郡の強制執行官**，**証人**，**被告人**，**陪審員**が，そして 1 回だけだったが**通訳**も含まれていた。証人と陪審員の数は非常に多かったので，これら 2 つのカテゴリーそれぞれに含まれるさまざまなタイプすべてについて，グランドツアー型記述をするための余白を残しておいた。
　社会的状況のこれら 3 つの特徴に加えて，最初のグランドツアー型質問を立て観察するのに役立つ，さらに 6 つの特徴をここで明らかにしよう。以下は，あらゆる社会的状況がもつ全部で 9 つの主要な次元を表している。
　1）**空間**：物理的な場，または複数の場所
　2）**行為者**：関与する人々
　3）**活動**：人々が行う一連の行為
　4）**物体**：そこにある物理的な物
　5）**行為**：人々が行う単一の行為
　6）**出来事**：人々が遂行する一連の互いに関連した活動
　7）**時間**：時間経過に沿って起こる連続
　8）**目標**：人々がなし遂げようとしている物事
　9）**感情**：感じられ，表現される情緒

　もっとも一般的な意味において，これらの次元は参加観察者のためのガイドとして役立つ。例えば，時間の次元について考えてみよう。私はすでに，1 人の陪審員の観点から，出来事の流れの概略を記述した。さらに，それぞれの会合はほとんど一日中続き，そこで起こる出来事は時間に沿って特定のやり方で計画されていた。あらゆる社会的状況は，このような時間的次元を含み，時間という次元に焦点を当てることによって，新しい観察が生まれてくる。大陪審においては，その日の始まりに提起される訴訟は，その日の終

わりに提起される訴訟よりも，ゆっくりと進むことがしばしばであった。このテンポの違いは，訴訟の場合だけではなく，他の活動においても同様に記述することができるだろう。

　会合や訴訟のやり方について多数の記録を残した後で，私は，**感情**の次元がほとんど無視されていたことに気づいた。「大陪審の会合の間に，人々が抱くさまざまな感情はどんなものか」という問いは，新しくて重要なグランドツアー型観察を導いた。同様に，大陪審の過程に参加するさまざまな人々のことをよく考えてみれば，「人々が達成しようとしている目標は何か」という問いが明らかになってくる。これらの9つの次元は，すべての社会的状況に対して等しく重要であるとは言えないが，エスノグラフィーの初心者に対しては，グランドツアー型観察をしていくための優れたガイドとなる。

b．ミニツアー型観察

　ほとんどすべての参加観察は，グランドツアー型観察で始まる。フィールドノートに残された記述は，経験のより小さな側面を調べるための絶好の機会を提供する。グランドツアー型観察は，社会的状況に関して，このように豊かな記述をもたらしてくれるため，エスノグラファーは，「この社会的状況のすべてを記述した」という感覚をもつことに対して警戒しなければならない。あらゆるグランドツアー型観察は，より小さな部屋へと続くたくさんの扉をもった大きな部屋のようなものである。それぞれの扉が，ミニツアー型の質問-観察に開かれているのである。

　ミニツアー型質問がとる形式は，それが経験のより小さな単位を扱うという以外は，グランドツアー型観察を導く問いと同じである。どちらのタイプの問いを行う場合でも，いつも，以下のような言葉で始めることになるだろう。

　　1）すべての……はどのようか（場所，行為，出来事，感情など）。
　　2）……を詳細に記述できるか（物体，時間，目標など）。
　　3）すべての……について説明できるか（人々，活動，など）。

　ミニツアー型観察を導く問いの第2の役割は，すでに発見されている特定の情報にもとづいてさらに情報を引き出すことである。大陪審に戻って，どのようにミニツアー型観察を行うか見てみよう。

　先に私は，陪審員が通知を受けた最初の瞬間から，マーシャル郡裁判所と

の最後のかかわりまで，大陪審において時間経過に沿って起こった主要な出来事のグランドツアーを示した。ここに，ミニツアー型観察をする際に，私を導いたいくつかの問いがある。

1）大陪審での最初の集まりを待っている間に，人々の頭を何がかすめるか，人々は何をするか，どのように感じるか，記述している。
2）陪審員候補者たちが刑事裁判所に集まり，裁判官から指示を受けた最初の時のことを詳細に記述できるか。
3）1つの訴訟事例について，検察官によってそれが紹介された瞬間から完全に終わるまで，すべてを説明できるか。
4）コーヒーブレイクの間，何が起こったか。人々がしたことは何か，順番に沿って説明できるか。
5）大陪審での審理が始まる前に起こったことについて，最初の人が到着した瞬間から，最後の人が来て審理が始まるまで何が起こったか，詳細に説明できるか。

1つの訴訟事例についてのミニツアー型質問への答えとして記した，フィールドノートの冒頭部分を，少し長くなるが以下に示す。

　　　期待の雰囲気が満ち溢れていた。それは数分間のことであった。陪審員たちは黙して座り，検察官はファイルを調べていた。それから彼は言った。「午前中に2つの訴訟があります。急いでやらなければなりません。10人の証人がいます」彼は早口で話し，私たちが午前中，せっせとやらなければならないという印象を強く伝えた。
　　「これは，窃盗行為の重犯という重大なケースです。犯罪が行われた当日の小売価格で少なくとも2,500ドル相当の価格にあたります。このケースの要約を述べます。7月のある日，小型トラックが破壊され，回転式ピストルが盗まれました。その後，ステレオ店からステレオ装置が盗まれるというもう1つの強盗事件が起こりました。警察がある家を家宅捜査し，回転式ピストル1丁とパイオニアの受信機3台，ティアックのテープデッキ1台，JBLのスピーカー2台を押収しました。その時，3人の人物が家におり，警察は，ステレオ装置のいくつかに彼らのうちの1人の指紋を発見しました」
　　検察官は早口でここまで話すと，書記官助手を見て合図した。すると彼は立ち上がり陪審員室から出て行った。陪審員たちを眺めると，彼らは互いにささやき合い，皆興味津々の様子であった。

書記官が青いビジネススーツを着た中年男性と一緒に戻ってくると，検察官は，「さあ，最初の証人です」と言った。書記官が椅子を指し示すと男性は腰かけた。書記官は，彼に手を挙げるよう言い，続けて誓いを立てるようにと言った。「あなたは神の御名において，真実を，まったき真実を話すことを，そして真実以外の何ものも話さないことを誓いますか」「はい，誓います」

検察官は「名前は何と言いますか」と尋ねた。「ボブ・ジョンソンです」「名前の綴りと住所を教えていただけますか」「B-O-B　J-O-H-N-S-O-N，42 East Alder, Center City です」

「あなたは，7月14日に，窃盗行為を通報しましたか」

「はい。38口径のコルトが私のバンから盗まれました。私は，それを1972年の2月に購入し，118ドル支払いました。当時私は，センター・シティ警察に勤務しており，回転式ピストルを携行することを許可されていました」

「7月10日現在の38口径のコルトの小売価格について，何か意見がありますか」

「はい。購入した時の価格から20ドルほど高騰していたので，大体140ドルくらいだと思います」

検察官は，突然陪審員のほうへ振り返り尋ねた。「質問はないですか」彼は3秒間待って証人のほうへ向きを変え，「よろしいでしょう」と言った。そして，書記官がすぐさま彼を陪審員室の外へと案内した。

この部分的な例からも，ミニツアー型観察がどのようにして数多くの詳細な記述を導きだすかがわかるだろう。この種の観察をするうえでの目標は，コーヒーブレイクのような，時には些細な出来事と思われるような出来事をとらえることである。そして，それを具体的に詳しく記録に残すのである。

❸ 記述的質問のマトリックス

グランドツアー型観察やミニツアー型観察を導くために立てることができる質問の数は，ほぼ無限である。社会的状況の9つの次元を順繰りに選ぶことによって，どのような社会的状況であっても，そのほとんどの特徴を記述できる。空間や行為者，感情，目標のような次元について考えてみた時には，これらの次元同士が**相互に関連し合っている**そのあり様を尋ねる問いへと自然に導かれることに気づくことだろう。例えば，「この社会的状況の主要な

記述的質問のマトリックス

	空間	物体	行為	活動
空間	すべての場所を詳細に記述できるか	物体によって空間が組織化されるすべての仕方はどのようなものか	行為によって空間が組織化されるすべての仕方はどのようなものか	活動によって空間が組織化されるすべての仕方はどのようなものか
物体	どこに物体はあるか	すべての物体を詳細に記述できるか	行為の中で，物体が使用されるすべての仕方はどのようなものか	活動の中で，物体が使用されるすべての仕方はどのようなものか
行為	どこで行為が起こっているか	行為は，物体の使用とどのように関係しているか	すべての行為を詳細に記述できるか	行為はどのように活動の一部であるのか
活動	活動が起こっている場所のすべてはどんなところか	活動が物体と関係するすべての仕方はどのようなものか	活動が行為と関係するすべての仕方はどのようなものか	すべての活動を詳細に記述できるか
出来事	出来事が起こっている場所のすべてはどんなところか	出来事が物体と関係するすべての仕方はどのようなものか	出来事が行為と関係するすべての仕方はどのようなものか	出来事が活動と関係するすべての仕方はどのようなものか
時間	さまざまな時間枠は，どこで起こっているか	時間が物体に影響するすべての仕方はどのようなものか	行為はどのようにして時間枠の中に収まるのか	活動はどのようにして，時間枠の中に収まるのか
行為者	行為者はどこにいるか	行為者が物体を使うすべての仕方はどのようなものか	行為者が行為を行うすべての仕方はどのようなものか	行為者は活動にどのように関わっているのか
目標	どこで目標が設定され，また達成されるか	目標が物体の使用と関係するすべての仕方はどのようなものか	目標が行為と関係するすべての仕方はどのようなものか	どのような活動が目標志向なのか，または目標と結びついているのか
感情	どこでさまざまな感情が起こっているか	どのような感情が，どのような物体の使用を導くのか	感情が行為に影響するすべての仕方はどのようなものか	感情が活動に影響するすべての仕方はどのようなものか

出来事は何か」といったようなグランドツアー型質問から始めるかもしれない。次に，「この社会的状況におけるすべての**行為者**は誰なのか」と問うことになるかもしれない。そして，次のような，これら2つの次元が**関係し合っている**いくつかのミニツアー型質問を行うことが可能になるだろう。

1）どの行為者がどの出来事に参加しているのか。
2）出来事は，どのような方法で行為者間の関係性を変えるのか。

ステップ4 記述的観察をする

出来事	時間	行為者	目標	感情
出来事によって空間が組織化されるすべての仕方はどのようなものか	時間経過によって，どのような空間的変化が起きるか	行為者によって空間が使われるすべての仕方はどのようなものか	空間が目標と関係するすべての仕方はどのようなものか	どのような場所が，感情と結びついているのか
出来事の中で，物体が使用されるすべての仕方はどのようなものか	さまざまな時間の中で物体はどのように使われるのか	行為者によって物体が使われるすべての仕方はどのようなものか	目標探究において，物体はどのように使われるのか	物体が感情を引き起こすすべての仕方はどのようなものか
行為はどのように出来事の一部であるのか	行為は時間経過の中で，どのように変化するのか	行為者によって行われる行為の仕方はどのようなものか	行為が目標と関係するすべての仕方はどのようなものか	行為が感情と結びつくすべての仕方はどのようなものか
活動が出来事の部分であるようなすべての仕方はどのようなものか	さまざまな時間の中で活動はどのように変化するのか	活動が行為者を含むすべての仕方はどのようなものか	活動が目標を含むすべての仕方はどのようなものか	活動はどのように感情を含むのか
すべての出来事を詳細に記述できるか	出来事は時間経過の中でどのように起こるのか。何か流れがあるのか	出来事はどのようにさまざまな行為者を含むのか	出来事はどのように目標と関係しているのか	出来事はどのように感情を含むのか
出来事はどのようにして，時間枠の中に収まるのか	**すべての時間枠を詳細に記述できるか**	行為者が「舞台に現れる」すべての時とはどのようなものか	目標はどのように時間枠と関係しているのか	いつ，感情は引き起こされるのか
行為者は出来事にどのように関わっているのか	行為者は時間経過の中で，または時間によって変化するのか	**すべての行為者を詳細に記述できるか**	どの行為者がどの目標と関係しているのか	行為者によって経験される感情とはどのようなものか
出来事が目標と結びつくすべての仕方はどのようなものか	どの目標がどのくらいの期間で計画されているのか	どのように，さまざまな目標がさまざまな行為者に影響するのか	**すべての目標を詳細に記述できるか**	目標が感情を引き起こすすべての仕方はどのようなものか
感情が出来事に影響するすべての仕方はどのようなものか	感情はどのようにさまざまな時間枠と関係しているのか	感情が行為者と関係するすべての仕方はどのようなものか	感情が目標に影響する仕方はどのようなものか	**すべての感情を詳細に記述できるか**

　グランドツアー型質問とミニツアー型質問を行うためのガイドとして，縦軸と横軸の両方に9つの次元が並んだマトリックスを準備することが役立つことを私は発見した。このようなマトリックスを使えば，社会的状況の9つの次元の間にあるかもしれない関係性のすべてについて問う記述的質問を立てることができる。私は，対角線上の箱の中には9つのグランドツアー型質問を入れ，そして，マトリックスのその他の箱の中にはとてもたくさんのミ

ニツアー型質問を入れたマトリックスの見本を準備した。これらの質問の実際の形は，社会的状況ごとに変化するが，このマトリックスは，自分に見落としがないかをチェックするためのガイドとして使うことができる。社会的状況はそれぞれ異なっているということを心にとめておくべきである。つまり，社会的状況によって，力点が置かれる次元が異なるのである。例えば，大陪審について研究する中では，記述すべき**物体**がほとんどなかった。多くの時間がある特定の種類の**活動**，すなわち，話すことを観察するのに費やされた。なめし革をつくるための機械を製造する工場での別のフィールドワーク調査では，記述の多くに**物体**が含まれていた。この記述的質問のマトリックスは，記述的観察をするためのガイドとして提示されている。これを使う人はそれぞれ，自分が調査中の社会的状況に合うようにこれを修正しなければならないだろう。自分がマトリックスのほかの部分よりもある部分から，より多くの質問をしていることに気づくことだろう。しかしながら，このタイプのマトリックスをチェックすることで，エスノグラフィーの重要なデータを見落としてしまうという問題を回避することができるのである。

　このステップでは，フィールドワークを行うエスノグラファーが最初に行う記述について述べてきた。これから，ほかのタイプの観察に移行するとは言っても，フィールドワーク期間中のかなりの間，記述的観察は続けていくことになる。

　フィールドワークに着手する際のエスノグラファーは，地図にない島へと踏み込んだ地図製作者のようなものである。**未知の地形**であるために，地図製作者は，鉄鉱石の鉱床や湖，火山や地震でできた地すべりなどの位置を特定することができない。調査を始めたばかりの時には，こうした物理的特徴があるのかどうかさえわからない。見つけるべきものについて，あらかじめ何らかの認識をもって始めるかわりに，地図製作者は，観察できるものを記述することから始める。出会うものは何でも，記録帳に記入される。確かに，この種の調査者は，地形の重要な特徴のいくつかを見落としてしまうことだろう。しかし，後になって，予備調査の地図が描かれた後に，もっと詳しい部分を発見し記録するためにその島へ戻って来ることが可能となるのである。これとほとんど同じ方法で，エスノグラファーは，グランドツアー型質問によって触発された記述的観察から始める。ほとんど同時に，ミニツアー型質問を頭に思い浮かべ，エスノグラファーは社会生活の細部を観察し，記

録する。時間が経てば，エスノグラファーはそれぞれ，以前観察された出来事や活動に戻り，より詳細にそれらを記述しようとすることだろう。

　地図製作者もしくは地理学者が，ひとたび地図にない島に関する最初の記述を終えたならば，その人は地形の特徴の間にある特別な関係を探求し始めたくなるかもしれない。後の観察で検証されることになるいくつかの仮説を立てることもできるかもしれない。しかし，こうしたことが起こる前に，地理学者は地図を広げて座り，かなり細部にわたるまでそれを分析しなければならないだろう。同様のやり方で焦点化観察や選択的観察へと進む前に，記述的観察から集めたデータを分析する必要がある。次に続く2つのステップで，収集したデータを分析する方法について検討することとしよう。

□ 学習課題

1）グランドツアー型観察とミニツアー型観察の両方を導く一連の質問を書き出しなさい。そのために，これまでに書いたフィールドノートを見直しなさい。
2）上記の質問を念頭に置いて，一定期間の参加観察を行い，そこでグランドツアー型観察とミニツアー型観察の両方を行ってみなさい。
3）上記の記述的観察を膨らませた記述を書き上げなさい。

ステップ 5 領域分析をする
ドメイン

━━━━━━━━━━━━━━━━━━━━━━━━━━━━━━○

□ **学習目標**

1) エスノグラフィーの分析とはどういうものかを理解する。
2) 文化的領域（ドメイン）とはどういうものかを理解する。
3) 領域（ドメイン）分析を行うステップを明確にする。
4) 今までに収集したすべてのフィールドノートの記述に対して系統的な領域（ドメイン）分析を実施する。

あなたはこれまでに，フィールドノートに何ページにもわたって記述的観察を収集し記録してきた。グランドツアー型質問とミニツアー型質問を念頭に置いておくことで，おそらく，さらに何週間にもわたって観察を続けることができるだろう。実際，記述的観察だけを行って，選択した社会的状況についてより詳細に記述することも可能である。ガイダンスなしに作業を行うエスノグラフィーの初心者の中には，いよいよエスノグラフィーの報告を書き上げる時が来たと思うところまで，記述的観察をし続ける人がいる。多くの優れたエスノグラフィーがこのようなやり方でなし遂げられてきたのは確かであるが，しかしこれでは時間がかかるし，効果的ではない。どのような社会的状況であったとしても，そこから文化的なパターンを発見するためには，先に進む**前に**，まずデータの集中的な分析を行わなければならない。前に述べたエスノグラフィー研究のサイクルの話を思い出してみよう。このサイクルは，質問をすること，データを収集すること，エスノグラフィーの記録をつけること，そして**エスノグラフィーのデータを分析すること**という順に進む。このサイクルを完了した場合のみ，さらに質問をし，さらにデータを集めるという第一のステップに戻ることができる。このステップでは，エスノグラフィーの分析とはどういうものかについて検討し，第一のタイプ

である領域(ドメイン)分析について詳しく述べることとする。

❶ エスノグラフィーの分析

分析というものはどのようなものであれ，そこにある思考方法を含んでいる。分析とは，部分を確定し，部分同士の関係や部分と全体との関係を確定するための系統的な探査のことである。分析とは，**パターン**の探索である。研究中の社会的状況の中で，あなたは行動や人工物を観察してきた。人が行うことや話すことを記録することで，その人たちが知っていることについて推測することができるようになった。しかし，**文化的**行動や，**文化的**人工物や，**文化的**知識へと分け入り，それを記述するためには，データの中に存在するパターンを発見しなければならない。一般的な意味において，エスノグラフィーの分析とはすべて，文化的なパターンを発見するためにフィールドノートをくまなく探索することを意味しているのである。

a．文化的なパターンと社会的状況

文化という概念と**社会的状況**という概念との間には重要な違いがある。社会的状況とは，特定の場（場所）において，人々（行為者）によって実行される，行動の流れ（活動）のことを指す。あなたはエスノグラファーとしてある社会的状況に直接的にさらされる。あなたは，通りを横断する人々や銀行の窓口に並んでいる人々，保育所で子どもの世話をする人々，陪審員室で議論に余念のない人々を観察する。社会的状況とは，観察することが可能であり，かつ，そこに参加できるものである。

一方，文化とは人々が学んだりつくりだしたりする行動や人工物や知識の**パターン**のことを指す。文化は，物事の組織化，すなわち人々によって物体や場所や活動に対して与えられた意味のことである。**人間社会はすべて，文化的に構成されている**。エスノグラファーは部外者として，部内者が知っている文化的な意味を発見するために参加し，観察し，質問をする。フィールドノートの分析とは，行動や物事についての単なる記述を越えて，自分が目にするそうした行動やすべての物事の文化的な意味を発見するための第一ステップなのである。

ある社会的状況を描いた次ページの図について考えてみよう。

ステップ5　領域（ドメイン）分析をする

　この状況についての記述は，次のようなものになるかもしれない。2人の人が，木製の物体の上に腰を下ろしている。2人は向き合っており，2人の間には4本脚の大きな木の台がある。木の台は彼らの胸の高さまであり，台の上にはいくつかの物体がある。2人は，彼らの正面にある物体のほうに，わずかに頭を傾げている。時折，彼らは手を動かし，彼らの前にある物体の全部または一部を動かしている。彼らの足は床についているが，時折，足を1つの位置からほかの位置へと動かしている。2人とも服を着ている。時々，互いの顔を見たり，もしくはもっと遠くにある物体を見たりしている。

　この記述は完全な部外者が行ったものであり，**この社会的状況の意味**についてはあまり多くの手がかりを与えてはくれない。また，**文化的な情報**もほとんど含まれていない。例えば，もっと多くの参加観察と質問を行うことで，エスノグラファーはこの社会的状況が，以下のいずれかの形で文化的に構成されたものであることがわかるかもしれない。

1）聖書の勉強会
2）就職面談
3）心理検査
4）2人の人がメニューを見ているレストランのテーブル
5）経典を使った降霊会
6）チェスの対戦の準備をしているところ

　もちろん，これ以外の可能性も考えられる。次ページの図を使って，この社会的状況を文化的に定義してみよう。

```
        社会的状況                        文化的な意味

    [図：テーブルで向かい合う       場所：図書館
     二人の人物]  →               行為者：学生
                                  活動：勉強
                                  物体：椅子，机，本，その他
                                  目標：中間試験のための勉強
```

　この図に示された行動の流れは，意味と構造を有している。それが明らかにされたのである。すなわち，文化とは「状況の定義」なのである。

　さて，フィールドノートを見てみると，あなたがまったく何も知らない部外者でなかったことは明らかなはずである。あなたは，すでに参加観察や前もって知っていたことを通して多くの文化的な意味を発見し記録してきた。実際，もしあなたが図書館にある勉強机で行われていることについて研究していたとしたならば，上に挙げたような文化的な意味のいくつかを明らかにすることなしに，記述的観察をしたり記録したりするのは困難であったことであろう。とはいえ，注意深い分析やさらなる観察をしなければ，これらが妥当であるかどうかはわからない。そして，あまりなじみのない社会的状況について研究する場合には，自分が見聞きするものの多くが，ほとんどわずかな意味しかもたないことに気づくであろう。

　このステップでは，ある**社会的状況**を単に観察することを越えて，**文化的場面**を発見することへとどのようにして系統的に進んでいくのかについて示すことから始めたい。これら２つは，密接に関連しているものの，かなり異なった概念である。最初に文化的な意味の**諸部分**，もしくは構成要素を発見し，次にそれらがどのように構造化されているのかを見いださなくてはならない。そこで，あらゆる文化において重要な基本的単位，すなわち**文化的領域**（ドメイン）から始めることにしよう。領域（ドメイン）分析は，エスノグラフィーの分析の第一のタイプである。後のステップでは**分類分析**について検討するが，これは，文化的領域がどのように組織立てられているのかを探求するものである。次に，**構成要素分析**について検討するが，これは各領域（ドメイン）に含まれる用語の属性

を探求するものである。そして最後に**テーマ分析**について検討するが，これは領域（ドメイン）同士の関係性や，それらが全体としての文化的場面にどのように関係しているのかを探求するものである。

❷ 文化的領域（ドメイン）

　文化的領域（ドメイン）とは，文化的な意味のカテゴリーのことであり，その中に小さなカテゴリーを含んでいる。陪審員の前に現れた行為者の1つのタイプである**証人**について考えてみよう。ひとたびこの人たちを証人として定義した後は，大陪審にいる私たちは彼らを単なる人と見ることはなくなり，ある種の人とみなすようになった。「証人」は，文化的なカテゴリーであり，大陪審という文脈における文化的な意味の基本的単位の1つであった。検察官が，「では，**鑑定証人**からの証言を求めます」とか，「では，**弁護側証人**の証言を求めます」とか述べたので，私たちには，それがより小さなカテゴリーを含んだ文化的な意味のカテゴリーであることがわかった。「証人の種類」はこの場面における1つの重要な文化的領域（ドメイン）であった。

　ほかの社会の文化的領域（ドメイン）の例について考えてみよう。タウスグ族の文化では，「友人」（kabagayan）のカテゴリーには8種類の友人が含まれている。Kiefer (1968) によって記述されたこのフィリピンの民族は，「友人」を次のような種類に分けている。すなわち，儀式的な友人，親友，時々顔を合わせる友人，敵対者，個人的な敵，追随者，仲間，中立的な人，である。「友人の種類」はあなたの文化においても1つの領域（ドメイン）であるかもしれないが，おそらくタウスグ族が用いているすべてのタイプは含まれていないことであろう。個人的な敵さえも友人のカテゴリーに含まれていることに注意すべきである。おそらく特別な儀式を通して，個人的な敵のようなものが儀式的な友人に変容させられることがあるからであろう。

a．文化的領域（ドメイン）の基本的要素

　文化的領域（ドメイン）とは，意味のカテゴリーのことである。大陪審で私は，数十人ものそれぞれに異なった証人を観察することができた。そのすべてが，何らかの形でそれぞれ独自なものであった。しかしながら，私たちは，あたかも彼らが皆同じ種類の人であるかのように扱った——すなわち，証人である。

カテゴリーとは，異なった対象物の整理である。そこでは，それらがあたかも同質のものであるかのように扱われる。すべての領域(ドメイン)がもつ，こうした「カテゴリー」という特性を，四角形の図を用いて示すことにする。

```
        領域(ドメイン)
    ┌─────────────┐
    │             │
    │    証 人    │
    │             │
    └─────────────┘
```

あらゆる文化が独自なものをとりあげ，それをまとめて分類することによって，何十万ものカテゴリーを生み出している。まばたき，幽霊，自動車，夢，雲，秘めた望みなど，考えられ得るものなら何であれ，このような文化的カテゴリーを生み出すために用いることができる。文化的カテゴリーとしての領域(ドメイン)は，**カバーターム**，**インクルーディッド・ターム**，**意味関係**という3つの基本的要素から成り立っている。

カバータームは，文化的領域(ドメイン)の名称である。「証人」は，大陪審で私が収集したデータから導き出された1つの領域(ドメイン)に対するカバータームである。「友人」は，先に述べたタウスグ族の領域(ドメイン)に対するカバータームである。

インクルーディッド・タームは，例えばタウスグ族の文化における「個人的な敵」や「儀式的な友人」，「敵対者」などのように，その領域(ドメイン)の中に含まれるさらに小さなカテゴリーの名称である。

あらゆる文化的領域に含まれる第3の要素は，2つのカテゴリーを結びつける単一の意味関係である。これから見ていくように，意味関係は文化的領域(ドメイン)を発見するうえで非常に重要である。私たちは，「個人的な敵」と「友人」という領域(ドメイン)の関係を述べることによって，1つの意味関係を明らかにすることができる。

個人的な敵は友人（の一種）である。ここでは，2つのカテゴリー（個人的な敵，友人）が「一種の」という意味関係によって結びつけられていることがわかる。次ページの図でこれらの3つの要素について示すことができる。

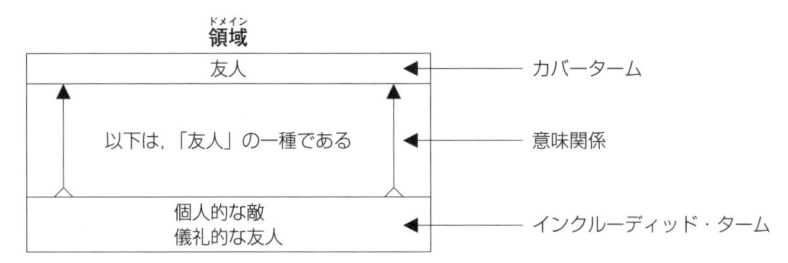

ステップ5　領域(ドメイン)分析をする

```
                 領域(ドメイン)
  ┌─────────────────────────────┐
  │        友人          ←──────┼── カバーターム
  │                             │
  │  以下は、「友人」の一種である ←──┼── 意味関係
  │                             │
  │    個人的な敵        ←──────┼── インクルーディッド・ターム
  │    儀礼的な友人              │
  └─────────────────────────────┘
```

　この意味関係は、**内包**という一般的な原理に則っている。その機能は、インクルーディッド・タームを文化的領域(ドメイン)の**中**に置くことで、それを位置づけることである。

b．領域(ドメイン)の種類

　いかなるものであれ文化的領域(ドメイン)を記述するには、常に言葉を使う必要がある。カバーターム、インクルーディッド・ターム、意味関係は、すべて言葉であり、語句であり、観察した物体や出来事や活動を定義づけ、意味を与えるものである。人々が話す様子を数多く記録することができれば、**土着の言葉**(フォーク・ターム)を使って文化的領域(ドメイン)を構築することができる。例えば私は、大陪審の調査の中で、検察官が「鑑定証人」とか「弁護側証人」などと言うのを耳にした。またある時には、自分が見たものにラベルをつけるのに、自分自身の言葉を使うことが必要になることもある。研究下の人々自身が用いていない言葉を持ち込む時にはいつでも、それを**分析的用語**と呼ぶことにする。この区別は、3つの異なった種類の領域(ドメイン)を生み出すことになる。

　1）**土着の領域**(フォーク・ドメイン)　この領域(ドメイン)は、すべての用語がその社会的状況の中で人々が用いている言葉から来ている場合である。Rbyski (1974) はグライダーのパイロットの研究の中で、**飛行**のタイプ、**グライダー**のタイプ、**操縦**のタイプを含んだいくつかの領域(ドメイン)を発見した。次に示す土着の領域(フォーク・ドメイン)は、グライダーのパイロットが用いている用語からすべて成り立っている。

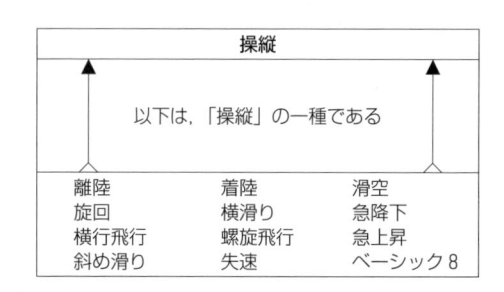

```
┌─────────────────────────────────┐
│             操縦                │
│  ↑                           ↑  │
│  │  以下は,「操縦」の一種である │  │
│  │                           │  │
│  │ 離陸    着陸    滑空      │  │
│  │ 旋回    横滑り  急降下    │  │
│  │ 横行飛行 螺旋飛行 急上昇   │  │
│  │ 斜め滑り 失速   ベーシック8│  │
└─────────────────────────────────┘
```

2) **混合領域**(ミクスト・ドメイン)　土着の言葉(フォーク・ターム)が少ししかない領域(ドメイン)に関心をもつこともあるかもしれない。にもかかわらず観察によって，ラベルをつける必要があるものがまだ存在することがはっきりとしてくることがある。このような場合，領域(ドメイン)を完成させるために，適切な**分析的用語**を選ぶことになる。例えば，Northrop（1978）はランナーの研究の中で，人々が「ランナー」とか「長距離走者」とか「トラックピープル」という言葉を使っているのを耳にした。観察からは，屋内競技場を使用している人々の領域(ドメイン)に対するカバータームが「ランナー」であることは明らかであった。しかし，ほかの2つの土着の言葉(フォーク・ターム)が，幾種類かのランナーのバリエーションのすべてを説明しているわけではなかった。例えば，ある人々はまれにしか競技場を訪れず，どのカテゴリーにも適合しなかった。Northropは，多くの観察と自分で長時間走ってみることによって，自分の発見をカテゴリー化するための混合領域(ミクスト・ドメイン)を作り上げた。

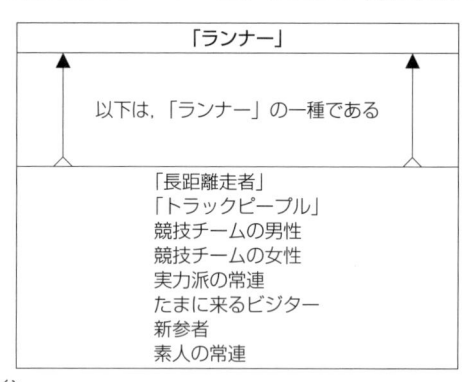

```
┌─────────────────────────────────┐
│           「ランナー」           │
│  ↑                           ↑  │
│  │ 以下は,「ランナー」の一種である│  │
│  │                           │  │
│  │    「長距離走者」           │  │
│  │    「トラックピープル」     │  │
│  │    競技チームの男性         │  │
│  │    競技チームの女性         │  │
│  │    実力派の常連             │  │
│  │    たまに来るビジター       │  │
│  │    新参者                   │  │
│  │    素人の常連               │  │
└─────────────────────────────────┘
```

3) **分析的領域**(ドメイン)　多くの文化的な意味は言葉には表されないので，人々の言動や人々がつくり使っているものから，それを推測しなければならない。文化的な行動の一貫したパターンは出現するのだが，その行動にラベルをつけるための土着の言葉(フォーク・ターム)がまったく見いだせないような時には，自分で分析的

ステップ5 領域（ドメイン）分析をする

用語を選ばなければならなくなる。以下の例について考えてみよう。

1つの展示から次の展示へと見て回る小人数のグループは，多くの博物館でよく見かけられる光景である。そうしたグループが親と子どもたちからなる家族のこともよくある。Hanson（1978）は，博物館の利用に関する文化的なルールを明らかにしようとした。彼女は大きな展示室に立って，次々とやって来る家族のグループを観察した。そして，展示を見ている人々の行動についてフィールドノートをとりながら，博物館の中を見て回ることもした。彼女が耳にした会話のほとんどは，博物館の展示物に関することであった。しかし，彼女はどの家族も取り上げていなかった話題，すなわち，親の行動に興味をもつようになった。彼女は，それぞれのグループの行動のあらゆる側面を観察し始めた。すなわち，親が子どもたちをどのように誘導するか，子どもたちにどのように話しかけるか，ある展示から次の展示へとどのように移動していくか，そのほか観察できるありとあらゆることを観察し始めた。すぐにいくつかのパターン，すなわち，博物館で子どもたちを連れて歩く際に，親が適切であると考えるいくつかのスタイルを暗示する文化的パターンが出現し始めた。彼女は，「親」というカバータームを明らかにし，自分が発見した領域（ドメイン）のために分析的用語を選択した。

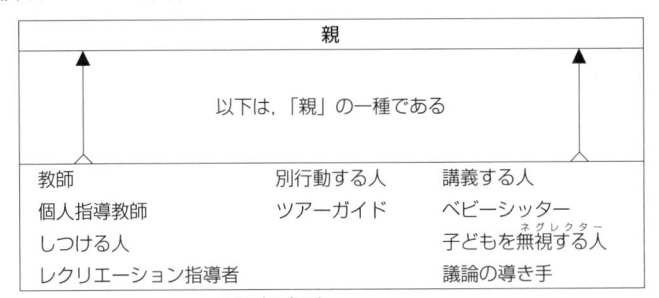

親
以下は，「親」の一種である
教師　　　　　　別行動する人　　　講義する人 個人指導教師　　ツアーガイド　　　ベビーシッター しつける人　　　　　　　　　　　子どもを無視する人（ネグレクター） レクリエーション指導者　　　　　議論の導き手

領域（ドメイン）分析を始める場合，土着の言葉（フォーク・ターム）でも分析的用語でも，そのどちらからでも分析を始められることを念頭に置いておこう。分析の目標は，ある特定の社会的状況における文化のパターンを発見することである。その最初のステップは，あり得そうな領域（ドメイン）を明らかにすることである。それでは次に，このような分析を行うために通過するステップを見てみよう。

❸ 領域(ドメイン)分析のステップ

　ここでしばしフィールドノートに戻ろう。何ページにもわたる記述があり，そのほとんどは自分自身の言葉であるが，あちらこちらにあなたが小耳にはさんだ土着(フォーク・ターム)の言葉が紛れ込んでいる。文化的領域(ドメイン)はあなた目がけて，フィールドノートから飛び出してくることはない。それは，あなたがすでに記録した中に**埋もれている**のである。あなたの仕事は，記録の中からカバータームとインクルーディッド・タームと意味関係を探し出すことである。ひとたびある領域(ドメイン)の部分を見つけたならば，さらなる発見をするためにそれを道具として利用することができる。あなたのフィールドノートは，膨大な数のカバータームとインクルーディッド・タームであふれている。分析を始めるうえで良い方法の1つは，物体や場所や人など，**ものの名前**を探しながら，フィールドノートを初めから終わりまで通して見てみることである。次に，見つけたものについて，**異なった種類**のものがあるかどうかを調べてみるとよい。例えば私は，先のステップの最初で，大陪審での初めての会合でとったフィールドノートをいくつか示した。そのノートを眺めてみると，次のような**カバータームとなる可能性のある**ものの名前が浮かび上がってきた。

　1）裁判所の種類
　2）陪審員の種類
　3）裁判官の種類
　4）人々の種類
　5）指示の種類
　6）感情の種類

　領域(ドメイン)分析を始める際に役立つもう1つの方法は，意味関係をスタートラインとして活用することである。多くの研究から，どのような文化においても意味関係の数は非常に少なく，おそらく24以下であることが明らかになっている。さらに，ある種の意味関係は普遍的であると考えられている。例えばすべての文化は，「カシは木（**の一種である**）」のような，私が厳格な内包と呼ぼうとするものを用いている。このような注目すべき事実が，意味関係をエスノグラフィーの分析のための非常に重要な道具にしている。領域(ドメイン)分析のステップを意味関係から開始することにしよう。同時に，文化的領域(ドメイン)を見つけることは科学でありアートであることを念頭に置いておこう。どのよう

ステップ5　領域分析をする

な社会においても，子どもは「領域」といったようなものの存在を知らなくても成長し，自分たちの文化の諸領域について学ぶ。人は幼いころに「参加観察者」となり，ほかの人を観察したり，ほかの人の話に耳を傾けたりしながら，徐々に大人と同じようなやり方で経験を分類しコード化することを学んでいく。以下に示す領域分析の各ステップは，あなた自身の直観やひらめきにとって代わられるべきものではない。

　領域を探すのに役立つであろうもう1つの方法がある。あなたはおそらく，人の顔や動物が隠れている木の絵を見たことがあるだろう。最初にその絵を見た時には，木しか見えない。実際，誰かが言ってくれなければ，枝や葉の間にほかの形が隠れているとは思いもしない。それから，顔が隠れていることを知り探し始めることになる。しかし依然，木にしか見えない。その時，突然，以前には葉っぱにしか見えなかったところに，人の顔や動物の形が「見える」ようになる。そうなると探すことに夢中になり，ほかのものも次から次へと現れてくる。このような発見をした後では，絵の中に隠されている顔を見ずに木を見ることは難しくなる。文化的領域の発見も，これとまったく同じようなやり方で進む。あなたは記録することを通して，すでに自分のフィールドノートに精通している。今，あなたはもう一度それを読み返し，今回は枝と葉の間に隠された領域を探すのである。ひとたびある領域が「発見される」と，ほかの領域を見つけることがたやすくなり，やがて，すべての段落において領域を見ずにノートを読むことが難しくなることに気づくであろう。

ステップ1：1つの意味関係を選ぶ

　私は自分自身の研究やほかのエスノグラファーとの共同研究を通して，次に示すような普遍的な意味関係が，文化的領域の分析を始める際にもっとも役立つものであることに気づいた。ここに示した意味関係は，このような関係が有する普遍性についての数多くの重要な研究にもとづいている。マーシャル郡の大陪審に関する私の研究から，関係の例を示す。

関係	形式	例
1）厳格な内包	・XはYの一種である	・鑑定証人は証人（の一種）である
2）空間	・XはYの中の場所である ・XはYの一部である	・大陪審室は郡裁判所（の中の場所）である ・陪審員席は刑事法廷（の一部）である
3）原因-結果	・XはYの結果である	・陪審員になることは選抜（の結果）である
4）理由	・XはYの理由である	・多くの訴訟があることが，急いで行われる（理由）である
5）行為のための場所	・XはYをする場所である	・陪審室は訴訟について聞く（場所）である
6）機能	・XはYのために使われる	・証人は，証拠を提示する（ために使われる）
7）手段-目的	・XはYをするための方法である	・宣誓することは，陪審員としての義務の神聖さを象徴する（方法）である
8）段階	・XはYにおけるステップ（段階）である	・刑務所を訪問することは，陪審活動における（一段階）である
9）属性	・XはYの属性（特徴）である	・権限は，検事の（属性）である

　これらの関係のどれから始めてもよいし，またはここには挙げられていないが，あなたが調査している特定の文化的場面において重要であるほかの関係から始めてもよい。領域分析を始める際の私が勧める2つの意味関係は，**厳格な内包**（XはYの一種である）と**手段-目的**（XはYをするための方法である）である。厳格な内包関係は，あなたの注意を名詞に，一方，手段-目的関係はあなたの注意を動詞に集中させる。説明のために，厳格な内包から分析を始めよう。

ステップ2：領域分析ワークシートを準備する

　エスノグラファーの中には，領域を明らかにするために，フィールドノートの中のカバータームや意味関係に直接下線を引いたり，または余白に書き込んだりする人もいる。私は，ワークシートを別に作ることには明らかな利点があることに気づいた（**図12**）。研究を完成させるまでには何回もフィールドノートを調べる必要がある。分析を他の用紙に転記することで，フィールドノートを解釈でごちゃごちゃにしないようにできる。ワークシートは，それぞれの領域の構造，すなわち，カバーターム，インクルーディッド・ターム，意味関係を視覚化するのに役立つ。

　探索を始める前に，領域分析の各ワークシートに，①選択した意味関係，②それが表現される形式の説明，③カバーターム，インクルーディッド・ターム，意味関係を含んだ研究中の文化からの例文，などの情報を記入しておく必要がある（図12を参照）。ワークシートは，まだ何も書かれていないいくつかの領域に分けられ，選択した意味関係を書き込むスペースが設けられて

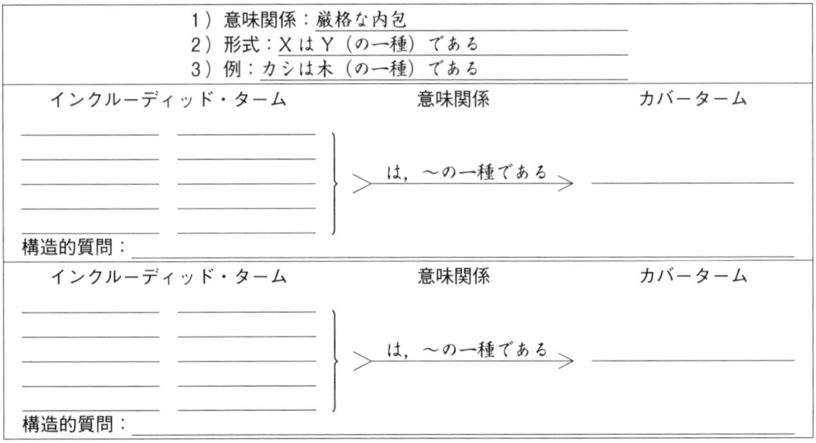

```
1) 意味関係：厳格な内包
2) 形式：X は Y （の一種）である
3) 例：カシは木（の一種）である
```

インクルーディッド・ターム	意味関係	カバーターム
_____ _____ _____ _____ _____ _____ _____ _____	は、〜の一種である	_____

構造的質問：_____

インクルーディッド・ターム	意味関係	カバーターム
_____ _____ _____ _____ _____ _____ _____ _____	は、〜の一種である	_____

構造的質問：_____

図12　領域分析ワークシート

いる。そこに，フィールドノートから明らかにされたカバータームやインクルーディッド・タームが書き込まれることになる。この種のワークシートを系統的に用いることは，以前に書きとめた文章の中に埋もれている暗黙の領域を発見するのに役立つことであろう。

ステップ3：フィールドノート記録からサンプルを抜き出す

　手始めに，フィールドノートからいくつかの段落をただ単に抜き出してみるとよい。すぐにフィールドノートの残りの部分についても検討しなければならないが，当面比較的短いサンプルで差し支えない。病院で記録されたフィールドノートからの抜粋を見てみよう。

　　　フェアビュー病院の6階では，患者に朝食を持って行く8時ごろから毎日が始まる。2人部屋の患者は部屋におり，医師は午前9時ごろに訪室する。多くの患者は自分のことを無力であると感じており，室温の調整や，自分が食べたいものを調達することや，十分に眠ることなどを自分の思うとおりにできない。いつでも誰かが体温を測定したり，輸液を交換したり，食事を運んできたりしている。
　　　おそらく患者にとって最大の問題は，プライバシーを確保することである。2人部屋の患者は，相部屋の患者のところに押しかけてきて，ベッドに座り，

大声で話す見舞い客にさらされる。同室の患者が，時には何時間も電話で話し，テレビをつけ，見舞い客と話す時にも，プライバシーは失われていくようである。私は患者が，わずかなプライバシーを確保しようと，看護師やほかの患者に対して行っているいくつかの方法を観察した。ある患者はベッドの間のカーテンを引いていた。また別の患者は，廊下を散歩していた。追加料金を払って，個室に移ることも可能である。テレビ・ラウンジがナースステーションの左側にあり，同室者の見舞い客によるプライバシーの侵害から逃れるため，ラウンジにいる患者もいる。

ステップ 4 : 意味関係に適合するカバーターム，インクルーディッド・タームを探す

　この探索は，読むこと，しかも特定のやり方で読むことを意味している。エスノグラファーは文章の意味を読みとり内容に焦点を当てるのではなく，意味関係に適合しそうな用語を探しながらフィールドノートを読む。これは，「どの用語が，何かの種類になり得るか」とか，「これとは異なる種類があり得るか」という問いを頭の片隅において読むことを指している。これらの問いを使って，上記の病院における患者の研究例を見てみよう。以下のいくつかの用語は，1つの領域(ドメイン)の一部である可能性があるものとして浮かび上がってきたものである。

インクルーディッド・ターム	意味関係	カバーターム
プライバシーを確保する 室温を調整する 眠る	は，〜の一種である	問題

　多くの場合，特にフィールドノートからのサンプルを少ししか使わない場合，どの領域(ドメイン)でもインクルーディッド・タームが2つか3つしか見つからないことがある。実際，インクルーディッド・タームが1つしか見つからないこともある。インクルーディッド・タームの数について気にする必要はない。このステップの目標は，ただ単にいくつかの文化的領域(ドメイン)を明らかにすることである。上の例のように，3つの基本的な要素を明らかにしたならば，さらにほかの領域(ドメイン)を探せばよい。

　同じ意味関係を使いながら，上のフィールドノートからもう1つの例を見

てみよう。

インクルーディッド・ターム	意味関係	カバーターム
看護師 患者 医師 見舞い客	は，〜の一種である	人

　この例では，領域分析で使うために非常に簡潔な記述を選んだ。目標は，1つの意味関係を使いながら，1つもしくはそれ以上の領域を発見することであったからである。あなたの作業はもっと大変で，1つの意味関係を念頭におきながら，フィールドノートのすべてに目を通していかなければならない。1つの領域を明らかにし，次に移っていくと，さらに追加のインクルーディッド・タームが見つかることは確実である。見つけられる限りたくさん記録しよう。しかし主要な目標は，できるだけたくさんの領域のリストを作ることであることを忘れてはならない。

ステップ5：違う意味関係を使いながら，領域の探索を繰り返す

　私が明らかにした意味関係のいくつかについては，あなたはたくさんの領域を見つけられるかもしれない。一方，ほかのものについては，ほとんど見つけられないかもしれない。今度は，**手段-目的**の関係を使いながら，入院患者に関するデータからもう1つ，例を見てみよう。

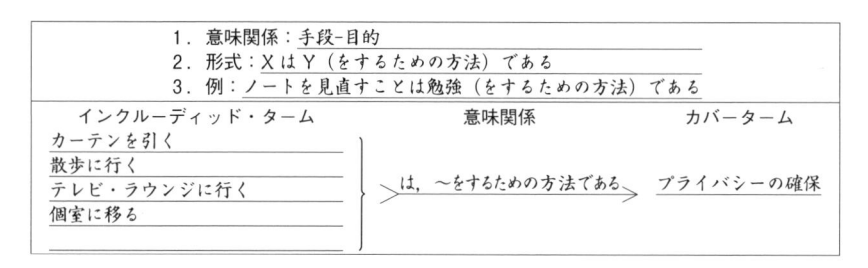

1．意味関係：手段-目的		
2．形式：X は Y (をするための方法) である		
3．例：ノートを見直すことは勉強 (をするための方法) である		
インクルーディッド・ターム	意味関係	カバーターム
カーテンを引く 散歩に行く テレビ・ラウンジに行く 個室に移る	は，〜をするための方法である	プライバシーの確保

　ある研究者たちは，それぞれに1つの領域を書くようにした，縦4インチ（約 10 cm），横6インチ（約 15 cm）のカードを領域分析ワークシートとして準備すると役立つとしている。インクルーディッド・タームのリストが増えてきたら，カードの裏側に書き込めばよい。カードが増えてきたならば，別々の山に分け，分析の目的に合わせて整理し直すこともできる。後で，研究者

がエスノグラフィーを書き上げる時には，これらのカードは記述を構成するうえでの拠り所となる。

ステップ6：明らかにした領域(ドメイン)のリストをつくる

領域(ドメイン)分析の目標は2つある。第1は，文化的カテゴリーを明らかにしようとすることであり，第2は研究下の文化的場面の概観を得ようとすることである。最初は，ほとんど無限とも思える数の文化的領域(ドメイン)があるように感じられ，自分の仕事には終わりがないのではないかと思うかもしれない。しかし，これは事実ではない。エスノグラフィーの初心者が4～5時間の観察をしたとして，25～200の間の文化的領域(ドメイン)を見つけるのがせいぜいである。完全にやり尽くす必要はない。意味関係のほとんどを表した数ダースの領域(ドメイン)があれば，文化的場面の概観を明らかにするのに十分である。

Hansonの博物館での親と子どもに関する研究（1978）から，領域(ドメイン)のリストの例を以下に示す。

1）XはYの一種である
・グループの種類
・家族の種類
・態度の種類
・姿勢の種類
・関係の種類
・説明の種類
・子どもが尋ねた質問の種類

2）XはYをするための方法である
・質問をするための方法
・ものを比較するための方法
・博物館の展示物について述べるための方法
・親が子どもに教えようとするための方法
・子どもが親の注意をひくための方法
・話を聴くための方法
・子どもが互いに教え合うための方法
・楽しむための方法
・親をせかすための方法

ステップ5　領域分析をする

- 洋服を整えるための方法
- ほかの見学者に反応するための方法
- 人に触るための方法
- 親を無視するための方法
- 子どもが恰好をつけるための方法

3）XはYの一部である
- 展示の一部
- 博物館の一部

4）XはYの理由である
- 怒る理由
- 次の展示に移動する理由
- 退屈する理由
- 博物館にいる理由

5）XはYにおける段階である
- その場所の中を移動する各段階
- 各展示を見るうえでの段階

6）XはYのために使われる
- 手で使われるもの
- 足で使われるもの

　このリストは不完全なものであるが，今後さらにどういった方面を研究していったらよいかについておおざっぱなヒントを与えてくれる。これは博物館でよく見られる社会的状況についての最初の概観である。出版されている多くのエスノグラフィー研究でも，著者が文化的領域の完全なリストを示していることはない。むしろ多くのエスノグラファーは，最終的な記述では，互いに関連したいくつかの領域に焦点を当てるために大きなリストの中から選択をしている。例えば，Maisel（1974）のフリーマーケットの研究では，①ものの種類，②人がフリーマーケットに行く理由，③フリーマーケットでの行為の種類，④言い伝えの種類など，限られた数の領域について論じている。これから示す各ステップでは，より集中的な研究のためにどのように領域を選ぶかについて述べるが，最初に文化的領域の詳細なリストを作っておかなければ，いかなる選択も時期尚早なものとなってしまうことだろう。
　このステップでは，エスノグラフィーの分析の本質と，文化的領域を見つ

127

けるための手順について検討してきた。文化的領域(ドメイン)は，あらゆる文化の中にある重要な単位である。それは，ほかのより小さなカテゴリーを含む文化的な意味のカテゴリーである。参加観察をしながらの領域(ドメイン)分析は，6つの相互に関係しているステップを含んでいる。

1）1つの意味関係を選ぶ。
2）領域(ドメイン)分析ワークシートを準備する。
3）フィールドノートの記録からサンプルを選ぶ。
4）意味関係に適合するカバーターム，インクルーディッド・タームを探す。
5）ほかの意味関係について探索を繰り返す。
6）明らかになった領域(ドメイン)を網羅するリストを作る。

　領域(ドメイン)分析は一度にすべてをなし遂げられる作業ではない。参加観察によって新しいデータが集まるたびに，繰り返し行わなければならない。新しい領域(ドメイン)を見つけるために，エスノグラファーは，こうした作業を研究プロジェクトの全期間を通して数週間に一度は行うことになるであろう。

□ 学習課題

1）この章で示されているステップに従って，綿密な領域(ドメイン)分析を実施してみなさい。これまでに集められ詳述されたフィールドノートにもとづいて分析を行いなさい。
2）分析によって明らかになったすべての領域(ドメイン)のリストの要約を作り，さらなる研究でどのような領域(ドメイン)を探したらよいかを確かめるために，それを検討しなさい。
3）追加の記述的観察を行うために，一定期間の参加観察を実施しなさい。

ステップ6 焦点化観察をする

□ **学習目標**
1) 参加観察を行うための焦点を仮に選んでみる。
2) 構造的質問がどのようにして焦点化観察を導くかを学ぶ。
3) 焦点化観察の仕方を学ぶ。
4) 焦点化観察を交えながら、一定期間の参加観察を実施する。

　段階的研究手順法のどこまで来たかを、簡単に振り返ってみよう。私たちは3つの予備的ステップから開始した。すなわち、①社会的状況を選択する、②参加観察を行う、③エスノグラフィーの記録をつける、の3つである。この3つのステップで、選択を行い、実際にフィールドワークを開始した。ステップ4では、④記述的観察のための方略を検討した。収集したフィールドノートを使いながら、⑤領域分析によってエスノグラフィーの分析を始め、文化的領域の長いリストを手にすることで、その文化的場面の概略をつかんだ。さらにフィールドへの旅を続け、もっと多くのフィールドノートをとったならば、このリストに追加することができるだろう。

　参加観察と分析に時間を費やすことによって、あなたはおそらく、私が**文化的複雑**さと呼ぶもの、すなわちもっとも単純な社会的状況でさえも膨大な数の文化的な意味が染み込んでいるという事実に気づいたことだろう。フリーマーケットの例を見てみよう。売り手たちは朝早くに市場に来て、椅子やテーブルを組み立て、品物を展示し、それから客を待つ。フリーマーケットは5, 6時間続き、その後人々は去っていく。表面的には単純な社会的状況のように見える。しかし、Maisel (1974) が発見したように、フリーマーケットという現象は**文化的に複雑**である。70人以上の人たちにインタビューを行い、長時間にわたって観察をし、その後5年間にわたりフリーマーケット

に参加した後でも，彼はこの文化的場面の完全な理解には至らなかった。Maiselはそのエスノグラフィーの報告書の中で，フリーマーケットで起こる「行為」に関連したデータに力点を置くことにした。

　すべてのエスノグラファーと同様に，あなたは文化的複雑さがたとえ1つの文化的場面であっても，それを完璧に記述するのを困難にしていることに気づくことだろう。徹底したエスノグラフィーを行う場合には，かなり限定された文化的場面であったとしても，何年もの集中的な調査が必要となるだろう。イヌイットのコミュニティもしくはブッシュマンの部族の生活の仕方を全面的に調査しようとする場合であれ，はたまた，大都市の1つの限定された文化的場面を調査する場合であれ，エスノグラファーは皆，なんらかの方法で自分の調査に限定をかけなければならない。その文化のいくつかの側面は，他の側面よりも徹底的に調査されなければならないことだろう。このステップでは，包括的な観点を保ちながらもエスノグラフィーの範囲を限定する方法について検討していきたい。

❶ エスノグラフィーの焦点の選択

　Maisel（1974）がフリーマーケットでの「行為」を研究することに決めた時，彼は1つのエスノグラフィーの焦点を選択したのである。焦点とは，単一の文化的領域(ドメイン)もしくは複数の互いに関連した領域(ドメイン)，およびそれらが残りの文化的場面に対してもつ関係のことを意味している。最初は，どの領域(ドメイン)が集まって1つのエスノグラフィーの焦点をもたらしているのかを見極めるのは難しい。1つの文化的領域(ドメイン)あるいは互いに関連しているかに見えるいくつかの領域(ドメイン)から始めてみながら，仮に選択してみるしかない。調査がさらに進むにつれて，この最初の焦点を放棄あるいは修正しても差し支えない。

　エスノグラフィーの焦点を選択するかどうかは，研究者それぞれが決定することである。できるだけたくさんの文化的領域(ドメイン)を見いだし，それらを部分的に探究するといった**表層的な調査**を実施してもよいし，あるいはエスノグラフィーの焦点を1つ選んで**徹底的な調査**をしてもよい。もしこの2番目のやり方に決めたならば，文化的場面の多くの重要な特徴を無視しなければならないことは明らかである。表層的な調査に数か月を費やした後に，1つか2つの予備的報告書を作成し，それから研究の焦点を絞る研究者もいること

だろう。前もって特定の問題を定め，フィールドへ最初に赴く前に徹底的な調査のための選択をしておく研究者もいることだろう。例えば Walum (1974) は，大学のキャンパス内のドアを通る人々を観察する際，エスノグラフィーの焦点を男性と女性の関係に絞ることに前もって決めていた。これと同じ調査を，ドアを通る時に人々が交わす非言語的なコミュニケーション方法といったような，ほかのエスノグラフィーの焦点で行うこともできたはずである。

　エスノグラファーたちは，徹底的なやり方と表層的なやり方の双方の利点について，長らく論争してきた。徹底的なやり方を支持する人たちは，文化的な意味は複雑であり，表面をすくい取るだけでは情報提供者が本当は物事をどのように理解しているのか決して知ることはできないだろうと主張する。彼らは多くの領域(ドメイン)を表層的に調査するよりも，1つの領域(ドメイン)を集中的に調査するほうがよいと言う。

　文化的な意味の表層を研究することを支持する人たちは，1つの文化または文化的場面を包括的な観点から見る必要があると主張する。重要なのは領域(ドメイン)間の関係である。後になって時間が許せば，各々の領域(ドメイン)に戻って徹底的にその詳細を調べることができると言うのである。

　実際には，ほとんどのエスノグラファーが妥協案を採用する。彼らは，いくつかの選択された領域(ドメイン)（エスノグラフィーの焦点）を深く探求しつつ，なおも一方で，その文化的場面を全体として表層的に理解しようとする。これをなし遂げるためには，徹底的な分析とより包括的で表層的な分析，これら双方の方略を採用しなければならない。段階的研究手順法のステップは，これら2つの方略の間にある均衡を維持するようにデザインされている。最初の5つのステップでは，幅広く表層的な調査の方角に向かって進んでいた。（このステップを含んだ）次の4つのステップでは，徹底的な調査を行うために必要とされる技法を学ぶことに移行する。そして最後の3つのステップでは，再びより広い視点に移行し，自分が選んだエスノグラフィーの焦点が残りの文化的場面とどのように関連しているかを見ようとする。時間に限りがある人や異なったゴールをもつ人は，この本を効果的に活用して，直ちに「**ステップ 10　テーマ分析をする**」に進んでもよい。段階的研究手順法の 12 ステップ全体を貫くこの 2 つの異なった力点が図 13 に示されている。

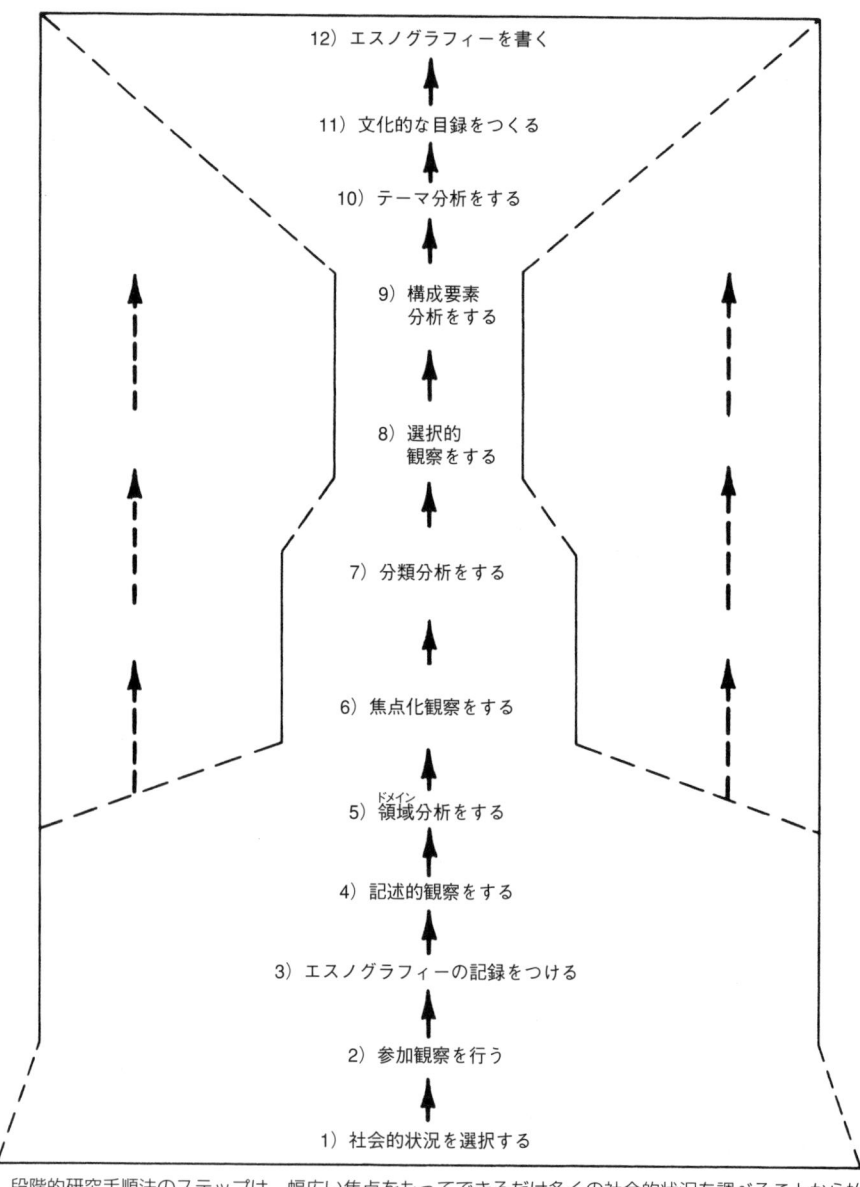

```
                    12) エスノグラフィーを書く
                              ↑
                    11) 文化的な目録をつくる
                              ↑
                    10) テーマ分析をする
                              ↑
                    9) 構成要素
                       分析をする
                              ↑
                    8) 選択的
                       観察をする
                              ↑
                    7) 分類分析をする
                              ↑
                    6) 焦点化観察をする
                              ↑
                    5) 領域(ドメイン)分析をする
                              ↑
                    4) 記述的観察をする
                              ↑
                    3) エスノグラフィーの記録をつける
                              ↑
                    2) 参加観察を行う
                              ↑
                    1) 社会的状況を選択する
```

　段階的研究手順法のステップは，幅広い焦点をもってできるだけ多くの社会的状況を調べることから始まる。1つの社会的状況が選ばれたならば，ステップ3から12までの間に，その社会的状況の**すべて**が研究の中で扱われる。しかしながら，そこには2つの焦点がある。1つは狭く，もう1つは幅広く包括的である。エスノグラファーはステップ4と5で学んだ技法を使いながら，同時に，選択した文化的領域の焦点化観察を行う。調査が終わりのほうにいくに従い，文化的場面を包括的に記述するために焦点は再び広げられる。

図13 エスノグラフィー研究における焦点

a．一般的な文化的領域(ドメイン)

　エスノグラフィーのための妥当な焦点を選択する前に，まず焦点となり得る範囲を幅広く設定しなければならない。いかなるエスノグラフィーにおいても，問題を解決しようとするならば，まず**問題**（「私は調査を狭めなければならない」）を明らかにし，次に**原因**（「文化は複雑である」）を明らかにし，そして多数の**あり得そうな解決策**（「文化的領域(ドメイン)の長いリスト」）を列挙することから始めねばならない。もしあなたが文化的場面からたったの10か15の領域(ドメイン)しか見いだしていないとすれば，焦点を選択する準備は整っていないということになる。フィールドノートに戻るか，さもなければもっと多くの文化的領域(ドメイン)を見つけるためにさらに観察をしなければならない。

　文化的領域のリストを拡大するためには，私が「一般的な文化的領域(ドメイン)」と呼ぶもの，すなわち，ほとんどあらゆる社会的状況で起こる文化的な意味のカテゴリーについて考えてみることが助けとなる。それらは，一般的な用語で述べられており，フィールドノートの中に探し求めている**特定**の領域(ドメイン)を見つけるのを助けてくれる。各々の領域はここでもやはりカバータームと意味関係で述べられている。そして，インクルーディッド・タームは，特定の文化的場面から発見されなければならない。これらの一般的な文化的領域の多くは，先に示した社会的状況の9つの次元にもとづいている。すなわち，**空間，物体，行為，活動，出来事，時間，行為者，目標，感情**である。いくつかの一般的な領域(ドメイン)を列挙してみるが，もっと多くを思いつくことができるはずである。

1）**厳格な内包：XはYの一種である**

・行為の種類　　・時間の種類

・場所の種類　　・行為する人々の種類

・物体の種類　　・感情の種類

・活動の種類　　・目標の種類

・関係の種類

2）**空間的：XはYの一部である**

・活動の部分

・場所の部分

・出来事の部分

・物体の部分

3）原因-結果：XはYの結果である
・活動の結果
・行為の結果
・出来事の結果
・感情の結果

4）理由：XはYをする理由である
・行為の理由
・活動を実施する理由
・出来事を催す理由
・感情の理由
・物体を使う理由
・目標を探求する理由
・空間を整える理由

5）行為のための場所：XはYをする場所である
・活動する場所
・人々が行為する場所
・出来事が催される場所
・物体のための場所
・目標を探求するための場所

6）機能：XはYのために用いられる
・物体のための使用
・出来事のための使用
・行為のための使用
・活動のための使用
・感情のための使用
・場所のための使用

7）手段-目的：XはYをするための方法である
・空間を整えるための方法
・行為するための方法
・活動を実施するための方法
・出来事を催すための方法
・目標を探求するための方法

・行為者になるための方法
・感じるための方法
8) 段階：XはYにおける1つの段階である
・目標を達成するための段階
・行為の段階
・出来事の段階
・活動の段階
・行為者になるための段階
9) 属性：XはYの属性（特徴）である
・物体の特徴
・場所の特徴
・時間の特徴
・行為者の特徴
・活動の特徴

　これらの一般的な文化的領域(ドメイン)を用いる際には，「物体」や「行為者」のような一般的なカバータームを，特定のタイプに置き換えていかなければならない。そしてこれらの各々が，たくさんのインクルーディッド・タームを含んでいることだろう。例えば私は，大陪審の研究において，「行為者の種類」という一般的な領域(ドメイン)を，この種の領域(ドメイン)に注意を向けるためのガイドとして用いた。私はこの領域(ドメイン)を用いて大陪審にいるすべての人々を明らかにしたというわけではなく，いくつかの領域(ドメイン)を明らかにしてみたのである。これには，①証人の種類，②陪審員の種類，③役人の種類が含まれていた。このように一般的な領域(ドメイン)が3つの特定の文化的領域(ドメイン)を導いたのである。文化的領域(ドメイン)のリストを拡大するために，一度でもこれらの一般的な領域(ドメイン)を使ってみたならば，焦点の選択について考えてみる準備は整ったということになる。

b．エスノグラフィーの焦点を選択するための基準

　1) **個人的な興味**　もしあなたがエスノグラファーの初心者なら，あなたの目標は第一に参加観察の仕方を身につけることであり，ほとんどいかなる領域(ドメイン)，あるいはいかなる領域(ドメイン)群であっても，それらはあなたの焦点になることだろう。自分が見つけた領域(ドメイン)を眺めてみて，「どれが一番おもしろそうか」と自問してみなさい。たぶんあなたは以前にも研究を行ったことがあるであ

ろうし，何か興味深いことを示唆するような論文を読んでいることだろう。より集中的な研究のために1つの領域(ドメイン)を選んでみたが，それがほとんど可能性を提供してくれないことがわかったならば，それを捨てて，自分がおもしろいと思う別のものに移ってもよいのである。

　2）**情報提供者からの示唆**　観察対象となっている人々から，彼らが重要であると思っていることについて示唆をもらえることが時々ある。そういった時にはエスノグラフィーの焦点を選択する根拠として彼らの助言を活用することができる。大学内のバーについての私たちの研究（Spradley and Mann, 1975）では，ウェートレスの1人が「ブレイディーズ・バーを本当に理解したいのなら，ウェートレスとバーテンダーとの間にある問題について研究すべきよ」と提案してくれた。これによって，研究は「バーテンダーの種類」や「バーテンダーとウェートレスの喧嘩の仕方」や「バーテンダーとうまくやる方法」のような領域(ドメイン)に焦点を当てることになった。人々の話に耳を傾けてみれば，彼らが自分たちの世界で何を重要だと思っているかについてヒントをもらえることがよくある。銀行で列に並んでいる男性は「早く進んでいる列に並び替えるといつだって決まって，その列の進みが遅くなって，結局もっと長く待たなくちゃならないんだ」とぶつぶつ言うかもしれない。これは「列を選ぶ方法」や「列を替える理由」のような領域(ドメイン)を調査するとおもしろいかもしれないという手がかりを与えてくれるかもしれない。時々，情報提供者があまりにしょっちゅう何かについて言及するので，それが重要なことであることがわかることもある。例えば，大陪審の検事が「たくさんのケースがありますので，今日は急がなければなりません」と絶えず陪審員たちの注意を喚起していたとしよう。このように審理のスピードアップが強調されたことによって，私は，「検事が物事の進み具合を速くする方法」「陪審員に質問させない方法」「証人をせかす方法」「審理の進み具合を遅くする方法」などを含んだいくつかの領域(ドメイン)を思いつくことになった。もし，自分が調査している社会的状況の中で誰かと親しい関係を築いたならば，「私が見つけたらよいもっとも重要なことは何だと思いますか」と尋ねてみてもよいのである。

　3）**理論的な関心**　いくつかの文化的領域(ドメイン)は社会科学の理論と深い関連をもっている。例えば，あなたが学校に適用されるような社会組織理論に関心があるとしよう。そして3年生のクラスで観察を始めて，多くの領域(ドメイン)を明ら

かにしたとしよう。「子どもの種類」「教師の種類」「集団の種類」のようなものを含んだいくつかの領域(ドメイン)は，特に社会組織と関連していることだろう。もしあなたが，公共の場で自分のプライバシーを守る方法に関心があるとすれば，「侵入の種類」「人を避ける方法」「目立たないようにする方法」のような領域(ドメイン)に焦点を当てることもできるだろう。あなたはなんらかの理論的な関心を根拠にしてある特定の社会的状況を選択したのかもしれない。そうであるならば，1つのエスノグラフィーの焦点を探す際に，こうした関心を用いて調査を狭めてもよい。

4）**戦略的なエスノグラフィー**　前のほうの章で私は，エスノグラフィーが人類への奉仕にどのように貢献できるか，その方法について述べた。私は，私たち自身の文化における主要な問題領域をいくつか列挙し，これらが研究のための文化的場面を選択する際にエスノグラファーを導くものとして役立つことを示唆した。これと同じ基準が今度は，ある特定の文化的場面における研究の焦点を選ぶ際にあなたを導いてくれる。例えば，私は囚人の権利が軽んじられ実際に侵害されているという情報提供者たちからの報告をもとに，市の刑務所での調査を始めた（Spradley, 1970）。調査を開始するとすぐに，私は囚人が刑務所全体で経験していることをより完全に明らかにするために，「被収容者の種類」「ムショの部分」を選択した。いくつかの文化的領域(ドメイン)は，戦略的なエスノグラフィーを実施するための特別な機会を提供してくれるのである。

5）**領域(ドメイン)の組織化**　ある特定の場面の文化的な意味のほとんどを組織化しているように見える大きな領域(ドメイン)を発見することが時々ある。どういうわけかそれは，他の多くの領域(ドメイン)間の関係をつないでいる。例えば私は，シアトル市刑務所（ムショ）での生活についてホームレスたちに何か月も聞き取りをした後で，1つの領域(ドメイン)がすべての情報を結びつけているかのように見えることに気づいた。私はそれを「ムショ入りする段階」と呼び，そしてそれは重要なエスノグラフィーの焦点になった。

私は自分の経験と多くのエスノグラファーの作品を検討した結果から，**段階の関係**にもとづいた領域(ドメイン)が文化的場面を組織化するのに役立つことがよくあることに気づいた。あるスーパーマーケットで買い物客を観察しているとしよう。彼らがドアの中に入るのを見ると，あなたは自分も買い物かごを手に取り，彼らの後を店中ついて回り，そして彼らが立ち去るまで観察する。

この文化的場面には多数の領域(ドメイン)——食べ物の種類，選ぶ方法，移動のパターン，店の中の場所，まれながら買い物客同士がやりとりする仕方——がある。しかしながら，「買い物における段階」に焦点を当てることによって包括的なやり方で文化的場面を示すことができることだろう。この領域(ドメイン)には，以下のような段階がある。

段階1：店に入る
段階2：ショッピングカートを選ぶ
段階3：方向または通路を選ぶ
段階4：肉を選ぶ
段階5：乳製品を取る
段階6：生鮮食品を買う
段階7：レジの列を選ぶ
段階8：支払いをする
段階9：食料品を運ぶ
段階10：店を出る

あなたは，この大きな組織化された領域(ドメイン)の範囲内で，研究の焦点をもっと特定のものに絞りたいと思うかもしれない。例えば，買い物客と店員とのやりとりのほとんどがレジカウンターで起こっていることにあなたは気づくかもしれない。「買い物客-店員関係の種類」と「レジでのいざこざの種類」といった2つの互いに関連した文化的領域(ドメイン)に，焦点を当てたくなるかもしれない。エスノグラフィーの焦点のために組織化する領域(ドメイン)を1つ選択することは，最終的にエスノグラフィーを書く段階に達した時に大いに助けになる。その領域(ドメイン)はあなたの論文の主たる骨子となることだろう。

❷ 焦点化観察

ひとたびエスノグラフィーの焦点を選択したならば，社会的状況に戻ってフィールドワーク活動のレパートリーに焦点化観察を加える準備が整ったということになる。焦点化観察が占める時間の割合は次第に多くなっていくが，それでも一連の参加観察期間で費やされる時間のすべてを占めることはないだろう。図14は研究過程全体における観察時間と3種類の観察との関

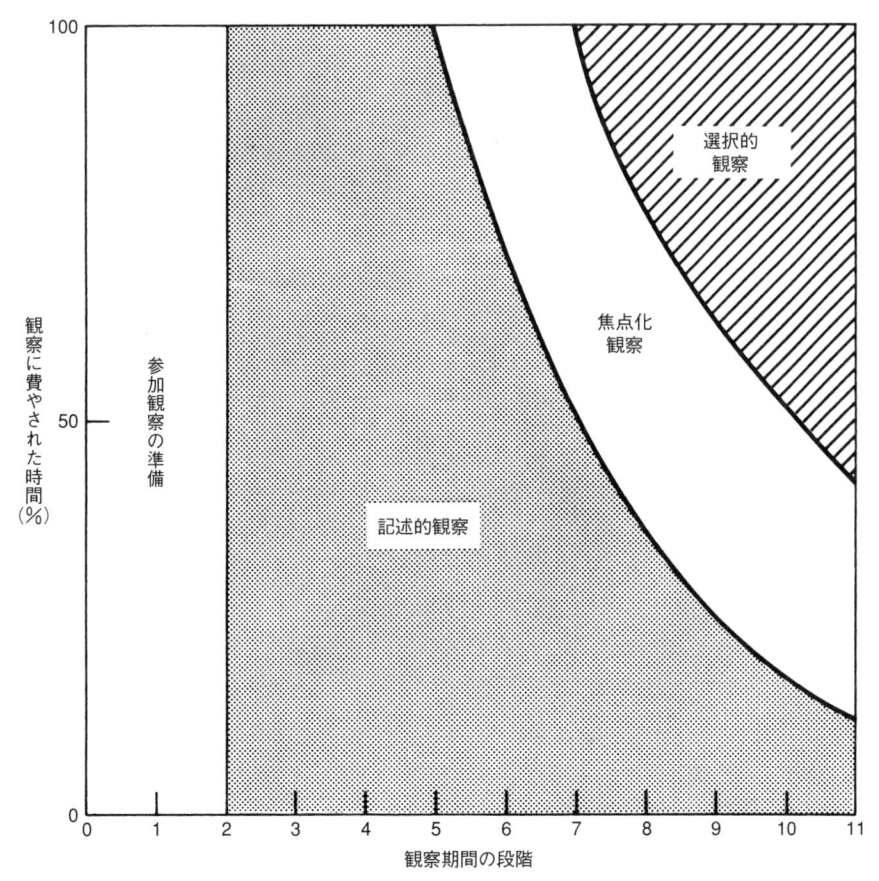

調査で観察に費やされる時間の量は観察の種類の観点から分類できる。段階的研究手順法における最初の2つの期間は研究の準備に費やされる。その後，3つの期間にわたる**記述的観察**が始まる。このステップからは記述的観察をだんだんと減らしながら，しかし決して止めることはなく，**焦点化観察**の段階に入る。第7番目の期間では**選択的観察**に移行する。すべてが同時に続けられる。

図14 観察時間と3種類の観察の関係

係を示したものである。

　焦点化観察は第2のタイプのエスノグラフィーの質問にもとづいており，それは**構造的質問**と呼ばれるものである。構造的質問では，カバータームを有するある領域(ドメイン)の意味関係が使われる。以下に示すリストは，先の例で私が使ったいくつかの領域(ドメイン)と，それぞれに該当する構造的質問である。

〔領域〕　　　　　　　〔構造的質問〕
・買い物における段階　・買い物におけるすべての段階はどのようなものか
・証人の種類　　　　　・証人のすべての種類はどのようなものか
・列を替える理由　　　・人々が列を替えるすべての理由はどのようなものか
・証人をせかす方法　　・証人をせかすすべての方法はどのようなものか
・ムショの部分　　　　・ムショのすべての部分はどのようなものか
・いざこざの原因　　　・いざこざのすべての原因はどのようなものか

　構造的質問を調査でどのように用いたらよいかについて，具体例を挙げてみよう。Sugarman は 1968 年の夏，薬物依存リハビリテーションセンターにおいて 2 か月間，参加観察に専念した。彼は，そのエスノグラフィー『デイトップ・ビレッジ―癒しのコミュニティ』（Daytop Village : A Therapeutic Community, 1974）で，このコミュニティの文化における多くの領域を記述している。彼が焦点を当てた領域の 1 つはエンカウンターグループにおける「社会的役割の種類」と呼ばれるものであった。ひとたびこれを領域として明らかにすることで，彼は「エンカウンターグループで人々が演じているすべての社会的役割はどのようなものか」という構造的質問を念頭において，焦点化観察を行うことができた。エンカウンターグループのセッション中に，この質問を何度も何度もしてみることによって，彼はこの領域を作り上げている次のようなインクルーディッド・タームを発見した。結果として，1 つの分析的領域が得られ，それはエンカウンターグループでの行動の文化的ルールを記述するために調査者によってつくり出された用語から成り立っていた。Sugarman が明らかにした役割は以下のとおりである。

1）司会者　　4）確認者　　7）扇動者
2）訴追者　　5）説教者　　8）治療者
3）証人　　　6）反省家　　9）修復家

　構造的質問の主要な特徴は**繰り返し使える**ことにある。あなたは繰り返し問うてみる必要がある。浅薄なエスノグラフィー研究を避けるための最良の方法の 1 つは，構造的質問をいくつか入念に考え出してみて，次に 1 つの構造的質問に全面的にもとづいた焦点化観察を行うことである。例えば Sugarman は，「グループメンバーが演じている役割はほかにもあるか」と問いなが

ら，デイトップ・ビレッジでのエンカウンターグループで何時間も座っていることができた。観察された新しい役割はそれぞれ，構造的質問へのもう1つの答えである。

　構造的質問が焦点化観察を導く方法について，また別の場面を例にとり考えてみよう。Tolzmann（1978）は，都会のアーケードで見知らぬ人同士が行う相互作用について研究を始めた。アーケードは屋内にあり，そこには人々が腰掛けることのできるベンチが置いてあった。いくつかの通路がアーケードから延びていた。1つは大きなホテルへ，もう1つは駐車場の坂へ，また別の1つは繁華街へと向かっていた。多くの人々が駐車場の坂へと向かってアーケードを通り過ぎていったが，ほかの人はベンチに座ったり，アーケードにある小さな店をのぞいたり，さもなければただ単にこの代わり映えのしない場所をぶらぶらと歩いていた。最初 Tolzmann は，記述的観察を通してこうした活動の一般的なパターンを記述し，エスノグラフィーの焦点のための特定の範囲を見つけようとした。領域分析を通して，彼女は少なくとも次のような領域を明らかにした。

1）アーケードの利用法
2）アーケードでの危険な兆候の種類
3）危険を管理する方法
4）アーケードにいる人々の種類

　これらの領域を念頭に置いて，彼女は構造的質問を考え，焦点化観察をするためにアーケードへと戻った。「アーケードの利用法のすべてはどのようなものか」という質問は，次のような文化的なパターンの発見を導きだした。**買い物する，待つ，戸外から逃れる，トイレを使う，食べる，おしゃべりをする，電話を使う，通り過ぎる，押し売りをする**，などである。年配の女性たちを含んだ何人かの人たちは，アーケードを居場所，一種の「家から離れた家」として使っていた。こうした「常連たち」はアーケードにはある種の危険があり，危険の兆候を知ることはこのひと気のない都会の場所で起こる危険に対処するための1つの方法であると認識していた。危険が存在することは，制服に身を包んだガードマンが通路とアーケードをパトロールしているという事実からも明らかであった。「アーケードでの危険の兆候のすべてはどのようなものか」は，Tolzmann が焦点化観察をする際に用いる重要な構造的質問になった。アーケードで起こることのすべてを見ようとする代わり

に，彼女はアーケードの常連たちにとって明らかな危険の兆候である物事に焦点を当てることができるようになった。この領域(ドメイン)には，**混雑，ひと気のなさ，ガードマンの不在，近くに座り過ぎる人，大声で話す人，すべての店が閉まった時間**などが含まれていた。

同時にいくつかの領域(ドメイン)に対して焦点化観察を行うことも可能である。例えば Tolzmann は，危険の兆候と危険を管理する方法とアーケードの利用法を同時に観察することができた。焦点化観察を続ける前に，5つか6つの構造的質問を準備しておくのは良い考えである。これらの質問を念頭に置いておくことで，観察の際の立ち位置を決めて，自分の質問に対する答えを探すことができる。目標は，1つの危険の兆候とか，危険を扱う1つの方法とかいった具合に，1つの質問に対して1つの答えを見つけることではないことを思い出そう。むしろその質問を何度も何度もして，できるだけたくさんの答えを見つけるのである。

焦点化観察の例をもう1つ挙げてみよう。Walum（1974）は大学キャンパス内にあるドアでの男性と女性の出会いに関する研究で，非常に多くの文化的な領域(ドメイン)を発見した。かつては，女性のためにドアを開けることによって男性は礼儀を示せるということは広く受け入れられていた。平等の定義の変化に伴って，このドアの儀式は変わり始めた。しかし，Walum が発見したように，この変化は大学生の間では一様ではなく，観察によって異なったパターンが現れてきた。彼女は「ドアを開ける人の種類」という分析的領域(ドメイン)を作り出し，存在するパターンを発見するために焦点化観察を始めた。「ドアを開ける人の異なった種類のすべてとはどのようなものか」という質問によって，彼女は次のような発見をした。

1) **困惑者**　この状況では，男性も女性もどうしたらいいかわからず，立ち止まったり，ぶつかったりすることがよくある。
2) **試す人**　この場合，男性は女性のためにドアを開けるが，しかし「あなたは解放された女性ですか」というような質問をする。さもなければ，女性のほうで「ドアを開けてくれないんですか」と聞いたりする。
3) **人道主義者**　この場合は，ドアを開けようと申し出たり，開けてくれるに任せたりして，状況のニーズに敏感であろうとする。
4) **現状維持者**　この場合は，現状を維持しようとする。女性であれば男性がドアを開けるまで待つ。男性であればドアを開けるために大急ぎ

で前に進み，女性が彼の権利を奪わないようにする。
5) **反逆者** この場合は，現状維持者と正反対のことを行う。このパターンはドアを開けることを拒否する男性と，男性にドアを開けられるのを拒否する女性によって代表される。

以下は，焦点化観察の計画を立てる際に役立つ4つの簡単な示唆である。
1) 焦点化観察のために仮に選んだ領域(ドメイン)を列挙しなさい。
2) 観察中にする構造的質問をいくつか書き出しなさい。
3) 焦点化観察を行うための最良の機会を提供してくれる観察地点を明らかにしなさい。
4) 焦点化観察を行うために参加するかもしれない活動を明らかにしなさい。

このステップでは，エスノグラフィーの焦点を選択する方法について，また社会的行動のより小さな部分を研究するためにどのように観察を行ったらよいかについて検討してきた。あなたは研究の範囲を限定することに加え，特定の文化的場面の構造を発見することもできるようになる。すべての場面は非常に多くの文化的領域(ドメイン)から成り立っており，すべての領域(ドメイン)はその中に多くのより小さなカテゴリーを含んでいる。焦点化観察によって，1つの文化的場面を構成する大きなカテゴリーと小さなカテゴリーの双方を発見することができるのである。

☐ 学習課題

1) このステップで示されている一般的な文化的領域(ドメイン)を活用して，あなたの文化的領域(ドメイン)のリストを拡大しなさい。
2) そのリストを用いて，エスノグラフィーの焦点を1つ以上の文化的領域(ドメイン)から仮に選択してみなさい。
3) 焦点化観察のために入念な計画を立てた後で，フィールドでそれを実施してみなさい。

ステップ7 分類分析をする

○

□ **学習目標**
1) タキソノミーがどのように文化的領域(ドメイン)を組織立てるのかを理解する。
2) 分類分析の仕方を学ぶ。
3) 分類分析のステップに従って，1つ以上の領域(ドメイン)のタキソノミーを作る。

　エスノグラファーは，入念な調査のための文化的領域(ドメイン)をいくつか選ぶことをもって，深い調査の段階に入る。最初の目標は，ある領域(ドメイン)の要素をできるだけたくさん見つけることである。それは，大陪審に列席する**証人の種類**をできるだけたくさん見つけることとか，**買い物における段階**をできるだけたくさん発見することなどを意味している。エスノグラファーは，入念な焦点化観察を通して，人々が日々の生活の中で行っているこうした区別を明確にしようとする。

　このステップでは，文化的領域(ドメイン)がどのように組織立てられているのかを見いだすことによって，さらに深い調査へと進んでいきたい。初めは，1つの領域(ドメイン)は，行動という小さなカテゴリーが詰まった大きな箱のように見える。しかし，もっとよく調べてみると，多くの場合，この「箱」の内容が系統的に組織立てられていることを発見することになる。調べている領域(ドメイン)がもっと大きな領域(ドメイン)の一部であることを発見することさえあるかもしれない。文化的意味はある部分，物事が組織立てられているあり方や，それらが互いに関連し合っているあり方から生じてくる。このような組織化の様相は，タキソノミーの手法によって表すことができる。

❶ タキソノミー

　文化的領域と同じく，タキソノミーは，単一の意味関係にもとづいて組織化されたカテゴリーの集まりである。両者の主要な違いは，タキソノミーは，1つの文化的領域内にある諸事物間の関係をもっとよく表しているという点である。簡単な例を1つ挙げてみよう。私は雑誌を買うためにドラッグストアに立ち寄り，考えるともなく「雑誌の種類」という文化的領域を活用する。私は棚を見渡し，『サタデー・レビュー』，『ハーパーズ』，『ポピュラー・メカニクス』，『T. V. ガイド』，『スーパーマン・コミックス』，『バットマン』，『コスモポリタン』を眺める。私は，マンガには興味がなかった。それに女性雑誌も欲しくなかったので，『ベターホームズ・アンド・ガーデンズ』のところは通り過ぎる。私は，『タイム』が欲しかったので，『USニュース・アンド・ワールドリポート』のところで立ち止まり，自分が目的に近づいていると思う。『ニューズウィーク』の後ろに隠れて『タイム』の最後の1冊がある。私はそれを手に取り，レジまで持って行き，支払いを済ませ店を出る。さて，これらの雑誌はすべて「雑誌の種類」という領域の構成員であるが，その領域内をさらに細かく組織立てるために，私の頭の中にはいくつかのサブカテゴリーがある。この区別を示すと以下の図のようになる。

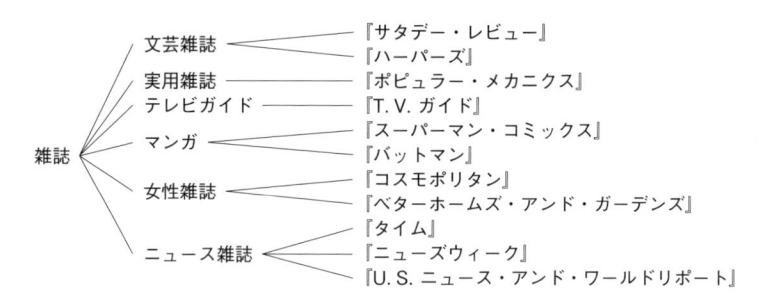

```
                ┌─ 文芸雑誌 ─────┬─『サタデー・レビュー』
                │                └─『ハーパーズ』
                ├─ 実用雑誌 ──────『ポピュラー・メカニクス』
                ├─ テレビガイド ──『T. V. ガイド』
    雑誌 ──────┼─ マンガ ───────┬─『スーパーマン・コミックス』
                │                └─『バットマン』
                ├─ 女性雑誌 ─────┬─『コスモポリタン』
                │                └─『ベターホームズ・アンド・ガーデンズ』
                └─ ニュース雑誌 ─┬─『タイム』
                                 ├─『ニューズウィーク』
                                 └─『U. S. ニュース・アンド・ワールドリポート』
```

　タキソノミーは，次の1点においてのみ領域とは異なっている。つまりタキソノミーは，領域内の**すべての**インクルーディッド・タームの間にある関係を示しているという点である。タキソノミーはサブセットを明らかにし，それらが全体に対してどのような関係をもっているのかを明らかにしているのである。

　タキソノミーの例をもう1つ見てみよう。今度はカリフォルニア州サン

マグロ漁船の各部	軸路			
	メインエンジン室			
	マスト	見張り台		
		基台		
	デッキ	アップトップ（上甲板）	高速船デッキ	
			ブリッジ	煙突
				船長室
		オンデッキ（中甲板）	網の山	引網
				小型モーターボート
			メイン作業デッキ	メイン巻き上げ機
				デッキ昇降口
				格納用滑り台
				絞り網ポール
			メインデッキ室	船室
				調理室
			船首	錨巻き上げ機
				レール付き巻き上げ機
		ビロー（下甲板）	凹甲板	
			上部エンジン室	

図15　マグロ漁船の各部のタキソノミー

ディエゴで働くマグロ漁師のエスノグラフィーからの例である。文化人類学者のOrbachは，その著書『猟師と漁師，事業主』（Hunters, Seamen, and Entrepreneurs, 1977）の中でこの集団の文化を記述している。彼が参加観察を通して初めに知らなければならなかったことの1つは，漁船の文化的意味であった。Orbachは，30近くの異なる場所または**マグロ漁船の船体の各部**を含む1つの大きな文化的領域(ドメイン)を明らかにしている。それは以下のとおりである。

- 煙突
- 船長室
- 引網
- 小型モーターボート
- メイン巻き上げ機
- デッキ昇降口
- 格納用滑り台
- 絞り網ポール
- 船室
- 調理室
- 網の山
- 錨巻き上げ機
- レール付き巻き上げ機
- 下甲板
- 中甲板
- 上甲板
- 基台
- 凹甲板
- 上部エンジン室
- 船首
- メインデッキ室
- メイン作業デッキ
- ブリッジ
- 見張り台
- 軸路
- メインエンジン室
- マスト
- 高速船デッキ
- デッキ

これらの言葉はすべて，単一の意味関係によって1つの領域(ドメイン)内に含まれている。つまり，XはYの一部であるというものである。それぞれの言葉は，マグロ漁船のある部分を示している。しかし，このリストは，**錨巻き上げ機**が**船首**の一部であるとか，領域(ドメイン)内のその他いかなる関係も示していない。Orbachの記述から，多くのこうした関係を明らかにし，領域(ドメイン)がどのように組織立てられているのかを示すタキソノミーを構築することが可能である（図15）。このタキソノミーは，すべてを網羅しているわけではないが，領域(ドメイン)内にある多数の関係をよく示している。

下に示したタキソノミーは，どのようなタキソノミーにもある重要な特徴を示している。つまり，タキソノミーには異なったレベルがあるということである。少なくともこの例には，カバータームとインクルーディッド・タームという2つのレベルがある。

観察の種類		
記述的観察	焦点化観察	選択的観察

「マグロ漁船の各部」というタキソノミーは，最上部から最下部のもっとも特殊な言葉に至るまで5つの異なるレベルをもっている。

領域(ドメイン)と同じく，タキソノミーは，土着の言葉(フォーク・ターム)，分析的用語，あるいはそれらの混合から構成される。Sugarmanは，薬物依存リハビリテーションセンターの研究の中で，メンバーを罰したり，褒美を与えたりすることを意図したさまざまな活動を観察した。そして，これらを「措置の種類」という1つの文化的領域(ドメイン)の中へひとまとめにした。この言葉は土着の言葉(フォーク・ターム)ではなかったし，肯定的措置と否定的措置と呼ばれるタキソノミー内の主要な2つのサブカテゴリーも土着の言葉(フォーク・ターム)ではなかった。しかし，そのほかの言葉はほとんどが情報提供者によって使われたものであった。それらは以下の混合タキソノミーの中に示されている（Sugarman 1974）。

措置
 1. 肯定的措置
  1.1. 特権を得る
   1.1.1. 衣服の所有権
   1.1.2. 私物の所有権
   1.1.3. 頬髭を生やす許可
   1.1.4. 外出許可
   1.1.5. 読書の許可
  1.2. 昇格する
 2. 否定的措置
  2.1. 懸垂をする
  2.2. 髪を切られる
  2.3. 印を身に付ける
  2.4. 標識記号を持ち歩く
  2.5. 丸刈りにされる

❷ 分類分析

　ステップ5では，エスノグラフィーの分析を**文化の部分，部分間の関係，全体に対する部分の関係を探査するもの**と定義した。文化的場面全体から始め，1つの文化の基本的部分（諸領域(ドメイン)），およびその領域(ドメイン)を構成しているより小さな単位（カバータームとインクルーディド・ターム）を明らかにすることへと移ってきた。今や，これらのより小さな単位，すなわち領域内のインクルーディド・タームの間にある関係を探査する準備が整った。この関係は，構成要素分析を通して，後でより詳細に検討することになる。その時に初めて，1つの文化全体あるいは文化的場面全体に対する諸領域(ドメイン)の関係を探求するところへと戻る準備が整うことになる。

　経験豊富なエスノグラファーは，領域(ドメイン)分析と分類分析を同時に行うことがよくある。なぜなら，後者は領域(ドメイン)分析の延長であるからである。しかしこれらを行うには，別々に扱うのが最良の方法である。以下に概略した手順に従うことによって，文化的場面のどのような領域(ドメイン)であろうと，それを厳密に分析することが可能であることがわかるだろう。

ステップ1：分類分析のための領域(ドメイン)を1つ選びなさい

　あなたがもっとも情報をもっている領域(ドメイン)から始めなさい。分析を進めるにつれて，追加のインクルーディド・タームを発見することになることは確かである。しかし，より多くの言葉とともに始めれば，その分，分析も容易になる。例として，先に示したスーパーマーケットでの買い物の10の段階を見てみよう。

段階1：店に入る　　　　　　　　段階6：生鮮食品を買う
段階2：ショッピングカートを選ぶ　段階7：レジの列を選ぶ
段階3：方向または通路を選ぶ　　　段階8：支払いをする
段階4：肉を選ぶ　　　　　　　　段階9：食料品を運ぶ
段階5：乳製品を取る　　　　　　段階10：店を出る

　このリストは仮のものであり，これから分類分析によって広げられたり，修正されたりするものである。

ステップ２：同じ意味関係にもとづく類似しているものを探しなさい

　上の例は，この時点においてはタキソノミーで同じレベルにあるひとまとまりの言葉を明らかにしただけである。次に，これらの言葉を2つ以上のサブセットにうまく分割できるか見てみよう。類似しているものを探すには，「これらのどれが，より大きな1つの段階としてまとめることができるような類似性をもっているのか」と尋ねてみるのがもっともよい。上記のリストを見てみると，段階4，5，6は，類似しているかもしれないと考えてみるのは簡単である。なぜならそれらはすべて「食料品を選ぶ」際の段階であるからである。実際，一度この類似性に気づくと，問題解決が容易になる。ほとんどの人が肉，乳製品，生鮮食品という順に従うといっても，皆が皆そうであるわけではない。事実，ある人たちは反対方向から店内を通る。10段階の順番は，ほとんどの人がしていることを表すものであった。それはまたパンや健康食品のような多くの小さな品も省いている。今やこれらの3つを1つの段階にまとめることは，観察結果により合致しているように見えてくる。

　　　　段階4：食料品を選ぶ
　　　　　段階4.1：肉を選ぶ
　　　　　段階4.2：乳製品を取る
　　　　　段階4.3：冷凍食品を買う
　　　　　段階4.4：健康食品を選ぶ
　　　　　段階4.5：生鮮食品を買う

　あなたは，すぐにスーパーマーケットに戻って，食料品を選ぶというこのより大きなサブカテゴリーの中にほかにどんな段階があるのかを知るために観察を始めることができる。5つの小さな段階を明らかにしたとしても，あなたは最後のエスノグラフィーの中に人々がいつもこの順番に従うとは限らないという注釈を入れる必要があるだろう。

　段階の最初のリストを眺めていると，あなたは誰かが友達に「もうレジに行くわ」と言っているのを聞いたことを思い出す。この人たちはレジカウンターの長い列から少し離れた所にいたのだが，あなたはこの人たちが列を選び，列で待ち，そして，支払いを済ませるのを観察した。そこであなたは，レジの列を選ぶという段階7と支払いをするという段階8を1つの段階にまとめるほうが，観察結果により合致するだろうと考える。ひとたびこうした決定をすれば，ほかのことも頭に浮かんできて，あなたは次のような新しい段階5を作り出す。

```
段階5：支払いをする
    段階5.1：列を選ぶ
    段階5.2：列で待つ
    段階5.3：カートの荷物を台にあげる
    段階5.4：お金を払う
    段階5.5：レジカウンターを離れる
```

　類似性を見ることによって，1つの領域(ドメイン)の要素を再編成する以上のことをなすことになる。しばしばそれは，より多くの文化的カテゴリーの発見や研究中の文化的場面への新たな洞察を導き出してくれる。

ステップ3：追加のインクルーディッド・タームを探しなさい

　カバータームを使いながら構造的質問をすることによって，領域(ドメイン)内のインクルーディッド・タームを発見したことをあなたは思い出すことだろう。つまり例えば，**証人の種類**という領域(ドメイン)に対しては，単に「証人のすべての異なった種類とはどのようなものか」と問う。あるいは，スーパーマーケットの「買い物の段階」の研究においては「買い物の段階のすべてはどのようなものか」と問うなどである。

　さて追加のインクルーディッド・タームを発見するためには，**インクルーティッド・タームのそれぞれ**に対して，構造的質問を当てはめてみることが必要になる。修正された買い物における段階を例にとり，問うてみることができる構造的質問をたくさん列記してみよう。「店に入ることには異なった段階があるのか」「ショッピングカートを選ぶことには異なった段階があるのか」「支払いには異なった段階があるのか」「お金を払うことには異なった段階はあるのか」といった具合である。それぞれの問いには確かな答えがあることは明らかであり，あなたはたやすく答えを差し出すことができるだろう。

　もう1つの例を見てみよう。先に述べた博物館の中での親と子どもたちに関するHansonの研究（1978）では，親の1つの種類として「教師」というものを明らかにすることは比較的容易であった。母親であろうが父親であろうが，この種の人は，展示から展示へと移りながら，ずっと子どもに教え続けていた。教師が親の1つの種類であることは明らかであった。しかし，この領域(ドメイン)に対する構造的質問（「親のすべての種類はどのようなものか」）は，この特定のタイプに対しても用いることができる（「教師のすべての種類はど

のようなものか」)。Hansonは，焦点化観察においてこの質問を使いながら，以下のような教師のタイプを発見した。

親の種類

1. 教師
    1.1. 知識を分け与える人
    1.2. 講義する人
    1.3. 個人指導教師
    1.4. 質問への回答者
    1.5. 議論の導き手
2. その他

　このように構造的質問を用いることが，エスノグラフィー研究において詳細な観察を行うためのもっとも有効な手立てであることがわかるだろう。これによりたくさんの重要な情報を見落とすことを免れるであろう。

ステップ４：分析中の領域(ドメイン)をサブセットとして含む可能性をもつより大きく，より包括的な領域(ドメイン)を探しなさい

　Goffman（1961）がしたように，大きな州立精神科病院の患者たちの生活の研究に着手するとイメージしてみなさい。参加観察者としてあなたはそこで起こっていることに非公式に参加しながら，患者たちとともに多くの時間を過ごす。数週間後，あなたはたくさんの患者がくずかごや生ゴミ入れから物を拾い集めていることに気がつく。ある患者たちはこの方法で多くの所有物を得ており，その行為はスタッフに眉をひそめられることはあっても，めったに禁止されることはない。あなたは「ゴミあさりの種類」と呼ばれる文化的領域(ドメイン)を明らかにする。それは少なくとも以下のインクルーディッド・タームを含んでいる。

１）ゴミ捨て場を探す
２）くずかごの中から新聞紙を探す
３）木製の保管庫を探る
４）吸えるタバコを灰皿から探す

　さてあなたは分類分析を始め，ゴミあさりをサブセットとして含むかもしれないいくらか大きな領域(ドメイン)を探そうとする。欲しいものを手に入れるための数多くの規則違反の方法，施設における規則の構造をうまく回避する数多くの方法があることにあなたは強く印象づけられる。そこでより大きな領域(ドメイン)のためのカバーターム，すなわち「システムを利用する」というカバーターム

を作り出す。この領域(ドメイン)には，ゴミあさり，食べ物を得ること，外部者との社会的結びつき，やりがいのある仕事の獲得，そして入院そのものさえ含まれている。ゴミあさりのように，これらのカテゴリーはそれぞれ，その中にサブカテゴリーをもっている。しかしそれでもなお，「システムを利用する」がさらに大きな領域(ドメイン)の一部であるかどうかと問うてみることができる。Goffman（1961）は，患者たちが病院の中で生き残るためにしたこととして，「二次的適応」と彼が呼んださらに大きな分析的領域(ドメイン)を明らかにした。彼は，2つの一般的なカテゴリーを明らかにした。すなわち「間に合わせる」と「システムを利用する」である。

構造的質問を逆にして使うことによって，より大きくより包括的な領域(ドメイン)を探し始めることができる。「この領域(ドメイン)（木の種類）は何かほかのものの1種類ではないか」，あるいは「この領域(ドメイン)（買い物の段階）は，何かほかのことの1段階ではないか」といった具合である。ステップ6で述べた「一般的な領域(ドメイン)」を検討することによって，より大きくより包括的な領域(ドメイン)への手がかりを得ることができる。

ステップ5：仮のタキソノミーを組み立てなさい

タキソノミーは，いくつかの方法で表すことができる。箱図，線と結節点による図，またはアウトラインなどである。図16は，これらの3つの表現方法を示している。

ステップ6：自分の行った分析をチェックするために焦点化観察を行いなさい

どのような分類分析も，フィールドでの新たな観察を導き出すことになるだろう。例えば，スーパーマーケットでの買い物の段階を研究しているとしよう。今あなたは「段階5：支払いをする」の下にいくつかの活動をグルーピングしたところである。そこであなたはフィールドに戻って，支払いをするという段階全体をより注意深く見てみなければならない。そして，見過ごした部分はないか確かめてみる。あなたはそれぞれの段階に対しても構造的質問をしてみた。そしてそれによって新たな観察を導き出すことができる。例えば最初の段階は「店に入る」であった。「スーパーマーケットに入ることに異なった段階はあるのか」と自問してみた時，この活動の全体的範囲を見過

1. 箱図

2. 線と結節点による図

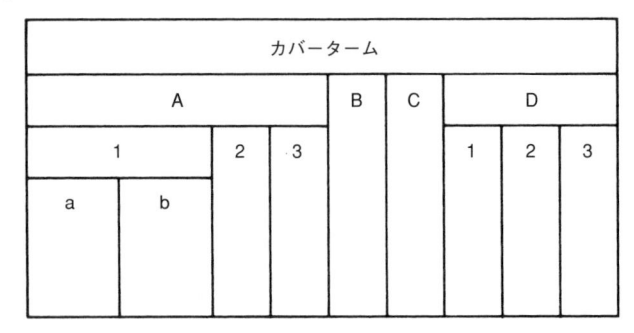

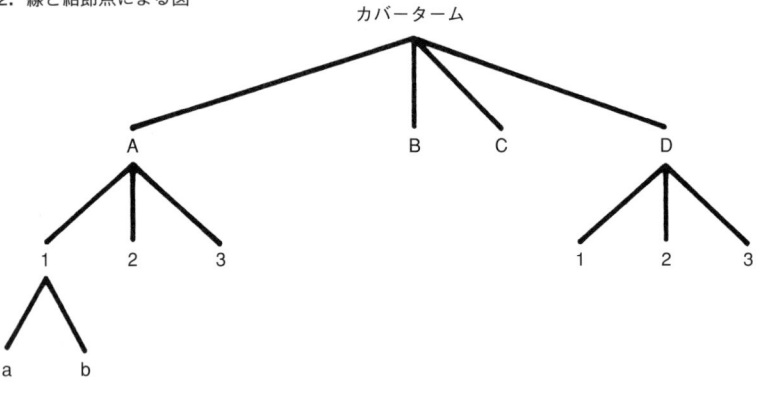

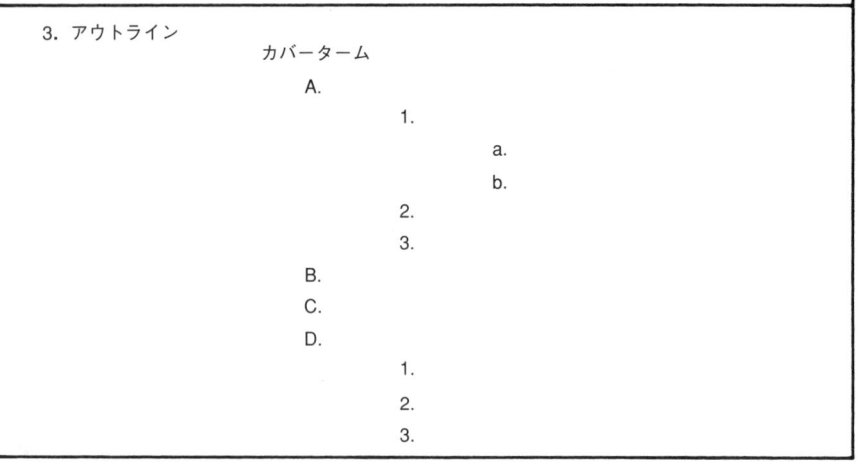

3. アウトライン

図16 タキソノミーの図の種類

ごしていたことに気がついた。あなたは人々が単純に店に入ると仮定していた。しかし，今やそれは確かではない。次に店を訪れた時，あなたは店に入ることが5つの段階に分かれており，それらはそれぞれがかなり複雑で，かつ全体的な文化的パターンの諸部分となっていることを発見する。このように分類分析は，さらに焦点化された観察へと舞い戻るように導くのである。

ステップ7：完成されたタキソノミーを構築しなさい

　ある時点で，タキソノミーを相対的に完璧なものとして受け入れつつ，さらなるデータ収集や分類分析を止めることが必要となってくる。タキソノミーは，常に自分が観察してきた文化的なパターンに近似しているに過ぎないということを認識しておくのがよい。最後のエスノグラフィーの記述の中で注釈しなければならない例外もあることだろう。情報提供者から引き出した完璧な土着のタキソノミーを仕上げた時でさえ，情報提供者のもつ文化的知識に近づいたに過ぎないのである。より重要なことは，タキソノミーがいくらか不完全なものであろうとも，選択的観察や構成要素分析に進むことができるということである。前にも述べたように，エスノグラフィーは科学でありアートでもある。私たちは，人々が自分たちの世界の意味を形成するために用いている文化的パターンを発見しようとしているのである。同時に私たちは，すべてのエスノグラファーがデータを越えて，あるいは不十分なデータをもとにして問題を解決しているということを認識している。これまでに分析してきたそれぞれの領域（ドメイン）を表すタキソノミーを作りなさい。そして，次の研究方略へと進みなさい。

☐ 学習課題

1）この章で示したステップに従って，1つ以上の領域（ドメイン）の分類分析を実施してみなさい。
2）記述的観察と焦点化観察の両方を用いながら一定期間の参加観察を実施しなさい。自分の行った分類分析をチェックするために焦点化観察を実施してみなさい。
3）1つ以上の領域（ドメイン）の完成されたタキソノミー図をつくりなさい。

ステップ8 選択的観察をする

□ **学習目標**
1）エスノグラフィーにおけるインタビューを参加観察の中でどのように使うかを学ぶ。
2）対比的質問が選択的観察をどのように導くかを理解する。
3）選択的観察の仕方を学ぶ。

先の数ステップで，文化的場面の多くの領域(ドメイン)を幅広く表層的に分析することから，**エスノグラフィーの焦点**を1つに絞りその中の2,3の領域(ドメイン)を徹底的に分析することへと移った。ここまででであなたは，少なくとも1つの領域の分類分析をなし終えていることだろう。おそらく，そのほかにもいくつか作りかけのタキソノミーもあることだろう。焦点化観察に加えて，記述的観察も続けることで，文化的領域(ドメイン)の長いリストも確実にできあがっていることだろう。また，仮のエスノグラフィーの焦点から，文化的場面を理解するためにより戦略的な別の焦点へと移ったかもしれない。このような方向転換はエスノグラフィー研究ではよくあることであり，エスノグラフィー研究者は最初に行った選択を後悔する必要はない。エスノグラフィーの醍醐味の1つは，あらかじめどこに行くかがわからないという点にある。新たな発見が文化を理解するための新たな扉を開いてくれるのである。

フィールドでの観察を5クールか6クール続け，大体の場面を観察した後で起こる変化の1つは，あなたがその社会的状況の中で人々に知られるようになることである。自分の調査について説明する機会が得られることもあるかもしれない。あなたがノートをとるのを見て，何をしているのか尋ねる人もいるだろう。あなたは人々と会釈を交わす程度の関係でしかないかもしれないが，もはや完璧なよそ者というわけではない。こうした事実によって，

参加観察の最中にもエスノグラフィーのインタビューを行う機会がもたらされる。本書が第一に力点を置いているのは**観察技術**についてであるが，読者の中には，情報提供者の何人かにインタビューする貴重な機会を逃すことはできないと思う人もいることだろう。もう1つの本『エスノグラフィーのインタビュー』(*The Ethnographic Interview*, Spradley, 1979) では，インタビューの観点からエスノグラフィー研究のサイクル全体について検討している。ここでは，参加観察中に訪れるインタビューの機会を首尾よく活用する方法を示唆するにとどめたい。

❶ インタビューと参加観察

インタビューにはさまざまな形のものがある。エスノグラフィーのインタビューは特殊なものであり，人々が学んできた文化的な意味を発見するために考え出された質問を用いる。このようなインタビューは，記述的質問（ステップ4を参照），構造的質問（ステップ6を参照），対比的質問（ステップ8を参照）を用いて行う。参加観察者は，具体的なエスノグラフィーの質問を考え出し，まずその質問を**自分自身に問うてみる**。そしてフィールドノートや新しい観察から答えを導き出す。さもなければ，フィールド調査を何回か行った後に，記憶を頼りに自分のエスノグラフィーの質問に答えることもよくある。真の意味で，自分自身をある特定の文化的場面の情報提供者として扱っているのである。

エスノグラフィーのインタビューを行うことに決めたならば，単純に複数の情報提供者に同じ質問をしてもよい。公式のインタビューと非公式のインタビューという2種類のインタビューを区別しておくことが役に立つ。

a．非公式のエスノグラフィーのインタビュー

参加観察の最中に誰かに質問をする時はいつでも，非公式のエスノグラフィーのインタビューが行われていることになる。大陪審についての私の研究では，非公式のインタビューを行う機会がたくさんあった。例えば，私は大陪審に提出される前の「事件の種類」をすべて知りたかった。何週間にわたって，私はいろいろな事件を書きとめながら観察を続けたが，ほかの種類の事件もあることに気づき，検事に「大陪審に持ち込まれる前の事件には，

どんな種類のものがあるんですか」とそのまま尋ねてみた。実際，大陪審の一員として私には質問をする機会がたくさんあり，私は気軽にエスノグラフィーの質問をしていた。3か月目ごろに大陪審の任務の1つとして，マーシャル郡刑務所の査察が行われることが通知された。これは任意の活動として提示され，数人の者が近隣の刑務所を訪問したいと申し出ると見込まれていた。この時点で私は，グループ・ミーティングの最中に手を挙げて「マーシャル郡の刑務所にはどんなものがあるのですか」と質問することができた。私は文化的領域(ドメイン)を1つ明らかにし，非公式のインタビューを行ったのである。さらに，コーヒーブレイクのたびにほかの陪審員と話す機会があった。一度ならず私は人々を会話に引き込み，そこでの会話にふさわしいエスノグラフィーの質問をいくつかした。

　先に紹介したスーパーマーケットの研究を例にとり，仮説的な場合について考えてみよう。参加観察者としてあなたには，非公式にエスノグラフィーの質問をする機会がたくさんある。購入する品物を2,3選んで，長い列に並んで待つこともできる。列の後ろに並んでいる人に対して「いちばん早く進む列を見つけるのは確かに難しいですね」と不意に話しかけることもできる。これがきっかけとなって，「どのようにして列を選ぶか」とか「どういったことで列の進みが速くなるか」といったような，「列を選ぶ方法」という領域(ドメイン)に関する質問につながるかもしれない。買い物客がレジの人と話すことはよくあるので，列に並ぶたびに非公式のインタビューをすることもできる。例えばあなたは，従業員が客に対してさまざまな対応をすることに気づくかもしれない。観察から，**小切手を切る人**，**食糧配給券持参者**，**常連**，**子どもたち**を識別しながら，あなたはレジカウンターでの「客の種類」といった仮の領域(ドメイン)をつくり上げるかもしれない。レジカウンターにいる人たちと多少顔見知りになったならば，支払いをしながら「いろいろな人がここを通りますね。いろんな種類のお客さんがいるんですか」とざっくばらんに尋ねてみることだってできる。調査について事前に話してある場合には，空いている時間を選んで食料品を2,3購入し，立ち話をしながら非公式のエスノグラフィーの質問をすることも比較的簡単かもしれない。

b．公式のエスノグラフィーのインタビュー

　公式のインタビューは通常，インタビューのために特別な依頼をし，約束

した時間に行われる。ある社会的状況にいる人々と親しい関係が築けたならば，次のようなインタビューをしてみたくなるかもしれない。「スーパーマーケットで起こる出来事についてのあなたのお考えをお聞かせ願えますか」といった質問である。こう言うだけで，インタビューを始めるのには十分であろう。以前からの知り合いである情報提供者は見逃さないようにしたほうがよい。例えば，大学のキャンパスの近くにあるスーパーマーケットの研究をしているならば，その店にちょくちょく行く学生が何人かはいるはずである。買い物をしたことがあるかどうかを友達に尋ねてみて，したことがある人を見つけたらインタビューを頼んでみよう。また，バスに乗る際の文化的なルールについて研究している場合には，バスによく乗るかどうかを友達に尋ねてみて，よく乗る人を見つけたらインタビューを頼んでみよう。

　公式のインタビューは，記述的質問で始めるのがおそらくもっとも良いだろう。「スーパーマーケットで買い物をする時，店に入ってから出るまでの間にどんなことをするか，話していただけますか」といった質問をすることで，「買い物における段階」という領域(ドメイン)に新しいカテゴリーを付け加えたり，領域(ドメイン)内の関係性を明らかにしたりすることが簡単にできる。同じインタビューの中で，このステップで後に述べる構造的質問や対比的質問と同様，ほかの記述的質問をすることもできる。詳細なメモを取るのと同じく，テープに録音しておくのも良い考えである。そのようなインタビューの中から，いくつかのタキソノミーにおいて分析的用語と置き換えて使いたいと思うような土着の言葉(フォーク・ターム)が見つかるかもしれない。

　すべての情報提供者は，自分でも気づかぬうちに参加観察者となっている。彼らにエスノグラフィーの質問をする時，ある特定の文化的場面について彼らがもっている知識の扉を叩いていることになる。つまりあなたは，彼らが参加観察者として普段から身につけている技術を活用しようとしているのである。情報提供者の文化的知識のほとんどは暗黙の知識であるので，あなた自身が行う観察は彼らが話すこと以上のものとなろう。しかし，情報提供者が与えてくれる価値ある洞察や観察を見過ごしてはならない。

❷ 対比的質問

　ステップ4で述べたように，エスノグラフィー調査の基礎的な単位は**質問-観察**である。選択的観察をするためには，対比的質問をしなければならない。それは，各領域(ドメイン)内の用語間に見られる相違にもとづいた質問である。

　これまであなたは，いくつかの文化的領域(ドメイン)を綿密に調べてきた。それらはたくさんの小さなカテゴリーを含んだ大きなカテゴリーであった。あなたはカバータームやインクルーディッド・タームを明らかにした。そして分類分析を行いながらインクルーディッド・タームの中にサブセットが含まれていないか探してきた。文化的な意味の構造に対するこうした探求はすべて，ものごとの**類似性**に焦点を当てている。「それが**証人の種類**のすべてであるのなら，何が同じなのか」「それが**買い物の段階**のすべてであるのなら，どこが似ているのか」「それが**客の種類**のすべてであるのなら，どこが似ているのか」といった具合である。

　しかし，文化的領域(ドメイン)の意味は，用語の**類似性**と同様，**相違性**からももたらされる。そこで，「これらすべてにはどのような違いがあるか」を問うことに注意を移してみよう。この方法は対比の原則にもとづいている。対比の原則とは，文化的な意味はある部分，領域(ドメイン)内のカテゴリーが相互にどのような対比をなしているかにより決定されるというものである。違いを尋ねる質問はすべて，対比的質問である。研究に用いられる対比的質問には3つのタイプがある。

a．2つ1組を対比する質問

　「2つ1組」とは，2つの項目，すなわちペアのことを指している。2つ1組を対比する質問は，領域(ドメイン)内の2つをとりあげ，「この2つはどのように違っているか」を尋ねるものである。

　例をいくつか見てみよう。先に，スーパーマーケットでの買い物の段階を明らかにした。2つ1組を対比する質問では，「**店に入ることと，レジで支払いをすることの違いは何か**」と尋ねる。この質問に対する答えは，自分自身の記憶やフィールドノート，さもなければ新たな**選択的観察**からもたらされる。1つの違いがすぐに浮かんでくる。すなわち，レジでの支払いでは常に従業員と客のやりとりがあるが，店に入る時にはそのようなやりとりはほと

んど見られないというものである。これで，この2つの段階の間にある違いを1つ明らかにしたことになる。

Sugarman (1974) はデイトップ・ヴィレッジの研究の中で，エンカウンターグループで人々が担う役割について研究した。この領域(ドメイン)を研究する中で，Sugarman は**確認者，説教者，反省家，訴追者**の役割といった，ほぼ1ダースもの分析的カテゴリーを見いだした。この発見は，これらすべての役割の類似性の認識にもとづいていた。相違点を探すためには，「確認者と説教者の違いは何か」「確認者と反省家の違いは何か」「説教者と訴追者の違いは何か」といった，多くの対比的質問をする必要があった。2つ1組を対比する質問を始めてみると，フィールドでもっと多くの情報を集める必要があることに気づくことが多い。すべての対比的質問と同様，上記の質問においても常に**同じ領域(ドメイン)内**の用語の関係が問われている。異なった領域(ドメイン)にある用語の違いを尋ねることは，対比が大きすぎるためにエスノグラフィーの目的から見てあまり有効ではない。

b．3つ1組を対比する質問

このタイプの質問では，同時に3つの用語またはカテゴリーを用いる。これは，「どこかよく似ていて，しかももう1つのものとは違っている2つはどれか」といった形式をとる。この種類の質問は，類似性と対比性を同時に探すことを意味している。これは，見落としやすい暗黙の対比を見つけるのに特に役立つ。

次の例について考えてみよう。私は同僚とともに，「ゴールデンナゲット・ナイトクラブ」というレストランの研究を行った（Spradley and Schroedl, 1972）。私たちは，従業員と客の間で交わされるやりとりと食事を注文する際の文化的ルールに関心をもっていた。特に食事の列に並んだ時に，人々が**肉を切る人(カーバー)**に対して，どのように異なった種類の肉を頼むのかを知りたかった。**肉を切る人**の仕事は，大きなローストビーフのかたまりから肉を切り分けることである。脂肪の量，赤身の具合，スライスの数，スライスの厚さは，客の特別な注文に応えてすべて**肉を切る人(カーバー)**によって決められていた。仕事のある晩はいつでも，**肉を切る人(カーバー)**は，**タイムカードを押し，着替えをし，ナイフを研ぎ，列を整え，肉のかたまりを削り取り，ローストビーフを給仕し，休憩を取り，チップを見る**といった，24以上の異なった文化的活動に携わっ

ていた。これらが,「肉を切る人の活動の種類」という領域(ドメイン)に属するものであった。研究の中で私たちは,こうした活動の違いを見いだすために,多くの対比的質問を行った。以下に3つ1組を対比する質問を2つとそれに対する答えをいくつか示す。これによってその本質がどういったものか考えるヒントとなろう。

1) ナイフを研ぎ,列を整え,休憩を取るという3つのうち,どの2つがよく似ており,どの1つが異なっているのか。

答え:列を整えることと,休憩を取ることは,他の従業員のほとんどが行う点で類似しており,ナイフを研ぐことは,肉を切る人(カーバー)だけがすることなので違っている。

2) ナイフを研ぎ,ローストビーフを給仕し,肉のかたまりを削り取るという3つのうち,どの2つがよく似ており,どの1つが異なっているのか。

答え:ローストビーフを給仕することと肉のかたまりを削り取ることは列のところで行われるので類似しており,ナイフを研ぐことはキッチンで行われる。

c．カード分類による対比的質問

　ある文化的領域(ドメイン)内のものの間にある違いを見つけ出す際のもっとも簡単な方法の1つは,それらをすべて小さなカードに書いてみて,分類しながら山に積み重ねることである。カードの山からカードを1枚1枚見ることから始め,「この間に何か違いはあるか」と尋ねてみる。**何であれ何らかの理由で**まったく異なったように見える最初のものにあたったら,新しい山に積み重ねる。今,2つの山ができているが,どちらの山にも合わないカードが出てくるまで分類を続ける。そしてついに3番目の山ができる,といった具合である。多くの用語を含んだ大きな領域(ドメイン)の場合には,対比を見いだすためのこの方法は特に便利である。

　次の領域(ドメイン)について考えてみよう。ホームレスについての研究で私は,彼らが古い建物やその他たくさんの場所で,外で寝ることがよくあることを見いだした。彼らはそのような場所を「ねぐら」と呼んでいた。

　ねぐらに関する情報のほとんどは情報提供者へのインタビューからもたらされたが,私はホームレスたちが「ねぐらをこしらえる」のを観察すること

ができた場所では参加観察を少しばかり行った。「ねぐらの種類」という領域(ドメイン)を調べ終わる前に，私は100以上の異なったタイプのねぐらを発見した。私はそれらをカードに書きながら山に分類したり，あるいは情報提供者に分類を手伝ってくれるように頼んだりした。どちらの場合にも私は，「このカードは前のカードとどこか違っているか」という対比的質問を行った。このやり方によってできあがったいくつかのカードの山を以下に示す。

1）**支払いが必要**：簡易宿泊所，木賃宿，オールナイトの劇場，ホテル
2）**支払いは不要**：墓地，砂場，レンガ窯，原っぱ
3）**お金以外の要件**：伝道団体の宿泊所，刑務所

カード分類による対比的質問によって，多数の用語を同時に扱うことができるようになる。相違性と同様に類似性も見いだすことができる。

d．対比の次元

対比的質問により見いだされる相違性は**対比の次元**と呼ばれる。先ほどの例では，①支払いが必要，②支払いは不要，③お金以外の要件，と言い換えることのできる3つの対比の次元を見いだした。これらの対比の次元は，「ねぐらの種類」という領域(ドメイン)における文化的な意味の重要な側面である。

先に示した「買い物における段階」での対比の中で浮かび上がってきた対比の次元の1つは，ある段階で客と従業員がやりとりをしているかどうかであった。どんな対比の次元の発見も，選択的観察をするための根拠となる。例えばあなたは，「買い物の各段階において，どんな種類のやりとりが客と従業員の間で起こっているのか」といった新しい質問をもって，スーパーマーケットに戻ることもできるのである。

これから選択的観察の話に入るが，その際，質問-観察の単位は，2つの異なった要素から成り立ってはいるが，1つの統合されたプロセスとして起こるということを心にとめておこう。

❸ 選択的観察

3種類の観察を漏斗(ろうと)にたとえるとわかりやすい。漏斗(ろうと)の幅広い縁は，起こっていることすべてをとらえようとしている**記述的観察**から成り立っている。これは，すべてのエスノグラフィー研究の基礎であり，調査全体を通し

て続いていくものである。口の部分から下に向かっていくと，漏斗は狭く細くなっていく。**焦点化観察**は，探すものの範囲を狭めることを求める。しかし，こうしたより焦点化したタイプの調査を開始する時には，自分が何を探しているかはわかっている——すなわち，ある特定の領域に属しているカテゴリーである。あなたは「建物の部分」や「人の種類」や「活動の段階」のすべてを見いだしたいと思っている。漏斗の底には，非常に狭い，ごく限られた開口部がある。**選択的観察**は，あなたが行う観察の中でももっとも小さな焦点に向けて行われる。これは，社会的状況の中に赴き，**特定の文化的カテゴリーの間にある違いを探すこと**を意味している。こうした違いを探すためには少なくとも3つの方法がある。

　第一に，まったく対比を見いだせなかった場合，どんな違いでもよいから探したいと思うであろう。電話をたくさんかけて情報を集めることによって，番号案内のオペレーターの研究を行うとしよう。すぐに，「オペレーターの種類」がいくつかあることが明白となる。あなたは，**せっかちな者，冗談好きな者，質問好きの者，新米，管理者**といったタイプを明らかにする。観察に加えて，あなたは友達にさまざまなオペレーターとの経験について話してくれるよう頼む。そこで，あなたは自分自身に「質問好きと新米の差は何か」といった対比的質問をしてみる。なんらかの違いを観察したからこそ，あなたはこれらのカテゴリーを作ったのだが，しかし今はこれらを対比させているものが何であるかは思いつくことができない。質問と同時に実際に動いてみなさい。あなたは，これらのカテゴリーを導き出した微かな違いを拾い上げたはずである。ここであなたは，**この特殊な違いについて焦点化観察をするか**，もしくは情報提供者ともう少し話をするかしなければならない。

　第二に，1つか2つの違いを見いだしたのだが，もっと違いを見いだす必要があるかもしれない。焦点化観察は，違いのリストを拡大するのに用いられる。私たちは，ゴールデンナゲット・ナイトクラブの肉を切る人の活動にはさまざまなものがあることを知った。例えば，肉のかたまりが削り取られることは客の列のところで行われていたが，ナイフを研ぐことはキッチンで行われていた。しかし，そのほかにどんな違いがこれらの2つの活動の間にあるのか。対比的質問を念頭に置きつつ行った焦点化観察では，少なくとも次のことが導き出された。すなわち，ナイフを研ぐ間は，ほかの従業員と冗談を交わすことができるということ，そしてそれはもっと楽しいということ

である。

　第三に，ある領域（ドメイン）において2つ以上の用語にあてはまる対比の次元を見いだすと，それがその領域（ドメイン）のほかの用語にもあてはまるかどうかを確かめてみなければならないかもしれない。「ねぐらの種類」という領域（ドメイン）の重要な対比の次元の1つは，警察がホームレスたちを煩わせるかどうかということと関係していた。ひとたびねぐらのいくつかがこのことによって定義されることがわかると，私はリストのすべてを調べ，この対比がほかにもあてはまるかどうか確かめねばならなかった。

　選択的観察は慎重な計画を必要とする。観察のために初めてフィールドへ赴く時には，あなたはほんのいくつかの一般的な質問しかもち合わせていない。いまやあなたは，研究下の社会的状況にアプローチする前に，多くの具体的な対比的質問を書きとめておかねばならない。質問への答えを提示してくれる状況の中でメモをとっておくことが，ますます必要になっていく。頭の中にたくさんの具体的な質問をもっていたとしても，さらに追加で1つの一般的な質問にもとづいた選択的観察をしたくなることだろう。つまり，「この文化的領域（ドメイン）の構成員に対して，どんな違いを見いだすことができるか」といった質問である。明らかに，長期間にわたって違いを探し続けることも可能であろう。いくつかの領域（ドメイン）に対しては，ほかの領域よりも徹底して行いたくなることもあるだろう。しかし，あり得るすべての違いを見いだすという不可能な仕事の罠に陥らないようにしなければならない。さもないと調査の完了に遅れを来してしまうことだろう。次のステップでは構成要素分析に進むが，そこでは選択的観察によって収集したデータを組織立てる方法について述べる。さらにこのタイプの分析は，テーマを探しエスノグラフィーを書き上げることへと移行するのに十分なだけの具体的な情報が集まったかどうか見極めるのを助けることであろう。

□ **学習課題**

　1）公式，あるいは非公式のエスノグラフィーのインタビューを実施できる人のリストを作成しなさい。エスノグラフィーのインタビューによって参加観察を補うことにはどのような価値があるのか考えてみなさい。

　2）1つ以上の領域（ドメイン）を選び，対比の次元を見つけるための対比的質問を自分自身に問うてみなさい。必要時，これらの質問に答えるためにフィー

ルドノートを見直してみなさい。
3) 以前に用いたほかの2つのタイプの観察に選択的観察を加えて，一定期間のフィールド調査を実施してみなさい。

ステップ **9** 構成要素分析をする

----------○

□ 学習目標
1）文化的意味体系に関する研究で構成要素分析が果たす役割を理解する。
2）構成要素分析のステップを明らかにする。
3）いくつかの対比する組み合わせに対して系統的な構成要素分析を行う。

段階的研究手順法のどこまで来たかを簡単に振り返ってみよう。第一に、エスノグラフィーの目標は、自分の行動を組織立てたり、ものをつくり出しそれを使ったり、空間を整えたり、経験から意味を引き出したりするために、人々が使っている文化的パターンを発見することである。あなたは社会的状況を1つ選び、方向を定めずに観察を行うことから始めた。最初の課題は、行動や出来事や物体や感情の実例を集めることであった。フィールドノートは、あなたが観察した「人間の行動の流れ」の記録としてすぐに分厚くなった。

しかし文化とは、人々が学んできた意味に満ちたシンボルの複雑な集合体である。この意味に満ちたシステムは、それが潜在的なものであろうと顕在的なものであろうと、参加観察者によって直ちに理解されるようなものではない。そこで、文化的場面における意味を発見するために、たくさんの具体的な方略へと導かれた。まず、**領域**分析を行い、次に**焦点化観察**を行った。これを行いつつ、いくつかの重要なステップを踏み、**パターン**、すなわち、文化的行動や文化的人工物や文化的知識の**構成**を発見した。次に、**分類分析**を行い、そのあとでさらに深い焦点化観察を行った。ここに至って、あなたにはいくつかの文化的領域がどのように組織立てられているのかがわかり始

めた。次に私たちは，文化的意味は類似性にもとづいたパターンからだけではなく，対比にもとづいたパターンからも生まれるという前提について論じた。そこであなたは，調査の焦点をさらに狭め，いくつかの文化的領域(ドメイン)内にある対比を探すために，**選択的観察**を行った。

調査のこの時点で，エスノグラフィー的事象の細かさに圧倒されそうになることがよくある。私たちは分類分析を通して，領域(ドメイン)を組織立てて示す方法を理解した。それはデータを単純化するのに役立つプロセスであった。今私たちには，発見したすべての対比を組織立てて示す準備が整っている。このプロセス，あなたが実際に前のステップで始めたこのプロセスは，**構成要素分析**と呼ばれている。

❶ 構成要素分析

構成要素分析とは，文化的カテゴリーと結びついている属性（意味の要素）を系統的に調べていくことである。エスノグラファーが領域(ドメイン)内の要素間の対比を見つけ出す時はいつでも，これらの対比は，属性あるいは「意味の要素」と考えて差し支えない。「要素」は「単位」を表す別の用語である。したがって，構成要素分析とは人々が文化的カテゴリーに割り当ててきた「意味の単位」を探すことである。

私が毎日使っているかなり小さな領域(ドメイン)を例にとってみよう。私が教鞭をとっている大学では，ダイヤル錠の付いた箱から毎日郵便物を受け取る。私はほとんど毎日，郵便箱のところに行って鍵を開け，束になった封書や小包を取り出す。その箱の中に入っている物すべてが「郵便物」である。もし「郵便物」というものがない文化からやって来た人がこの小さな紙の束を見たとしたら，その人は私にはわかっている違いをわかるのに苦労することだろう。なぜなら，この束は常にいくつかの異なった「種類の郵便物」から成り立っているからである。この文化的領域(ドメイン)は次に示すようなさらに小さなカテゴリーから成り立っている。

1．迷惑郵便
　　1.1　チラシ
　　1.2　広告
　　1.3　勧誘

2．請求書
3．雑誌
4．定期刊行物
5．本
6．新聞
7．個人的な手紙

　これらはすべて，郵便物の種類であるという点で類似している。しかしまた違いもある。それぞれが，私がこれまでに習い覚えてきたある独自な**属性**の集まりとなっている。これら何種類かの郵便物の文化的意味はそれぞれ，ある程度その属性から来ている。2つの封書は外見上は同じように見えるかもしれないが，受取人住所や差出人住所や切手を眺めてみれば，おそらく一方は「請求書」で，もう一方は「個人的な手紙」だとわかる。開封してみれば，それぞれを明確に区別しているその他の属性も認められる。

　1つの属性とは，ある文化的カテゴリーと常に結びついたなんらかの情報の要素である。「個人的な手紙」には，「個人的な受取人名」という属性があり，しばしばファーストネームが使われる。また，その人が誰であるか私にわかるような署名という属性もある。一方「請求書」の場合には，個人的な受取人名も署名もない。それは通常，個人を特定しない印刷物の形式を取っている。さらにそれは，ある種のサービスとか品物に対しての支払いを求めるという属性をもっている。請求金額が明記され，その形式はいつも金銭であって，品物や食べ物を請求することはない。これらすべての種類の郵便物には，多くの小さな文化的情報が付随しており，それによってそれぞれに意味が与えられている。迷惑郵便はすぐに捨ててもよいが，個人的な手紙や請求書は捨ててはいけないということが教えられる。どのように感じ，いつ行動したらよいのかが教えられる。毎日郵便箱を開ける時，私は立ち止まってそれぞれの郵便物の領域（ドメイン）とか属性とかを考えたりはしない。私にはそれがよくわかっているので，私は考えることもなく暗黙の文化的意味にもとづいて行動する。優れたエスノグラファーならば，郵便室での参加観察を通して，こうした領域（ドメイン）と，郵便物の小さなカテゴリーそれぞれに私が結びつけている意味の要素（属性）を発見することだろう。

　ある領域（ドメイン）内にあるすべての文化的カテゴリーがもっている属性は，**パラダイム**といわれる表に示すことができる。この簡単なやり方を用いると構成要

素分析の作業はずっと楽になり，かつ系統的になる。以下に，郵便物の3つのカテゴリーを用いたパラダイムの例を示す。

領域(ドメイン)	対比の次元		
	署名の有無	行為	感情
迷惑郵便	なし	捨てる	嫌だ
個人的な手紙	あり	読んでから取っておく	うれしい
請求書	なし	読んでから支払う	好ましくない

　このパラダイムで，3つの文化的カテゴリーのいくつかの属性を示した。署名があるかどうか，郵便物を受け取った後にとる行動，それぞれの郵便物の種類と結びついた感情である。このパラダイムの例では，すべての意味を取り扱っているわけではない。私はただパラダイムというものがどういうものであるかを示すために提示しただけである。こうした具体的な情報をすべて取り除いて，パラダイムの特徴を明確にすることもできる。

文化的領域(ドメイン)	対比の次元		
	Ⅰ	Ⅱ	Ⅲ
文化的カテゴリー	属性1	属性2	属性3
文化的カテゴリー	属性1	属性2	属性3
文化的カテゴリー	属性1	属性2	属性3

　第1列目には，ある領域(ドメイン)を構成するもの，もしくはある領域(ドメイン)を構成するもののいくつかが入っている。1つの文化的カテゴリーを例にとれば，その横の行には，それに関連した属性が入っている。3つの文化的カテゴリーすべて（列全体）に目をやれば，属性の入っている列はそれぞれ対比の次元になる。これはなんらかの意味の次元であり，それにもとづいて文化的カテゴリーのいくつかあるいはすべてが対比している。この分析用具を用いることで，研究中の文化的場面で発見した領域について，それがどのようなものであれ構成要素分析をすることができる。ではここで，構成要素分析をするための具体的なステップの話に進むことにしよう。

❷ 構成要素分析のステップ

　構成要素分析には，対比を探すこと，それらを分類すること，それらのいくつかを対比の次元としてグループ分けすること，そして，こうしたすべて

の情報をパラダイムの中に入れ込むことといったプロセス全体が含まれる。また，参加観察やインタビューを通して，こうした情報を確かめることも含まれている。これは複雑なプロセスのように思われるかもしれないが，あなたはすでにここに含まれている作業のほとんどをやってきている。

　構成要素分析に必要な具体的なステップを説明するために，私はレバノンのエスニックグループに関する Starr（1978）の見事な研究を引用することにする。レバノンは近年，民族間の紛争によって分裂している国であり，人々は人種や皮膚の色によってではなく，主にどのような宗教に属しているかによってグループに分かれている。多くの場面，例えば新聞を買うとか，タクシーを拾うとかいった場面では，その人がどのエスニックグループに属しているかは問題にはならない。しかし，生活上の重要な出来事においてはその大半で，どのエスニックグループのメンバーであるかがきわめて重要なこととなる。Starr は，人々がさまざまなエスニックグループをどのように見分けるのか，日常生活上で人々はどのようにしてあるグループの一員だと認識されるのかについて知りたいと考えた。

　この研究を構成要素分析の例として検討していくうえで，もう1つの重要な特徴を見落としてはならない。これまで私は，エスノグラファーの初心者に対して調査場面を単純化するために，参加観察がいつも単一の社会的状況とか相互に関連した一群の社会的状況の中で行われるかのように書いてきた。単一の社会的状況に焦点を当て，その状況の文化的意味について研究することで，あなたは数多くの研究技法を身につけてきた。しかしながら，参加観察法は，もっとずっと大きな場でも使うことができる方略である。この研究で Starr は，特定の問題を選び，参加観察を通して1つの国全体の中にある複数のグループを研究した。むろん彼はレバノンの中で起こっているすべての活動に参加し観察したわけではない。というよりもむしろ，彼はいくつかの社会的状況をサンプルとして選んだ。そして，それらの社会的状況は，各民族を区別するために人々が使っている手がかりについての情報を与えてくれるものであった。彼は最初，首都であるベイルートで調査を行った。そこでは，家庭，カフェ，公共市場，商店，事務所，ピンボール屋，バス，そのほかの公共の場所といった社会的状況で参加観察を行った。彼は，公式，非公式に情報提供者にインタビューを行い，87人からなるある集団に対して，自分が知らない人がどのエスニックグループに属するかを推測すること

というテーマでレポートを書いてくれるよう頼んだ。この研究全体にわたってStarrは，焦点をもっぱら単一の文化的領域(ドメイン)，すなわち**エスニックグループの種類**に当てた。以下にそのステップを示すが，私は彼が下に示してあるとおり正確に順序を踏んでいったと言うつもりはない。エスノグラフィーでは常に，ある特定の状況での使用に耐えるように方法を適合させることが必要とされる。以下に示すステップに従うことによって，エスノグラフィーの初心者であっても誰でもが構成要素分析を行うことができる。一度理解したならば，自分の調査スタイルに合うようにやり方を修正したいと思っても構わない。

ステップ1：分析のための領域(ドメイン)を1つ選択しなさい

この種の分析を初めて行う場合には，インクルーディッド・タームが10以下の領域(ドメイン)のほうが，作業がやりやすいことがわかるだろう。しかし，どんな領域(ドメイン)でもよいが，対比を収集した領域(ドメイン)を選びなさい。次に示すのはレバノンのエスニックグループの分類の一部である。

レバノンのエスニックグループ

1. アラブ人
　1.1 イスラム教徒
　　1.1.1 スンニ派
　　1.1.2 シーア派
　　1.1.3 アラウィー派
　　1.1.4 イスマリリ派
　1.2 ドルーズ教徒
　1.3 アラブ系キリスト教徒
　　1.3.1 マロン派
　　1.3.2 ギリシア正教
　　1.3.3 ギリシアカトリック
　　1.3.4 プロテスタント
　　1.3.5 ローマカトリック
　　1.3.6 アッシリア教会派
　　1.3.7 カルディア教会派
2. 非アラブ系中東人
　1.1 アルメニア人
　　1.1.1 アルメニア系アポッスル派
　　1.1.2 アルメニア系カトリック教徒
　　1.1.3 アルメニア系プロテスタント教徒
　1.2 ユダヤ人
　1.3 クルド人
　1.4 ロマ人
3. 外国人
　1.1 アメリカ人
　1.2 フランス人
　1.3 他のヨーロッパ人
　1.4 ブラックアフリカン
　1.5 日本人
　1.6 インド人／パキスタン人

ステップ2：これまでに見つけたすべての対比の目録をつくりなさい

これは対比的質問や選択的観察をするためにつくったメモから始めることができる。例えばStarrは，男性イスラム教徒はメッカへ巡礼した日付を示す宗教的入れ墨をしている可能性があるが，一方で，男性キリスト教徒は皮膚にインクで十字架を記してある可能性があるということを，観察結果から

メモした。彼はまた，アルメニア人とクルド人はアラビア語を第一言語としていないが，一方，大部分のイスラム教徒はアラビア語を第一言語としているということをメモした。これらのグループの人々がアラビア語を話す時には，彼らのアクセントには際立った違いが見られることだろう。

分析中の領域(ドメイン)内にあるどのような文化的カテゴリーに関するいかなる記述であろうと，それを使うことができる。別の用紙にそれぞれの対比を書きとめていき，対比のリストを貯めていきなさい。以下にいくつかの例を挙げる。

1) クルド人は，アラブ系イスラム，クルド系，非特定のアラブ系であることを示すファーストネームをもっている。ドルーズ教徒は，アラブ系イスラム，ドルーズ系，あるいは非特定のアラブ系であることを示すファーストネームをもっている。

2) アルメニア系カトリック教徒は，アルメニア語を第一言語としており，スンニ派はアラビア語を第一言語としている。

3) ギリシア正教徒は，装身具としてギリシア十字架を身につけている。ギリシアカトリック教徒は，ラテン十字架と聖母マリアのメダルを身につけている。

ステップ3：パラダイム・ワークシートを準備しなさい

パラダイム・ワークシートはまだ記入されていない枠組み(パラダイム)からなっており，その左の縦列に，その領域(ドメイン)の文化的カテゴリーを記入する。ワークシートには，多くの単語や短い文を書き込むことができるように，属性記入用の十分なスペースを設ける。構成要素分析を始める時点では，パラダイム・ワークシートにたくさんの情報を記入したいと思うことだろうが，それが完成した時には思っていたよりも少ないのが普通である。大きなワークシートに自分用のメモを書いておき，そのパラダイムとほかの領域(ドメイン)とのつながりを示しておくこともできる。図17は，初期の分析が施されたパラダイム・ワークシートの例である。

ステップ4：2つの価値をもつ対比の次元を明らかにしなさい

対比の次元とは，少なくとも2つの部分からなる観念または概念である。例えば，「木の種類」という領域(ドメイン)を分析していたとするならば，「葉があるかどうかによって特徴づけられる」という対比の次元を思い浮かべるかもしれ

領域（ドメイン）		対比の次元			
		アルメニア語を第一言語とする	クルド語を第一言語とする	アラビア語を第一言語とする	ギリシア十字架を身につけているか
イスラム教徒	スンニ派	いいえ	いいえ	はい	いいえ
	シーア派	いいえ	いいえ	はい	いいえ
ドルーズ派		いいえ	いいえ	はい	いいえ
アラブ系キリスト教徒	マロン派	いいえ	いいえ	はい	いいえ
	ギリシア正教徒	いいえ	いいえ	はい	はい
	ギリシア系カトリック教徒	いいえ	いいえ	はい	はい
	アッシリア人	いいえ	いいえ	はい	はい
アルメニア人	アポストロ派	はい	いいえ	いいえ	いいえ
	カトリック教徒	はい	いいえ	いいえ	いいえ
クルド人		いいえ	はい	いいえ	いいえ

図17　パラダイム・ワークシート：領域（ドメイン）「グループの種類」の一部

ない。これは「木」に関連した対比の次元であり，2つの価値または部分をもっている。つまり，①はい。木には葉がある，②いいえ。木には葉がない，という2つである。この対比の次元には2つの（二元的）価値がある。人はこのタイプの対比の次元をしばしば質問という形で口にしている。つまり，「それには葉がありますか」といった質問である。

　先に述べた対比の例から，対比の二次元を作ることができる。「メンバーはギリシア十字架を身につけているか」というものである。この対比の次元は，「対比の次元」というタイトルの下のパラダイムのワークシートの最上段に記入することができる。第二の二次元は，「アルメニア語を第一言語とする」となるかもしれない。二元的な対比の次元を作る時，パラダイムのワークシートに，そのためのデータを有する文化的カテゴリーの価値を必ず記入しておきなさい。おおかたの場合，単に「はい」とか「いいえ」と書くか，または空欄にしておけばよい。

ステップ5：多様な価値を有する相互に関連した対比の次元を，1つにまとめなさい

　（図17に示したような）二元的な価値を有する対比の次元から始める主な理由は，単純化ということである。しかしながら，それぞれが二元的な価値をもつ2つの対比の次元をもっと詳しく調べてみると，ほとんどいつも相互に関連していることがわかる。例えば，図17には次のような対比の次元が

領域(ドメイン)		対比の次元				
		第一言語	男:入れ墨か体の傷	女性の衣服	ファーストネーム	
イスラム教	スンニ派	アラビア語	イスラムの印	西欧風	7, 11	
	シーア派	アラビア語	イスラムの印	西欧風	7, 9, 11	
ドルーズ派		アラビア語		西欧風	7, 8, 11	
アラブ系キリスト教徒	マロン派	アラビア語	十字架など	西欧風	2, 3, 4, 6, 11	
	ギリシア正教	アラビア語	十字架など	西欧風	3, 5, 6, 11	
	ギリシア系カトリック教徒	アラビア語	十字架など	西欧風	2, 3, 6, 11	
	アッシリア人	アラビア語	十字架など	西欧風	6, 11, 12	
アルメニア人	アポストロ派	アルメニア語		西欧風	1, 2, 3	
	カトリック教徒	アルメニア語		西欧風	1, 2, 3	
クルド人		クルド語	?	伝統的	7, 10, 11	

図18 パラダイム・ワークシート:領域(ドメイン)「グループの種類」の一部

ある。①アルメニア語を第一言語とする，②クルド語を第一言語とする，③アラビア語を第一言語とする，である。それぞれの列に，それに該当するかどうかで，「はい」「いいえ」が記入されている。さて，これら3つの列は「第一言語」というタイトルの下に，**1つの対比の次元**にまとめることができる。そこで，「はい」「いいえ」ではなく，該当する属性の欄にそれぞれのグループが話す第一言語を記入することができる。図18は第二のパラダイム・ワークシートであり，このワークシート上では，このようなまとめの作業が行われ，いくつかの新しい対比の次元が加えられている。

時には，情報の量がパラダイム・ワークシートに納められるスペースを超えてしまうことがある。また最終的なパラダイムに，属性をすべて入れられるだけ入れるのは，スペースの点から都合が悪いかもしれない。そのような場合，数字を使って属性を別の場所にリストアップしておくやり方がよく行われる。図18では，対比の次元の1つがファーストネームの由来になっている。エスニックグループ間でも，エスニックグループ内でも，これには数多くの可能性がある。図18で属性の記入欄に書かれている数字は，以下のファーストネームの由来と対応している。

1　アルメニア系
2　フランス系
3　アングロサクソン系
4　マロン系

5　ギリシア正教系
　　6　アラブ・キリスト教系
　　7　アラブ・イスラム教系
　　8　ドルーズ系
　　9　シーア系
　10　クルド系
　11　非特定のアラブ系
　12　シリア-アラム系

　対比の次元をまとめていく時，このような数字を使ったやり方を活用すると便利である。

ステップ6：見逃している属性のための対比的質問を準備しなさい
　パラダイム・ワークシートの大きな利点の1つは，収集しなければならない情報の種類をすぐに明らかにしてくれる点である。それはチェックシートとして，今後の研究のための質問を準備する際のガイドとなる。空欄や疑問符は，見逃している属性を探すための覚書きとして役立つ。

ステップ7：見逃している情報を見つけるために選択的観察をしなさい
　追加のエスノグラフィーのデータを探す際に心にとめておかなければならないのは，自分が知りたいと思うことすべてを見つけることはないかもしれないということである。パラダイムに疑問符や空欄を残したまま，エスノグラフィーの記述を完成したとしても何も悪くはない。すべての答えを見つけるまで，あらゆる対比的質問を行っていくかどうか，時間や関心の量に応じて判断を下さなければならない。

ステップ8：完成されたパラダイムを準備しなさい
　最終的なパラダイムは，あなたのエスノグラフィーの表として使うことができる。あなたはその表にあるすべての属性について述べることはできないだろうが，重要な属性については述べることができるし，読者に表を参照させることもできる。これにより，正確で秩序だったやり方で膨大な量の情報を提示することができる。

　この章では，構成要素分析をする際のステップを示した。どのようなもの

であれ，ある特定の文化的場面を研究する際には，どの領域(ドメイン)をこのように詳しく調べたらよいかを決めなければならない。エスノグラファーの中には，できるだけ多くの領域(ドメイン)に対して構成要素分析をしようとする人もいるし，一方で，こうした詳しい探索をするのはいくつかの中心的な領域(ドメイン)に絞り，文化的場面の他の側面はもっと一般的な言葉で記述する人もいる。このような徹底的なやり方で少なくとも2つの関連した領域(ドメイン)を検討することが望ましいと私は考えている。エスノグラフィーの徹底的な分析に関する議論はここで終了となる。次のステップでは，文化的領域(ドメイン)の表層に戻って，もっと包括的な観点から見てみることにしよう。

☐ 学習課題

1）この章で示されたステップを踏んで，いくつかの領域(ドメイン)の構成要素分析をしてみなさい。
2）記述的観察，焦点化観察，選択的観察という3つのタイプの観察を使って，一定期間の参加観察を実施してみなさい。

ステップ10 文化的テーマを発見する

□ 学習目標
1）エスノグラフィー研究を行いながら，文化的テーマの本質を理解する。
2）テーマ分析をするための方略を明らかにする。
3）研究中の文化的場面についてテーマ分析を行う。

　エスノグラファーは，研究は2つのレベルで同時進行していくということを常に心にとめておかなければならない。研究者は文化の詳細を調べつつ，同時にその文化的景観のより広範な特徴を地図に表そうと努める。十分になされた文化的記述は，選択された領域(ドメイン)の徹底的な分析を含んでいることだろう。それはまた，全体の意味を伝える文化的場面の概観と記述をも含んでいることだろう。

　私が**目録的アプローチ**と呼ぶ方法によって，文化全体あるいは文化的場面全体を伝えようとするエスノグラファーもいる。彼らはある文化におけるさまざまな領域(ドメイン)をすべて明らかにし，それらをおそらく，「親族関係」「物質的文化」「社会的関係」のようなカテゴリーに分類する。すべての領域(ドメイン)を単純にリストアップしてみることは，エスノグラフィーに不可欠な一部であるが，それだけでは十分ではない。こうした目録を越えて，ある社会の構成員が学んできた，そして領域(ドメイン)を結びつけるために用いている**文化的テーマ**を発見することこそが重要であると私は信じている。このステップでは，文化的テーマの本質と，どのようにしてそれを，ある文化や文化的場面の全体的な概観をつかむのに用いることができるのかについて検討していくこととする。

181

1 文化的テーマ

　「文化的テーマ」という概念は，文化人類学者の Morris Opler によって初めて社会科学に導入された。彼は，アパッチ族の文化の一般的な特徴を記述するために，この概念を用いた。Opler は，繰り返し現れるテーマを明らかにすることによって，ある文化の一般的なパターンをよりよく理解することができると主張した。彼はテーマを，「明言されたもしくは暗示された前提条件または姿勢であり，それは常に活動をコントロールもしくは促進するものであり，ある社会の中で暗黙のうちに承認されているか，もしくは公然と奨励されているもの」(Opler, 1945：198) と定義した。彼がアパッチ族の文化の多くの領域で表現されていることに気づいた前提条件の一例は，次のようなものである。すなわち，「男性は肉体的，精神的，道徳的に，女性よりも優れている」というものである。Opler は，この暗黙の前提条件は，女性は家族喧嘩を引き起こす，女性は容易に性的に誘惑される，女性はアパッチ族の社会ではリーダーシップをとらないといったような信念の中に表現されていることを発見した。

　テーマという概念は，文化とは習慣の堆積以上のものであるという一般的な考え方から来ている。むしろ，あらゆる文化は 1 つの複雑なパターンである。こういった考え方を文化全体に対して最初に適用したのは Benedict であり，それは『文化の型』(*Patterns of Culture*, 1934) においてであった。彼女は，クワキウトル族，プエブロ族，ドブアン族の文化を詳細に調べ，彼らの生活様式をまるごとダイナミックに統合するような一般的なテーマを探究した。例えば，恍惚，熱狂，通常のあり方の境界を超えることに価値を置くことが，クワキウトル族の文化の支配的なパターンであることを彼女は発見した。Benedict が酒神（ディオニシャン）と名づけたこのテーマは，ダンスや儀式や神話や日常生活の習慣の中に再三再四登場した。彼女の分析は疑問視されてきたが，Benedict がなした重要な貢献は，文化的パターン化の本質を洞察したことであった。すべての文化，すべての文化的場面は，部分の総和以上のものである。それは何らかのより大きなパターンに統合される 1 つの意味体系から成り立っている。他の多くの文化人類学者たちは，こうしたより大きなパターンを，価値，価値指向，中心の価値，中心の象徴，前提，エトス，エイドス，世界観，認知的方向づけといった概念でとらえようとしてきた。

私は，エスノグラフィー研究の目的から考えて，文化的テーマを，**多数の領域(ドメイン)の中に繰り返し出現するあらゆる原則，それが潜在的なものであれ顕在的なものであれ，文化的意味のサブシステム間の関係として機能するもの**，と定義することとする。

a．認知的原則

文化的テーマとは，ある文化を形作るパターンの中にある要素のことである。それらはたいてい，「男性は女性よりも優れている」とか「飲酒容疑はごまかせない」といったような主張の形式をとる。認知的原則とは，真実または妥当なものとして人々が信じ受け入れている何かである。それは広くゆきわたっている経験の本質についての仮説である。

「人々が知っていること」から成り立っている主張は，一般性の度合いにおいてはさまざまである。私が研究した（1970）ホームレスたちの間にゆきわたっていた主張は，「タイヤ付きのホームレス（車で旅行する人）は信用できない」というものであった。これは，1つの領域(ドメイン)（ホームレスの種類）内の構成員（タイヤ付きホームレスたち）への適用にのみ限定されたかなり特殊な主張である。他の主張は，経験のもっと広い範囲にまで適用される。例えば，「飲酒容疑はごまかせない」とホームレスが言った時，彼は（飲酒罪で逮捕されている）ホームレスたちの中で普遍的な経験となっていることについての主張や，（刑務所の内と外といった）多くの文脈で聞かれる主張，そして，多くの領域(ドメイン)（飲酒容疑のごまかし方，時間の種類，ムショ入りする段階など）に関連した主張をしているのである。

テーマとは高い一般性をもった主張である。それらは数多くの状況に適用され，2つ以上の領域(ドメイン)で繰り返し出現する。テーマを見つけるための方法の1つは，いくつかの領域(ドメイン)の対比の次元を調べることである。ホームレスたちの間で繰り返し現れた対比の次元は，**危険**という概念に関係していた。すべての**ねぐらの種類**を比較してみると，ホームレスたちは常にさまざまな場所で寝ることの危険について言及していた。あるホームレスが「橋の下は，よいねぐらだ。**電話仕事さ**」と言う時，彼は危険が少ないということを言っているのである。おそらく警官が見つけることはないだろう。誰かがそこにいることを警官に伝えるためには電話をかけなければならない。さらに，刑務所でさまざまな**巻き上げるための方法**を比較してみると，それぞれのタイプ

別の危険の度合が，対比の次元として浮かび上がってきた。同様に，飲酒容疑をごまかす**方法**のすべてを比較してみると，それぞれに該当する危険の度合が，重要な対比の次元として見られた。このように，ある考えが複数の領域で繰り返し現れる時には，それが文化的テーマである可能性が示唆される。

　他の例をみてみよう。今度は，ブレイディーズ・バーのホステスの文化に関するものである（Spradley and Mann, 1975）。バーの中の場所，従業員の種類，飲み物の種類，客の種類といったいくつかの領域(ドメイン)が対比という観点から検討された。これらの領域(ドメイン)のそれぞれに対し構成要素分析をした結果，性役割や性別に関係する対比の次元が浮かび上がってきた。ホステスたちは，バーの中の場所を，男性の場所とか女性の場所といった観点から区別していた。彼女たちは，従業員たちをまず性役割によって区別していた。また，飲み物を男性的であるか女性的であるかによって区別していた。客たちもまた男性であるか女性であるかといった特徴によって分けられていた。このようなさまざまな領域(ドメイン)を調べるにつれて，文化的意味の重要な一側面が，男らしさと女らしさであることが明らかになってきた。一般的な原則または文化的テーマが浮かび上がってきた。すなわち，**このバーにおける生活は，男性の領域と女性の領域にはっきり区別されるべきである**，というものである。ひとたびこのテーマを発見すると，私たちは，この一般的な原則の他の具体例を探し始めた。すると，**チップの渡し方**，**酒代の払い方**といったようなとても小さな領域(ドメイン)までもが性別のテーマをはっきりと表していることがわかってきたのである。

　文化的テーマは，文化の**あらゆる**部分に適用される必要はないということを認識することは重要である。限られた文脈内でのみ繰り返されるテーマもあるし，あるいは2，3の領域(ドメイン)にしか関連していないテーマもある。たいていのエスノグラファーは，Benedict がそうしたように，1つですべてを包含するようなテーマを探そうとして，無駄骨を折ることになる。ある文化やある特定の文化的場面は，おそらくは一連の主要なテーマと副次的なテーマの周りに統合されている。テーマを探し始める際には，エスノグラファーはそのテーマの一般的な適用範囲にかかわらず，出現するすべてのテーマを明確にしなければならない。

b．潜在的か顕在的か

　文化的テーマはしばしば，言い伝えやモットー，ことわざ，繰り返される表現のような形で現れる。例えば，ニューギニアの高地で生活するマエ・エンガ族は，豚に関連したいくつかのテーマを有している。豚には非常に高い価値が置かれ，豚は身分を象徴するものであり，重要な儀式では交換され，しばしば家の中で人々と一緒に生活する。マエ・エンガ族の間でよく言われる表現は，この文化的テーマを簡潔に表現している。すなわち，「豚は私たちの心である！」(Meggitt, 1974) というものである。ホームレスたちなら，ためらうことなくこう言うだろう。「飲酒容疑はごまかせない」と。

　あるエスノグラファーは，社内モットーが「調和と強さ」である日本の銀行を研究した（Rohlen, 1974）。このモットーは，その銀行の社会構造や従業員たちの儀式的活動の中に繰り返し出現するテーマをよく表していた。このように明示的に表現されているテーマが，原則を完全に含んでいないこともときどきある。しかしながら，それらは，エスノグラファーが文化的テーマを構築することができるような手がかりを与えてくれることは確かである。

　しかし，ほとんどの文化的テーマは潜在的なレベルの知識にとどまっている。人々は，たとえ文化的な原則を知っており，自分たちの行動を組織化し経験を解釈するためにそれを用いていたとしても，文化的テーマを容易に口にしない。テーマは当然のことと見なされ，自分たちの知っていることについてまったく気がつかないか，あるいはめったに表現する必要性を感じないような知識の領域にもぐり込んでいる。したがって，エスノグラファーが，そこにある原則を推論しなければならないということになる。Agar は，ヘロイン依存症者の研究においてテーマを明らかにするとともに，それらがしばしば潜在したままであることを強調した。彼はヘロイン常習者の生活上の出来事に関連した多数の領域(ドメイン)を分析した。

　　さまざまな出来事を通して，「他人を知ること」という繰り返し出現する関心事がある。これに関連した原則は，次のように特徴づけられるに違いない。すなわち，そうでないという証拠が得られるまでは，すべての人は潜在的に危険であると仮定せよ，というものである。［この原則は］，その研究に参加した麻薬中毒者の誰からも，はっきりと述べられることはなかった。自分の人生について語る内省的な麻薬中毒の哲学者がいたならば，述べられることはあっ

たかもしれないが。

　私のホームレスに関する研究では，テーマの多くが潜在的なものであり，そのうちのいくつかは，法廷での行動や法廷の役人に対するインタビューから浮かび上がってきたものだった。家庭持ちで職や財産をもっている人々に対しては，裁判官が執行猶予の判決を下すという事実に私は当惑した。20ドルをもっている人はどのような人であれ，飲酒罪を逃れ，法廷に現れることは二度となかった。私はこのやり方について，裁判官の1人と長時間にわたって話し合ったが，彼は，家族や職や財産のある者は，酒を止められるチャンスがよりあるだろうから保釈していると断言した。理由が何であれ，いくつかの潜在的なテーマが法廷での判決手続きの底に流れていることが明らかになった。私は，これらのテーマを，裁判官が言ったことや法廷で観察したこと，ホームレスへのインタビューなどから推測し，それにもとづいて明文化した。そして，これらの潜在的なテーマを，公共の場での飲酒罪で告訴された男を扱う際のルールとして，以下のようにまとめた（Spradley, 1971：351-58）。

　　ルール1：公共の場での飲酒罪に対して有罪である時，もしその男が貧しいならば，その者はより重い罰を受ける。
　　ルール2：公共の場での飲酒罪に対して有罪である時，もしその男に悪評があるならば，その者はより重い罰を受ける。
　　ルール3：公共の場での飲酒罪に対して有罪である時，もしその男が定職に就いていないならば，その者はより重い罰を受ける。

　これらのテーマは実際，裁判官とホームレスの双方にまたがる文化の一部を形成している。これらのテーマは，どのような文化的場面においても完全に顕在的であることはない。事実，裁判官たちはしばしば否定するが，しかしそれでもなお，これらのテーマは，公共の場での飲酒に対する判決の際に作用している潜在的知識を反映しているのである。

c．関係としてのテーマ

　テーマは，文化のさまざまな部分で何度も繰り返されるばかりでなく，あ

る文化のさまざまなサブシステムを**結びつけてもいる**。テーマは領域(ドメイン)間にある一般的な意味関係として機能している。テーマ分析について検討する時にわかるが，領域(ドメイン)を見いだす方法の1つは，領域(ドメイン)間にある関係を探すことである。

　ブレイディーズ・バーの研究では，研究の初期段階で，いくつかの領域(ドメイン)が私たちの注意を引いた。すなわち，**飲み物を頼む方法，厄介事，客の種類**である。私たちはほどなく，女性ホステスたちは自分たちの厄介事の大半が女性客からもたらされると考えていることに気づいた。実際，非常に驚いたことに，彼女たちは女性客に対してビクビクし，自分たちだけで話す時には女性客を絶えず非難していた。これらの領域(ドメイン)内の用語を選び，徹底的な分析をいくらかした後で，私たちは領域(ドメイン)間の関係を探り始めた。主要なテーマが浮かび上がってきたが，それはホステスと客からは潜在的には知られているが，決して表現されることはないものであった。このバーでは男性と女性の区別に重きが置かれているということに関連したこのテーマは，次のように明確に述べることができる。**女性客は，飲み物を注文することを金銭的なやりとりと考えており，一方，男性客はそれを自分たちの男らしさを主張する機会であると考えている**というものである。このテーマは，他の領域(ドメイン)をつなぎ始め，それによって，なぜホステスたちが，男性客が飲み物を注文する仕方は楽しんでいることが多いが，女性客の場合はそうではないのかが明確になってきた。男性客が注文する時には，彼らはホステスをからかったり，ほめそやしたり，冗談を言ったりして，自分の男らしさとホステスのもっている女らしさへの注意を喚起しようとしていた。そのようなやりとりの後には，ホステスたちは追加の飲み物の注文やチップを得ていた。彼女たちは一種の性的な肯定感，女性客との単純な金銭的なやりとりでは決して得ることができないような何かを受けとっていた。

　先のステップで私は，エスノグラフィーの分析は，①文化の部分，②部分間の関係，③全体に対する部分の関係から成り立っていることを示唆した。文化的領域(ドメイン)とタキソノミーを調べる際には，部分および部分間の関係を探求してきた。テーマの探求とは，あらゆる文化のもう1つの部分，そこに何度も現れる認知的原則を明らかにすることを意味する。しかし，テーマの探求とはまた，領域(ドメイン)間の関係や，さまざまな部分すべてが文化的場面全体に対して有している関係を発見するための手段でもある。このステップの残りで

は，テーマ分析を行うための方略をいくつか提示したい。

❷ テーマ分析のための方略

テーマ分析を行うための技術は，本書に示されている他のタイプの分析の技術ほどには，開発されていない。以下に示すのは，私が自分自身の研究や他のエスノグラファーの研究，学生から得た示唆から少しずつ集めた方略をリストアップしたものである。文化的分析のこの領域では，多くの実験的な試みがエスノグラファーに期待されている。

a．没入すること

没入することは，多くのエスノグラファーによって用いられてきた由緒ある方略である。別の興味や関心から自分自身を隔絶することによって，何時間もぶっ続けに情報提供者の言葉に耳を傾けることによって，文化的場面に参加することによって，そして，新しい文化に心が占有されるがままにすることによって，テーマはしばしば現れる。時折，その没入から短期間身を引いてみることによって，ある文化のテーマに対する洞察が生み出されることがある。D'Andrade は，こうした方略への注意を喚起するとともに，別の社会に完全に没入しているエスノグラファーにどのようにして洞察が訪れるのかを理解することの必要性を訴えている。

> 目下のところ，文化的な信念体系について研究するためにもっとも頻繁に用いられ（おそらくもっとも効果的な）技術は，エスノグラファー個々人が可能な限り深く文化の中に没入することであり，その結果，一連の個人的・潜在的で，かつしばしば無意識的な操作によって，莫大な量の情報を1つの組織的で一貫性を有した前提へと統合することである。これらの操作を顕在化させ，共有可能で再現可能にすること，もしくはこれらの操作の精度を検証する手段を開発することは，困難で長期にわたる課題となろう。にもかかわらず，もし文化の研究が科学として存続しようとするのであれば，これは必要な課題なのである（D'Andrade, 1976：179）。

別の社会で1〜2年間生活を送ったという経験がないエスノグラファーは，

この方略をまだ活用できる。例えば，これまで数か月にわたって毎週数時間，参加観察を行ってきたとしたならば，数日間没入できるかどうかやってみるとよい。まとまった時間を見つけて，文化的テーマを探しながら，その社会的状況の中で昼夜を問わず完全に過ごしてみる。その後で，自分のフィールドノートを徹底的に見直すために1日か2日の時間を取ってみるとよい。こうしたタイプの没入は，しばしば領域（ドメイン）間にある新しい関係を明らかにし，他の方法では発見することのできない文化的テーマに光を当ててくれることだろう。

b．諸領域（ドメイン）のカバータームの構成要素分析を行いなさい

　これまでの調査を通して，あなたは文化的領域（ドメイン）のリストをつくってきた。それらは実際，仮に「文化的場面における諸領域（ドメイン）」と呼ぶことができるような1つの大きな領域（ドメイン）を形成している。ひとたびこのような文化的カテゴリーのさらに大きな集まりに注意が移行したならば，同じ分析手段を使うことができる。あるタキソノミーに適合するかどうか，すべての領域（ドメイン）を調べ，そうすることで，いくつかをまとめてサブセットにグループ分けしてみなさい。次に，対比的質問をしてみれば，これらの領域（ドメイン）間にある主要な違いを探すことができる。例えば，なめし革をつくるための機械を製造している小さな工場で私が行った研究では，私はフィールドノートを何ページも見直して，次のような領域（ドメイン）のリストを作成した。

1）人々の種類
2）仕事の種類
3）機械の種類
4）金物の種類
5）道具の種類
6）木の種類
7）なめし革の種類
8）ドラム缶の種類
9）仕事の種類
10）事故の種類
11）昼食をとる段階
12）ドラム缶をつくる段階
13）タンクをつくる段階
14）外輪をつくる段階
15）雇用に至る段階
16）解雇される段階
17）休憩を取る理由
18）その渓谷で働く理由
19）離職する理由
20）仕事の割り付けの理由
21）さぼる理由
22）渓谷の部分
23）1日の部分
24）1日のスケジュール

25）1週間のスケジュール
26）1年のスケジュール
27）話の仕方
28）さぼる方法
29）事故を防止する方法
30）解雇する方法
31）働き方
32）上司が活(かつ)を入れる方法
33）配達する場所
34）受け取る場所
35）仕事が終わった後に行く場所
36）話題
37）食べもの
38）仕事が終わった後にすること
39）職場ではできないこと
40）人々が行うこと
41）人々がつくるもの

　この領域(ドメイン)のリストは何百ものインクルーディッド・タームを代表したものである。私はそれらのいくつかは明らかにしたが，このリストをつくった時点でも，まだ明らかになっていないものもあった。大きなパラダイム・ワークシート上で，これらの領域をすべて左の列にリストアップし，対比を探す作業が始まることになるだろう。

　文化的テーマは，文化的領域(ドメイン)間にある一般的な関係として機能している。したがって，テーマを探す方法の1つは，領域(ドメイン)間の類似点と相違点を探すことである。ここで，対比の例を1つ示そう。

1）人々の種類
2）昼食をとる段階
3）ドラム缶をつくる段階

　最初の2つの領域(ドメイン)は，それらが**非公式**に学ばれるという点で3つ目とは全く異なっている。ドラム缶をつくる段階は，誰かがこの工場で新入りの従業員に教えねばならないような複雑な仕事である。今や私は，この対比の次元を念頭に置いて，他のすべての領域(ドメイン)について検討することができる――つまり，どのようにしてその領域(ドメイン)を学ぶのかという対比の次元である。言い換えれば，このことは，非公式に学習された活動と公式に学習された活動との間に対立があるかもしれないということを示唆している。

　ある文化的場面内で明らかにされているすべての領域(ドメイン)に対して構成要素分析をするということは，その場面の**まるごと全体**に対して注意を向けるということである。こうした幅広い視点を獲得するためのもう1つの方法は，文化的場面を比較してみることである。これは，文化的テーマを発見するためのもう1つの方略である。

c．その文化的場面を包み込むような大きな領域(ドメイン)を探しなさい

　複雑な社会においては，どのような特定の文化的場面であっても，似たような文化的なカテゴリーの部類に属しているかもしれない。例えば，あなたがスーパーマーケットの文化的場面を研究することにしたならば，それがはるかに大きな領域(ドメイン)に属していることを知ることになるだろう。すなわち，店の種類という領域(ドメイン)である。十分な追加調査をしなくても，あなたはこの領域(ドメイン)の次のような構成員を明らかにすることができるだろう。**百貨店**，**スーパーマーケット**，**ディスカウントストア**，**雑貨屋**，**洋品店**，**生協**，**金物店**などである。いったんこうしたより大きな領域(ドメイン)をつくり出したならば，構成要素分析に着手することができる。スーパーマーケットがその他の店の種類とどのように異なっているのかがわかれば，スーパーマーケットにとって非常に一般的な事柄のいくつかがわかることだろう。

　先に述べたゴールデンナゲット・ナイトクラブで肉を切り分ける人の役割に関する研究（Spradley and Schroedl, 1972）で，私たちはこのような全体的な視点を得たいと思っていた。レストランで働く人々と長年にわたり話し合いながら，そして，自分たち自身の観察を頼りにしながら，私たちは「レストランの種類」という領域(ドメイン)とたくさんのサブカテゴリーを明らかにした。この領域(ドメイン)の大きな部分の1つは，「高級レストラン」と呼ばれるものであり，ゴールデンナゲット・ナイトクラブもその中に含まれていた。次に私たちは，高級レストランの6つの種類について構成要素分析を行い，その結果，私たちが研究していた場面に関する重要な情報が明らかになった。図19はその分析を示している。私たちは，メニューが特殊なものであるよりもむしろ一般的なものであることにすぐに気づいた。つまり，ゴールデンナゲットは多くのサラダや数種類の肉や野菜を提供していたが，ステーキや中華料理は提供していなかった。この事実は，他のタイプのレストランとは異なっていたので，ゴールデンナゲットにおける肉を切り分ける人の役割を理解するのに役立った。

　さらに進んで，1つの文化的場面内にある単一の領域(ドメイン)を，他の文化における似たようなものと比較することもできる。そうすることでテーマが示唆されることがよくある。例えば，ホステスについての研究では，私たちは，ホステスとバーテンダーの間で交わされる冗談のパターンを観察した。それは，非西欧社会では広くゆきわたっている「冗談を言う関係」と非常に多く

高級 レストラン	対比の次元			
	メニューの タイプ	個人会員制	娯楽のタイプ	酒類の提供
ナイトクラブ （ゴールデンナゲット）	一般的	あり	"名声"	あり
専門料理店	特殊	なし	音楽	あり
ナイトクラブ	一般的	なし	音楽	あり
ディナーシアター	一般的	なし	生演奏	あり
ステーキハウス	特殊	なし	音楽/なし	多様
ファミリーレストラン	一般的	なし	なし	なし

図19. 高級レストランの種類

の類似点をもっていたので，私たちはエスノグラフィーの文献を調べ，ブレイディーズ・バーに適用できるテーマを発見した（Spradley and Mann, 1975：87-100）。

d．対比の次元同士の類似点を探しなさい

　文化的テーマを発見するためのもう1つの方略は，詳細に分析された領域（ドメイン）すべてに対して対比の次元を調べてみることである。対比の次元は，用語に結びついた個々の属性よりも若干一般的な概念を表している。テーマはそれでもなお，より一般的ではあるが，対比の次元は，もっとも特殊な用語，それらの属性，および文化的な意味のサブシステムに関係しているテーマの間を橋渡しするのに役立つことがある。

　私は先に，ホームレスの文化における「危険」と関係した対比の次元が，どのようにして彼らの日常生活の不安に関するテーマを導き出したかについて述べた。対比の次元の例をもう1つ見てみよう。**ホームレス**のインクルーディッド・タームであるさまざまな土着の言葉（フォーク・ターム）について構成要素分析を始めた時には，私は飲酒量や年齢のような対比が重要なのかもしれないと思っていた。しかし実際には，対比の次元のほとんどすべてが可動性と関連していた。情報提供者たちは，それぞれに異なったホームレスの種類をすべて，①可動性の程度，②放浪の様式，③放浪する時に彼らがもつ本拠地のタイプ，④路上で生き残るために使われる方略（この領域の詳細については，Spradley, 1970：65-96を参照）という観点から区別していた。ホームレスたちが囚人（受刑者）の種類を区別するのに用いていた対比の次元を調べてみたと

ころ，類似点が出てきた。さまざまな囚人の種類は，非常に細部までにわたり，刑務所内外における彼らの可動性の観点から対比されていた。外出できる囚人はもっとも可動性を有していた。しかしここでもなお，可動性がさらに低い者もおり，毎晩もしくは昼間と夜に刑務所に戻ることを要求されている者もいた。刑務所の中で働いている囚人は，刑務所の中を動き回れる自由度という観点から区別されていた。私が「可動性」と名づけたものは，私の情報提供者たち，つまりホームレスと刑務所の受刑者双方のアイデンティティの非常に主要な部分であると，私は結論づけた。次に私は，可動性の他の証拠を探し，それがホームレスの生活の中でどのように重要なのかを探求し始めた。その結果，可動性は飲酒行動に直接的に関連しているということが明らかになった。ホームレスは放浪する時，多少なりとも孤立した生活を送ることになる。新しい街にたどり着き，話し相手やちょっとした仕事，あるいは他の頼みの綱が必要になった時，彼らはどや街か酒場に向かう。酒場はそれが提供する資源の観点から，たくさんの異なった種類に分類される。ホームレスにとって酒場は，教会であり，社交クラブであり，職業紹介所であり，福祉事務所である。これらすべてがひとまとめになっている。しかしそれは酒を飲むための場所でもあり，当然のことながらホームレスに酒を飲むことの象徴的な価値を強化することになる。さらに詳しい調査をすることもなく，私はほどなく，法廷や伝道，そしてアルコール依存症治療センターまでもがホームレスの放浪への願望を強化していることに気がついた。可動性というテーマは，私が「都市の遊牧民」と呼ぶことになった文化全体のなかでもっとも重要なものの1つとして浮かび上がってきた。私はもともとは，2つの領域(ドメイン)の対比の次元を比較することによって，このテーマを発見したのである。

e．組織化する領域(ドメイン)を明らかにしなさい

　文化的場面内の領域(ドメイン)のいくつかは，非常に多くの情報をダイナミックな方法で組織化しているように見える。これは特に，「XはYの一段階である」という意味関係を基盤とした領域に当てはまる。文化的テーマを発見するためにもっとも有効な方略の1つは，徹底的な分析のために組織化する領域(ドメイン)を選ぶことである。Ehrman（1977）は，電話交換手に関する研究において，収集されたデータのほとんどを組織化する2つの領域(ドメイン)を選んだ。その1つは

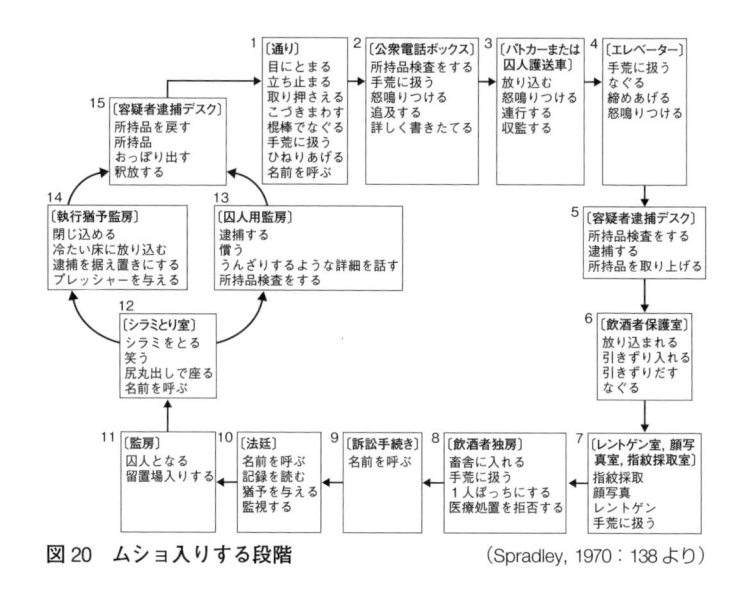

図20 ムショ入りする段階　　　　　　　　　　　（Spradley, 1970：138 より）

```
1 [通り]                  2 [公衆電話ボックス]       3 [パトカーまたは         4 [エレベーター]
  目にとまる                所持品検査をする           囚人護送車]              手荒に扱う
  立ち止まる                手荒に扱う                 放り込む                 なぐる
  取り押さえる              怒鳴りつける               怒鳴りつける             締めあげる
  こづきまわす              追求する                   連行する                 怒鳴りつける
  棍棒でなぐる              詳しく書きたてる           収監する
  手荒に扱う
  ひねりあげる
  名前を呼ぶ

15 [容疑者逮捕デスク]                                                         5 [容疑者逮捕デスク]
   所持品を戻す                                                                 所持品検査をする
   所持品                                                                       逮捕する
   おっぽり出す                                                                 所持品を取り上げる
   釈放する

14 [執行猶予監房]         13 [囚人用監房]                                     6 [飲酒者保護室]
   閉じ込める                逮捕する                                            放り込まれる
   冷たい床に放り込む        憤う                                                引きずり入れる
   逮捕を据え置きにする      うんざりするような詳細を話す                         引きずりだす
   プレッシャーを与える      所持品検査をする                                    なぐる

                         12 [シラミとり室]
                            シラミをとる
                            笑う
                            尻丸出しで座る
                            名前を呼ぶ

11 [監房]                10 [法廷]              9 [訴訟手続き]   8 [飲酒者独房]     7 [レントゲン室, 顔写
   囚人となる               名前を呼ぶ             名前を呼ぶ        畜舎に入れる       真室, 指紋採取室]
   留置場入りする           記録を読む                               手荒に扱う         指紋採取
                           猶予を与える                             1人ぼっちにする    顔写真
                           監視する                                 医療処置を拒否する  レントゲン
                                                                                       手荒に扱う
```

「典型的な1日の段階」であり，もう1つは「電話交換をする段階」であった。電話は通常，2〜3秒しか続かなかったが，一日中何回も何回も繰り返される13の基本的な段階に分解された。

　組織化する領域（ドメイン）の中で最良のものの1つは，出来事もしくは一連の関連する出来事である。Agar (1973) は，ヘロイン常習者のエスノグラフィーにおいて，出来事やその相互関係を分析することがもつ力を示した。受刑者の視点から見たシアトル市刑務所の文化についての研究では，私は主要な組織化する領域（ドメイン）として，「ムショ入りする段階」という領域（ドメイン）を選んだ（図20）。私はこの領域（ドメイン）を，このエスノグラフィーの中心的な焦点として位置づけることができた。次に私は，それぞれの段階を詳細に記述しながら，他の領域（ドメイン）をこの領域（ドメイン）にやすやすと結びつけることができた。例えば情報提供者たちは，そのプロセスの各段階で，行為や活動に対し動詞によってコード化される，より小さな出来事について話してくれていた。組織化する領域（ドメイン）についてはステップ6で述べた。その時点であなたは，調査を進めるために組織化する領域（ドメイン）を1つ選択したかもしれない。もしそうならば，今やあなたは，文化的テーマを発見するためにそれを他の領域（ドメイン）との関係の観点から検討してみることができることだろう。

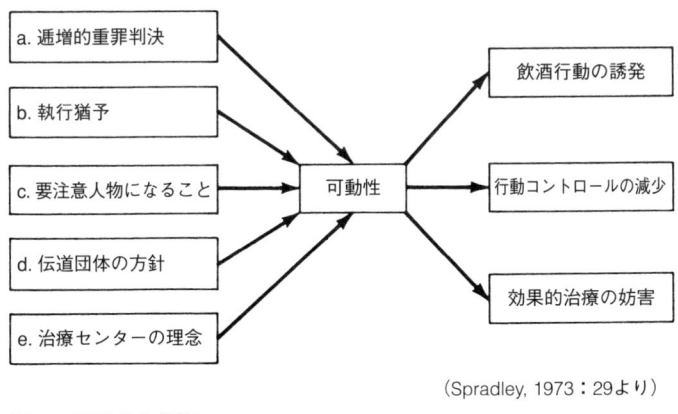

```
        ┌──────────────┐
        │a. 逓増的重罪判決│─┐
        └──────────────┘ │          ┌──────────────┐
        ┌──────────────┐ │      ┌──→│ 飲酒行動の誘発 │
        │b. 執行猶予    │─┤      │   └──────────────┘
        └──────────────┘ │      │
        ┌──────────────┐ │ ┌─────┐   ┌──────────────┐
        │c. 要注意人物になること│→│可動性│→│ 行動コントロールの減少│
        └──────────────┘ │ └─────┘   └──────────────┘
        ┌──────────────┐ │      │
        │d. 伝道団体の方針│─┤      │   ┌──────────────┐
        └──────────────┘ │      └──→│ 効果的治療の妨害 │
        ┌──────────────┐ │          └──────────────┘
        │e. 治療センターの理念│─┘
        └──────────────┘
```

(Spradley, 1973：29より)

図21　可動性と飲酒

f．文化的場面の概略図を描いてみなさい

　文化的テーマを発見するためのもう1つの方略は，領域（ドメイン）間の関係を視覚化することである。図20は，ホームレスたちが「ムショ入りする段階」を通過する際に，彼らがいる場所の概略図である。ここにはこのプロセスの中で起こる出来事についての情報も含まれている。これは文化的場面全体を描くまでには至っていないが，こうした部分的な図であっても，この文化内の多くの関係やテーマを示唆している。

　限られた数の領域（ドメイン）とテーマを選ぶことで概略図を作り始めることもできる。例えば図21には，ホームレスの文化における可動性のテーマと彼らの生活のさまざまな側面との間にあるいくつかの関係が示されている。最終的に作成される概略図は，文化的場面の部分とそれらの関係を視覚化するプロセスに比べたらさほど重要ではない。この思考過程そのものが，文化的テーマを発見するための最良の方略の1つなのである。作成された概略図のいくつかは，最終的なエスノグラフィーに盛り込まれるかもしれない。それらは，報告書を読む人々がそこにある関係を理解するのに役立つことだろう。

　文化的場面の限られた側面や，場面全体を包みこむようなより大きな側面の概略図を作成することに加えて，研究中の場面の範囲を越えて踏み出してみることが役に立つ。1枚の紙の中央に描かれた単純な四角形や円で，あなたがこれまでに研究してきた文化的場面全体を表すことができる。次に，より広い文化内または他の文化内にあるほかの場面を表すために，関係を示す

さまざまな種類の線とともに，記号を追加することができる。例えば，ホームレスの文化は，少なくとも次の事柄に関係している。彼らの家族，裁判官，警察署，福祉事務所，酒屋，宗教的伝道，廃品集積場のディーラー，鉄道および鉄道員，農業従事者，社会科学者，などである。ホームレスの世界と関連している，これらすべての場面の概略図を作成することによって，私は将来の研究領域を認識するとともに，ホームレスの文化自体に対する洞察を得ることができた。

g．普遍的なテーマを探しなさい

普遍的な意味関係があると考えられるのと同じく，普遍的な文化的テーマ，つまり領域(ドメイン)間のより大きな関係があるように思われる。普遍的なテーマに精通しているエスノグラファーは，手元のデータを詳細に調べるための土台として，それらを用いるかもしれない。以下に示すリストは，これまでにエスノグラファーたちが明らかにしてきた，いくつかの普遍的なテーマまたはほぼ普遍的なテーマの暫定的で部分的な目録である。エスノグラフィー研究や社会科学の文献に目を通すことによって，さらに多くのものを見つけることができるだろう。以下のリストは単に，あなたが研究している場面で見いだされる可能性のあるテーマを示唆しようとしているにすぎない。

　1）**社会的な対立**　あらゆる社会的状況において，人々の間には対立が生じる。そして，こうした対立はしばしば，文化的意味体系を組織化するようなやり方で，文化的テーマに入り込み作用している。人々の間に生じている対立を探し出すことは，どのような社会を研究する場合においても役に立つ方略である。ホームレスたちは警察と対立しており，この状態はこの文化の大部分の領域(ドメイン)でみられる。それは明らかに，彼らが日常生活を送る中で遭遇する**危険**と関連している。

　2）**文化的な矛盾**　文化的知識が，細部にわたるまで完全に一貫性を有していることはまずない。ほとんどの文化は，相容れない主張や信念や考えを含んでいる。Lynd は，アメリカ文化に関する古典的な分析（1939）において，ほとんどが他のものと対立している 20 の基本的価値またはテーマを提示した。例えば，ある者はこう述べた。「正直は最大の戦略だが，ビジネスはビジネスであり，手の内を隠さないビジネスマンは馬鹿である」。多くの文化的場面で起こる文化的な矛盾の 1 つは，人々が自己をそれに投影しようとして

いる公的な「イメージ」と，実際に起こっていることに対する「内部者の視点」と関係がある。文化的な矛盾はしばしば，**テーマ間の調停をすることによって**解決される。すべてのエスノグラファーは深い思慮をもって，人々が受け入れることを学んできた内在的な矛盾を探しだそうとする。そして，「どのようにして，人々はその矛盾を受け入れているのか」と尋ねる。これは重要なテーマの発見を導きだすかもしれない。

　3）**社会的規制の非公式な技術**　あらゆる社会において，主要な問題は行動の規制であり，社会生活を可能にする価値と基準に人々を適合させることの必要性である。警察権力とか投獄といったような公的な規制手段はあるが，これらは社会が用いる主要な規制技術ではない。あらゆる社会，あらゆる社会的状況において，人々は他者の行動を効果的に規制する非公式の技術を学んできた。ゴシップや非公式の社会的な報酬は，規制のメカニズムとして機能する2つの手段である。あなたが研究してきた文化の中のさまざまな領域(ドメイン)を，社会的規制の必要性との関係を見つけるために調べることによって，重要な文化的テーマを発見できるかもしれない。例えば，ブレイディーズ・バーでは，ホステスたちは客の行為を規制しようとする。時に掴まれたり，抱きつかれたりした時には，男性客を蹴飛ばしたり，ののしったりするが，些細なことではたいてい，非公式な方法が用いられる。Carlson (1977)が行った，別のバーにおけるチップの渡し方に関する優れた研究では，トレイの上に釣りを置き，目の高さにトレイを保つといったような微かな合図で，いかにしてホステスたちが客のチップを渡す行為を規制しているかが示された。もしも客がトレイに手を伸ばしたら，ぎこちなく見えることだろう。するとホステスは素早くトレイを下げて，こう言う。「あら，チップだと思ったわ」

　4）**非個人的な社会的関係を管理すること**　多くの都会的環境では，非個人的な社会的関係が，すべての人とのかかわりの主要な部分を形成している。いかなる都市の文化的場面においてもそのほとんどで，人々は自分が知らない人に対応するための方法を開発してきた。このテーマは，文化的場面のさまざまな領域(ドメイン)で繰り返されるかもしれない。このほぼ普遍的とも言えるテーマについての優れた考察の中で，Lonand (1973)は，多くの都会的場面でそれがどのように機能しているのかを示した。

　5）**地位を獲得し，維持すること**　あらゆる社会には，地位と名声を表す多様なシンボルがある。それは，人々が達成しようと努力し，いったん達成

すると維持しようと努力するようなものである。私たちはすぐにお金とか運動技能とかを思い浮かべるが，しかしあらゆる文化的場面には地位の象徴があり，その多くがもっとかすかなものである。精神的重圧の下でも「冷静」に見えることは，1つの地位を与えるかもしれない。深い信仰心を示すことは，ある場面においては地位をもたらすかもしれない。文化的領域(ドメイン)は，しばしばある文化の地位体系を映し出しており，それらは複数の主要な文化的テーマの基盤となることが可能である。

　6）**問題解決をすること**　文化は問題を解決するための道具である。エスノグラファーは常に，人のもつ文化的知識がどのような問題を解決するために考案されているのかを見いだそうとする。例えば，ホームレスたちが知っていることの多くは，一連の限られた問題を解決することをねらいとしているように見える。つまり，ねぐらをこしらえること，服を手に入れること，十分な食事をとること，飲酒容疑をごまかすこと，孤独から逃れること，楽しみを見つけること，「うまくやること」（お金やアルコールのようなものを獲得すること）などである。ホームレスが解決しようとしている問題に，それぞれの領域(ドメイン)がどのように関連しているのかを示すことによって，ホームレスの文化における多くの領域(ドメイン)を関係づけることが可能になる。いかなる文化的場面に関する研究においてもそのほとんどで，これと同じ手法を活用することができる。

　普遍的な文化的テーマを探す際に，フィクションの中に豊かな資源が横たわっている。小説の中にあるテーマは，しばしば普遍的な文化的テーマを反映しており，丹念にそれらを調べることによって，研究中の文化的場面のテーマへの手がかりを見つけることができる。例えば，Joanne Greenbergは，『このサインの中で』(*In This Sign*)と呼ばれるアメリカの聾唖者に関する優れた小説を書き上げた。多くのテーマがこの小説の中に流れている。「手話は聾唖者の社会では仲間の象徴である」とか，「手話は耳の聞こえる人にとってはスティグマである」などである。聾唖者の中でエスノグラフィー研究を行う者なら誰でもが，この小説を，多くの領域(ドメイン)と関連する文化的テーマの豊かな源泉であると思うことだろう。

h．文化的場面の要約的概観を書いてみなさい

　文化的テーマを発見するためのこの方略は，研究中の場面の主要なアウト

ラインをまとめるのに役立つことであろう。数ページを使って，あなたが研究していることについて聞いたことのない誰かに向かって，その文化的場面の概観を書いてみなさい。あなたが明らかにした文化的テーマとともに，可能な限りたくさんの主要な領域(ドメイン)を書き入れなさい。こうした概観の目標は，あなたが知っていることすべてを必要最小限の本質にまで凝縮することである。こうした類の要約を書く過程で，あなたは幾百もの具体的な細部の記述から離れ，その文化のより大きな部分を第一に扱わざるを得なくなる。このことは，言い換えれば，その文化の部分間の関係にあなたの注意を集中させることであり，文化的テーマの発見へとあなたを導く。

　この章では，文化的テーマという概念を検討し，文化的テーマを発見するための方略のいくつかを提示した。エスノグラファーなら誰でもが，情報提供者が学んできた潜在的知識を形成している文化的テーマへの洞察を得るために，さらなる方法を開発することができるだろう。ここに述べられた方略のそれぞれは，必ずテーマに至りつくといったような一連の段階としてではなく，文化的テーマを発見するための仮のガイドとみなされるのがふさわしい。ある特定の文化に没入することは依然，テーマを見つけるためのもっとも確実な方法の1つである。ある文化が有する観念や意味の中により深く没入するための方法の1つは，当の文化の記述を始めることである。多くのエスノグラファーが，新しいテーマを発見することや，もっと詳しいやり方で分析を完成させることを期待して，書き始めるのが遅くなる。しかし，エスノグラフィーの記述をするということは，エスノグラフィー的発見の過程の一部とみなすのがもっともふさわしい。書くに従って，研究に対する新しい洞察や考えが浮かんでくることだろう。実際，書くことによって，データの中にある隙間を埋めるために，また文化的テーマに関する新たな仮説を検証するために，あなたはさらにエスノグラフィー研究へと連れ戻されることに気づくことであろう。

☐ 学習課題

1) このステップに示された方略やあなたが役立つと思う他の方略を用いて，できるだけ多くの文化的テーマを明らかにしなさい。
2) すべての文化的テーマを簡潔な主張として述べなさい。

ステップ11 文化的な目録をつくる

□ 学習目標
1) 収集した情報のタイプを明らかにする。
2) 収集した情報の中にある隙間を明らかにする。
3) エスノグラフィーを書くために，データの整理を始める。

　エスノグラファーが研究の記録として作成したフィールドノートは，驚異的な速さで増えていく。観察を8〜10セッション行ったころからフィールドノートは膨らんでいき，エスノグラフィーの初心者であれば，75〜100ページほどのノートになることも時々ある。フィールドでもっと多くの時間を過ごす人や，インタビューをしながら補足的な観察をする人であれば，もっと多くのノートになることであろう。さらにあなたは，エスノグラフィーの質問のリスト，領域(ドメイン)のリスト，インクルーディッド・タームを含んだ各々の領域(ドメイン)，タキソノミー，パラダイム・ワークシート，テーマを探しながら書いたメモなど，分析のためにたくさんのページを書いてきた。これらすべての研究資料を作成してきたにもかかわらず，ある特定の社会的状況について研究しようと最初に決めた時から何週間もが飛ぶように過ぎ，そして多くのことが忘れ去られてしまった。

　しかし今，エスノグラフィーを書くための準備として，資料を整理し始める時が来た。フィールドノートに記録してあることすべてを記憶しておくことはできないが，最終報告書に含めることを選ぶために，すべてに当たってみる必要がある。エスノグラフィーの初心者の場合，書き始めてから「フィールドノートにざっと目を通す」と呼ばれる検索方法を使うことがある。彼らは記憶を手繰り寄せることから始め，次に，例やテーマ，図，領域(ドメイン)を探して，ページからページへと「ざっと目を通す」。ある時には，研究の第3週に起

201

こった出来事を思い出し，素早くそれを見つけ出す。またある時には，あらゆるページを探してみるがうまくいかない。

　エスノグラフィーを書くという大事な仕事を始める前に，**文化的な目録**をつくることの有用性について考えてみよう。短縮記録，詳述記録，日誌，分析，解釈など，すべてのノートを見直すために数時間費やすことによって，そしてあなたの集めたものを記録することによって，実際には時間の節約になる。そうすることによって，文化的場面を全体的に見ることができる。また，簡単に埋めることができる研究の中にある隙間が明らかになる。とりわけ，系統的に目録をつくることによって，最終的な論文を構成する方法が見つかることだろう。実際，次のステップでエスノグラフィーを書くことを取り扱うが，文化的な目録をつくることは，その一部と考えられる。このステップでは，そうした目録をつくるための方略をいくつか提示したい。

　収集したすべてをどこに記録するか選ぶことから始めなさい。あなたはフィールドノートの最初のほうにある数ページを使いたいと思うかもしれない。もしくは，4インチ（約10 cm）×6インチ（約15 cm）のカードが一番便利だと思うかもしれない。目録を記録するのにもっとも効果的な方法の1つとして，1枚の大きな紙または模造紙に書くやり方がある。1枚の大きな用紙にすべてを記録すれば，目の前にすべての異なった種類のエスノグラフィーのデータを置きつつ，書きながら用紙にざっと目を通すことができる。私は，大きな模造紙を使った学生を知っている。文化的な目録を使ってさまざまなデータの種類を明らかにした後で，書き始める際に彼女はそれを机の上に置いた。彼女は例や報告書に含めるポイントについてカードにメモを書き，模造紙にテープやピンで留めていった。そうすることによって，必要な時にはすぐに使えるようにしておいた。やりやすく，しかも自分のデータの中で道に迷わないような方法を選びなさい。

❶ 文化的領域(ドメイン)のリストをつくる

　ステップ5では，フィールドノートからつくれる限りの文化的領域(ドメイン)のリストをつくった。あなたはおそらく一度ならずノートを見返し，このリストに加えていったことだろう。今，その作業をもう一度繰り返さなくてはならない。今までに明らかにしたすべての領域(ドメイン)のカバータームだけを目録のページ

に書いて，1つのリストとして編集することから始めなさい。そして，詳述記録の最初のページに戻り，以前には見落としていた領域(ドメイン)がないかどうか探しながら，各ページにさっと目を通してみなさい。ステップ6で示した「一般的な文化的領域(ドメイン)」のリストに目を通してみて，さらにほかの可能性がないかどうか探してみなさい。残りの文化的な目録をつくることでさらにいくつかの領域(ドメイン)が出てくる可能性もあるので，書き加えることができるような余白をリストに残しておきなさい。

❷ 分析された領域(ドメイン)のリストをつくる

どの領域(ドメイン)を分析し終えたかを把握するために，フィールドノートの**分析と解釈**の部分に目を通しなさい。そうすることで，さまざまなカテゴリーの中に紛れているすでに分析された領域(ドメイン)をリストアップする助けになる。

1) **完全なもの**：タキソノミーとパラダイムをつくり終えた領域(ドメイン)
2) **部分的なもの**：部分的に分類分析と構成要素分析を終えた領域(ドメイン)
3) **不完全なもの**：カバータームといくつかのインクルーディド・タームは明らかになっているが，系統的分析がなされていない領域(ドメイン)

第一および第二の分析された領域(ドメイン)のカテゴリーは，ほぼ確実にエスノグラフィーの焦点を指し示している。さもなければ，目録の中のほかのところで，あなたはその焦点を明らかにしたいと思っているのかもしれない。

❸ スケッチした図を集める

あらゆる社会的状況には，図に描いておけるような場所がたくさんある。例えば，スーパーマーケットの研究では，店全体を詳細にスケッチした図を描いておくことが可能である。さらに細かい図として，レジやその他の重要な場所も描いておくことができる。あなたは物理的な特徴と人々がもっともよく通るルートを示すために，図を描いたことがあるかもしれない。もう1枚の図は同じ物理的な特徴を示しながらも，もっともよく起こる活動やそれが起こる場所が記されているのかもしれない。

スケッチした図には，物理的空間以上のものを含むことができる。例えば

あなたは，一連の儀式とか，または人々が使っている複雑な機械とかをスケッチしたりするかもしれない。友人のネットワークとかその他の関係性は，スケッチしたり図式化したりすることもできる。フィールドノートに目を通し，あなたがすでにスケッチした図すべてを見つけなさい。それから，**あなたが描くことができたかもしれないすべての図のリストをつくりなさい**。目録には，すでにあるものと今はないが含めることに価値があると思われるもの，これら双方が含まれるべきである。

❹ テーマのリストをつくる

あなたが発見した主要なテーマと副次的なテーマのすべてをリストアップしなさい。仮のテーマもリストアップしておくことができるが，その際には，さらに調査が必要として印を付けておく。1枚のページまたは大きなインベントリー・シートの1箇所に，すべてのテーマをまとめて置いておきなさい。

❺ 例の目録

例とは，なんらかの具体的な出来事や経験を記述したものである。例は，「今朝，私は2人の男が議論し始めるのを見た。そして……」とか，「以下の事件は，11時30分ごろに起こった……」といったような語句で始まる。例は常に，起こった何かについての詳細や具体を提示する。最終的なエスノグラフィーにはたくさんの例が含まれることだろう。それにより，分析が生き生きとしたものになり，豊かな意味が読者に伝わることだろう。あなたが分析したすべての領域(ドメイン)やカテゴリーは，ある文化的場面の骨組みを表しているに過ぎない。例は，その骨組みに血肉を与える。

フィールドノートの最初のページに戻り，例を探しながら全体にざっと目を通しなさい。あるものは2, 3行だけかもしれないし，また別のものは数ページにわたるかもしれない。目録の中にそれらのリストを作れるように，それぞれに名前か短い説明文をつけなさい。あなたは特に，最終的な論文に書こうと思っている領域(ドメイン)に関係している例を探したいと思うことであろう。

エスノグラファーの中には，目録作りのこの点にたどりついた時に，自分のフィールドノートにはほとんど例がないことに気づく者もいる。出来事を

詳細に記述する代わりに，抽象的なやり方で書きとめていたのである。例が足りないとわかったら，記述することができるくらいによく思い出せる例のリストを時間をかけてつくりなさい。次に，必要であると考えられ，調査に戻ることで得られる可能性がある例のリストを別につくりなさい。

例は，しばしば物語のように見える。良いフィールドノートは，多くの逸話，物語，事件，出来事を含んでいる。それは一連のフィールドワークの後で，エスノグラファーが友人に，「ねえ，今日面白いことがあったんだよ……」と話すようなものである。

❻ 組織化する領域（ドメイン）の明確化

領域（ドメイン）のリストに目を通し，そのうちのどれが領域（ドメイン）を組織化するために使えるかについて考えなさい。そうした領域（ドメイン）は，文化的場面の多くの側面を結びつけるものである。あなたは，以前私が「買い物における段階」という領域（ドメイン）は，「ムショ入りする段階」と同様に，組織化する領域であることを示唆したことを思い出すことだろう。これらは各々，残りの文化的場面をそこに掛けるためのたくさんの留め金を提供する。もし，1つもしくはそれ以上の組織化する領域（ドメイン）がある場合には，カバータームと主要なインクルーディド・タームを書き出して，主だった構造がわかるようにしなさい。このような領域（ドメイン）は，しばしばエスノグラフィーの背骨になる。そして，論文のアウトラインをつくる目的で目録に目を通す際には，組織化する領域（ドメイン）は大いに役立つものとなる。

❼ 索引または目次をつくる

これは，役立つと考えるかどうかで，簡単にも緻密にもできる。フィールドノートに目を通して，最初に主要なカテゴリーを見つけ出しなさい。次にそれぞれに目を通して，ページ番号を振っておきなさい。詳述記録は時間経過に沿って整理されており，たぶんあなたは主要なトピックスを毎ページまたは数ページごとに見つけることだろう。時には，あなたが見つけた領域（ドメイン）や例のそれぞれに，ページ番号を振っておくことも，時間をかけるだけの値打ちがある。そうすれば，後になって執筆する際にこれらを引用しようとした

205

時，全ページを探す必要はなくなる。

⑧ 雑多なデータの目録

　観察によるフィールドノートのほかに，追加情報もあるかもしれない。1年生の教室を研究した場合には，授業プラン，生徒のワークシート，家に持って帰るプリントなどを集めたかもしれない。航空交通管制官についての研究では，組合と航空会社との間で起こっている部局内対立についての新聞記事を読んだかもしれない。写真を撮り，雑誌記事を見つけ，その文化的場面に関連した人工物まで見つけたかもしれない。これらすべてが，最終的な論文の下書きをする際に役立つ。それらを単純に「雑多なデータ」として扱い，他の目録とともにリストをつくっておきなさい。

⑨ 追加調査の可能性

　目録の最後の部分では，その文化的場面内もしくは場面外にあるもので，完了した研究に関連しているように見え，将来的に研究の可能性がある事柄をリストアップする。トピックスの単純なリストは，なし終えた仕事の境界を明らかにし，自身の仕事の限界に気づくのに役立つ。あらゆるエスノグラフィーは部分的なものではあるが，しかし，詳細なエスノグラフィーのデータに没入していく過程で，自分の仕事の端がどこにあるのか簡単に見失ってしまう。最初の報告書を書き上げた後にも，エスノグラフィー研究を続ける計画がある場合には，このリストは何を研究するべきかについての将来的な決定のための価値ある資料となる。

　文化的な目録をつくることは，集められたデータの全体的な記録となるばかりでなく，文化的場面についてのあなたの考えに影響も与える。それは，なし終えた研究を見直し，それを書き上げる準備をするための効果的な方法である。

□ 学習課題
　1）フィールドノートを見直し，このステップで示唆されたことを使って文化的目録をつくりなさい。

2）追加の参加観察によって発見したいと思っている具体的な事柄を列挙しなさい。
3）どのようなものであれデータの中にある隙間を埋めるために，一定期間のフィールド観察を実施しなさい。

ステップ12 エスノグラフィーを書く

□ 学習目標
1）エスノグラフィーを書くことの本質を，翻訳過程の一部として理解する。
2）エスノグラフィーの文章のさまざまなレベルを明らかにする。
3）エスノグラフィーを書くためのステップを明らかにする。
4）エスノグラフィーを書く。

　おそらく，エスノグラファーは誰でも皆，書くにはまだ早過ぎるという感覚をもちながら文化的記述の執筆という作業に取りかかることだろう。エスノグラフィーを実践することで，常に深い気づきがもたらされる。ある文化の意味体系は，限りなく豊かであるという気づきである。ある文化的場面についてかなりのことを知っているとしても，さらに知るべきことがいかにたくさんあるかに気づくことになる。あなたが書いているものはあらゆるエスノグラフィーの記述にもあてはまると認識することは賢明である。つまり，それは部分的で，不完全で，常に修正を要するものであるということである。書くにはまだ早過ぎるという気持ちを脇においで，すぐにでも作業に取りかかるのが，多くのエスノグラファーにとって最善の道である。書いていくうちに，研究過程で得られたまま隠れている知識の宝庫を発見することになるからである。

　多くのプロの書き手が主張するように，書くことを学ぶ唯一の方法は**書く**ことである。泳ぎについての教室での講義からは，泳ぎを学べないのと同様に，書くうえで従うべき原則と方法について検討したとしても，書くことを学ぶうえでさして進歩は見込めない。ほかの人が泳ぐのを見て，自分でも水の中に入って手足をバタつかせ，その後で経験豊富な泳ぎ手に，呼吸法やス

トロークを上達させる方法を教えてもらうのがいちばんである。

　エスノグラフィーを書くことを学ぶための最良の方法の1つは，ほかの人が書いたエスノグラフィーを読んでみることである。ほかの文化の意味を伝えるために書かれたエスノグラフィーを選びなさい。文化を生き生きと伝えるように書かれたものは，そこにいる人々やその暮らしぶりを理解したかのように感じさせるものである。書く作業を行っている最中に，よく書かれたエスノグラフィーを読んでみれば，文章にもおのずと磨きがかかることだろう。

　エスノグラファーなら誰でも，優れた文化的な記述としての本や論文を見分けられるものである。私の同僚である David McCurdy と私は，過去8年間にわたって，もっとも優れた短文のエスノグラフィーの例を探し求めて，専門的文献を徹底的に調べてきた。私たちの基準は，エスノグラフィーになじみのない者でもその意味をつかむことができるほどに，異文化の意味を見事に翻訳している文章をつきとめるというものであった。こうして選定されたエスノグラフィーは，『服従と対立：文化人類学読本』（*Conformity and Conflict*: *Readings in Cultural Anthropology*, 1971, 1974, 1977）という，3冊のシリーズものに収められている。純粋に読みやすさという観点からは，より長いエスノグラフィーの中で最良のものとして，次の2つを挙げることができる。すなわち，Elliot Liebow による都市のエスノグラフィー，『タリーズコーナー』（*Tally's Corner*, 1967）と，Colin Turnbull によるピグミー族の研究，『森の民』（*The Forest People*, 1962）である。

　このステップで私は，エスノグラフィーを書くことの本質について，それが翻訳のプロセスの一部であるという観点から，手短に検討したい。次に私は，エスノグラフィーを書く際に用いられる段階的研究手順法（DRS メソッド）の原則について述べる。その中で書くことに関するいくつかの具体的な示唆を提示するが，しかし常に，エスノグラフィーを書くことを学ぶ方法は，エスノグラフィーを書くことであるということを念頭に置いておいてほしい。

❶ 翻訳のプロセス

　翻訳とは，ある文化の中の意味を発見し，それを別な文化的な伝統をもつ

人々が理解できるような方法で伝えることである。翻訳家としてのエスノグラファーには，二重の課題が課せられている。第一に，文化的行動や人工物や知識の中にあるメッセージを解読して，観察された文化的パターンから意味を取り出さねばならない。研究下の社会的状況で作用している文化的意味体系を深く理解し読みこなせばこなすほど，最終的な翻訳はより効果的なものになる。

　第二の課題は，発見された文化的な意味を，その文化や文化的場面になじみのない読み手に**伝える**ことである。このことは，エスノグラファーは皆，書くという方法で伝える技能を高めなくてはならないということを意味する。情報提供者と同様に，読み手も考慮に入れなければならない。実際，真に効果的な翻訳を行うためには，2つの文化に関する詳しい知識が要求される。1つは記述された文化に関するものであり，もう1つはその記述の読み手によって暗黙のうちに展開されている文化である。

　高い技能をもったエスノグラファーの多くが，エスノグラフィーの翻訳作業を首尾よく終わらせることに失敗してしまう。彼らは，何か月にもわたって，別な文化の徹底的な研究を行い，その文化の中にコード化されている意味を詳細に分析する。そして，文章による伝達技能について学ぶ時間をとることなく，読み手を理解することもなく，生き生きと文化を伝える方法の重要性を感じることさえもなく，エスノグラフィーを書く。読み手は，ほかのエスノグラファーたちからなる非常に小さな集団になってしまう。つまり，その文化に関心をもっているがために，自らすすんで，漠然としていて一般的な議論を苦労して読み，タキソノミーやパラダイムやその他の図表を調べ，その集団や生活の仕方を理解しようとするような人々である。こうしたエスノグラフィー文献は，別な生活の仕方のガイドとしては使えないような中途半端な翻訳によって損なわれてしまう。

　エスノグラフィーの記述を書くためのステップについて論じる中で，私は，発見された文化的意味を伝えるような完全な翻訳を生み出すために，数多くの示唆を提示することになる。しかしながら，不十分な文化的翻訳の根本原因の1つは，文章のさまざまなレベルを理解して使うことの失敗にある。どのようなエスノグラフィーの記述を書いていようとも，エスノグラファーなら誰でも，こうしたさまざまなレベルを心にとめておかなければならない。そして，翻訳の伝達力を高めるためにそれらを適切に用いなければならない。

a．エスノグラフィーの文章のレベル

　エスノグラファーは皆，もっとも一般的なことと同様に，もっとも個別的で具体的な人間の出来事を扱う。私たちはフィールドノートの中に，特定の名前をもち特定の母親に抱かれ，その母親の母乳で，特定の時間に特定の場所で育てられている赤ちゃんを見つける。この同じフィールドノートの中で，私たちは人間愛，いたわり，そして普遍的な母子関係についても観察することになる。最終的に書き上げられたエスノグラフィーにおいて，こうしたレベルの範囲は非常に広いものとなる。何よりも，これらのレベルがどのように用いられているかが，エスノグラフィー的翻訳の伝達価値を決めることになるであろう。

　Kenneth Read は，ニューギニア高地のガフク人に関する見事なエスノグラフィー，『高地の谷』(*The High Valley*, 1965) の中で，エスノグラフィーの中に根本的に潜んでいる不完全な翻訳の原因について示唆している。

　　　さて，なぜ，こんなにも多くの人類学の文章が無味乾燥で，人々を生き生きとさせる何かを欠いているのだろうか？　そこでは人々は，ガラスケースの中の蝶のように，その違いによってピンで固定されている。しかしながら，私たちには，これらの標本が何色かわからないことが多いし，飛んでいる姿を見ることもできないし，高く舞い上がったり死んだりするのを見ることも，一般論をおいてはほかに決してできない。このことの理由は，個別性に対する関心は，一般性の理解に対して副次的であるという人類学の方向性の中に潜んでいる（1965：ix）。

　人類学においては，すべての社会科学と同じく，**個別性に対する関心は，一般性の理解に対して副次的である**。しかし，この原則がエスノグラフィーの実践に全面的に持ち込まれる時，翻訳過程に対するねじ曲げられた理解が生み出される。エスノグラファーが他の文化を研究する時，それを始める場所は唯一，個別的で具体的な，日常生活上の特定の出来事が伴った場所である。そうして次に，本書で記述された研究過程を通して，エスノグラファーは文化に関するより一般的な陳述に移行する。さらに一般的なカテゴリーと文化的テーマを発見することにより，エスノグラファーは他の文化との比較を行い，研究下の文化についてさらに一般的な陳述を行う。そしてあまりに

もしばしば，エスノグラフィーの中に収められるのは，まずもってこの種の分析と理解である。

その完全な意味において翻訳そのものである，エスノグラフィーを書く際には，**一般性への関心は，個別性の理解に対して副次的である**。研究下の人々の生活を読み手に理解させるためには，ただ単に一般論において語るだけではなく，**個別性を通してそれを示さなければならない**。

エスノグラフィーの文章には少なくとも，一般性から個別性への移行に伴って区別できる6つのレベルがある。これら異なった種類の翻訳的陳述を，1つひとつ検討していくことにしよう。

b．レベル1：普遍的な陳述

これには，人間，その行動，文化，あるいは環境的状況に関するすべての陳述が含まれる。この陳述には，あらゆるものが含まれる。エスノグラファーの初心者はしばしば，普遍的に述べる力が自分にはないと感じるかもしれないが，私たちは皆，普遍的に起こる物事を知っており，それを自分のエスノグラフィーの中に入れ込むことができる。文化に関する記述のほとんどに，普遍的な陳述が含まれている。例えば，航空管制官に関する研究は，「すべての社会において，人は空間上における自分の身体の動きを，常に他人にぶつからないように制御している」と主張するかもしれない。このような陳述は，人がそれに乗って移動する乗り物の動きを制御することに関連している。警察署で窃盗犯について記録する事務官に関する研究は，次のような普遍的な陳述をするかもしれない。「あらゆる人間社会において，誰かが事件に関するなんらかの記録を残している」

エスノグラフィーの文章の中に現れる抽象化の6つのレベルごとに，『ホステス：男性社会の中の女性の労働』(The Cocktail Waitress: Woman's Work in a Man's World, Spradley and Mann, 1975) から，例を示したい。1つの研究の中で用いられている表現を提示することによって，多様なレベルそれぞれの本質を明確にすることができるだろう。次の普遍的な陳述は，そのいくつかのうちの1つである。「あらゆる社会は，女性と男性の間にある生物学的な違いを取り上げ，特殊な現実をつくり上げる。すなわち，女らしさと男らしさである」(1975：145)。特定の街にある特定のバーという文脈において，私たちは，人間的経験の普遍的な特徴に関する主張を行ったのである。

c．レベル２：異文化間の記述的な陳述

　抽象化の第二レベルは，２つ以上の社会に関する陳述を含み，その主張はある社会にはあてはまるが，必ずしもすべての社会にあてはまるわけではないと述べる。次の『ホステス』からの陳述を見てみよう。「人類学者たちが小さな非西欧的社会について研究を始めた時，彼らは，人々がたった１つの生活のネットワークに参与していることを発見した……。私たち自身の社会のような複合社会に目を向ければ，いかなる状況に対してであれ，文化的な視点の数は一挙に増大する」(1975：8，9)。この陳述は，人間社会の２つの非常に大きな分類に関して何事かを言っている――つまり，小さな非西欧的社会と複合社会である。このような記述的な陳述は，ブレイディーズ・バーのようなもっとも個別的な場所でさえ，それに関する理解を伝えるのに役立つ。異文化間の記述的な陳述は，１つの文化的場面を人間文化のより広大な絵の中に位置づけることに役立つ。それは，あらゆるエスノグラファーが関心を抱いている事柄である。この種の陳述は読み手に，「この文化的場面は，単に１つの小さな興味深い集団であるばかりでなく，ある意味では人類の一部なのである。他の多くの文化的場面と同じようであるが，他とは異なってもいる」と述べている。対比することによって，文化の重要な一次元を伝えたのである。

d．レベル３：社会または文化的集団に関する一般的な陳述

　この種の陳述は個別的であるように見えるが，しかし実際にはまだかなり一般的である。「クワキウトル族は，入り江に沿った村々で暮らしている」という陳述は，ある文化的な集団に関する一般的な陳述である。「ピグミー族は，森に住み楽器を演奏する」は，もう１つの一般的な陳述である。複合社会についてもまた，このような陳述を行うことができる。「アメリカ文化は物質主義的価値にもとづいている」などである。あるいは，繰り返し起こる文化的場面，もしくは似たような文化的場面を学んできた集団についても，このような陳述を行うことができる。「航空管制官は大きなストレスに曝されて働いている」「警察署は，大量の重要な情報を収集し，分類・記録しなくてはならない」などである。

　私たちはブレイディーズ・バーの研究の中に，このレベルの陳述を含めた。ブレイディーズ・バーにさながら言及するのではなく，ブレイディーズ・バー

を1つの例とするようなすべての場所について言及した。「一般的にバーというものは，何十万もの女性たちにとっての雇用の場であり，彼女たちはほとんど常にホステスとして雇われている。彼女たちのバーでの役割は家庭での役割――男の必要に仕えること――の延長線上にある傾向がある……。アメリカ社会のほとんどの場所と同じく，男たちは社会的地位の中央に君臨している」（1975：145）。

e．レベル4：ある特定の文化的場面に関する一般的な陳述

　抽象化のレベルを一段下に降りると，特定の文化や文化的場面に関する多くの陳述に気づくことができる。ほとんどのエスノグラフィーはこのレベルの陳述で満ちている。「ルパート砦のクワキウトル族は地引き網漁をする」とか，「ミネアポリス国際空港の航空管制官は3交代で勤務する」などである。

　参加観察はこのレベルの陳述を数多く提供する。私たちは次のように言うことができる。「ブレイディーズ・バーのホステスは客に嫌がらせをされている」とか，「ホームレスは，ムショにぶち込まれるまでは本物とは言えない」などである。これらはある特定の場面や集団に関する記述的な陳述だが，しかしたとえそうであっても，これらはまだ本質的には一般的である。さらには，情報提供者によって表現され，エスノグラフィーの中に情報提供者からの引用として用いられたとしても，それらは抽象的な事柄を伝えているにすぎない。あらゆる文化はこうした低いレベルの抽象に満ちており，どのようなエスノグラフィーの記述の中にもそれらは紛れ込んでいる。ここにブレイディーズ・バーからの例を1つ示す。「あるレベルでは，ブレイディーズ・バーは第一に商売の場である。もう1つのレベルでは，ブレイディーズ・バーは，男たちが，架空の性的パワーを誇示したり，自分の男性としてのアイデンティティを再確認したりしながら，誇張された男性役割を演じるために来ることができる場所である。ブレイディーズ・バーは男たちの儀式の場なのである」（1975：130-31）。

　このレベルのエスノグラフィーの文章は，エスノグラファーが読み手に示したいと思っているテーマの多くを含んでいる。したがって，さまざまなやり方――場所を采配するやり方，酒を注文するやり方など――で自分のアイデンティティを表現している男たちというテーマは，このレベルの陳述で表現されている。時々，レベル4の一般的な陳述を，情報提供者からの引用の

中に紛れ込ませることができる。しかしそれらは依然、非常に一般的な性質の陳述のままなのである。情報提供者の引用を使うことは、読み手に身近な感覚を提供し、その文化に対する親しみをもたらすことに役立つが、私たちはさらに具体的なレベルへと進んでいかなければならない。

f．レベル5：文化的領域(ドメイン)に関する具体的な陳述

　このレベルでは、エスノグラファーは複数の文化的領域(ドメイン)の中にあるさまざまな言葉をすべて活用し始める。今、私たちは、文化的場面の中で発見した出来事、物体、あるいは活動の類を扱おうとしているところである。例として、このレベルのエスノグラフィーの陳述を、なめし革をつくる機械を製造する工場での私の研究から示す。「男たちのもっとも重要な仕事の1つはドラム缶をつくることである。ドラム缶にはビヤ樽のように小さなものもあるし、直径30フィート以上のものもある。ドラム缶づくりにはさまざまな段階があり、それには蓋づくり、留め金づくり、横木づくり、樽板づくり、扉づくり、扉枠づくりがある。ドラム缶づくりの全工程は最長で1週間を要し、何人もの男たちが作業をしなければならないこともある」

　このレベルでの記述的な陳述は、かなりの量の情報を含んだタキソノミーやパラダイムを参考として示すこともある。しかしながら、こうした表現だけでは、読み手に対して、関係の骨組み以上のものを伝えることはめったにできない。これらを理解可能な記述へと翻訳するためには、このレベルや次のさらに具体的なレベルでのふんだんな語りの記述が必要となる。

　「**飲み物を注文する**」という領域(ドメイン)に関する具体的な陳述の短い例を示そう。これは、ホステス文化の一部をつくり上げているものである。「男たちが酒を注文する際によく行われるやり方の1つは、酒をまったく注文しないことである。酒を注文することがふさわしい状況において、彼らはその代わりにホステスたちに注文をつける。これは、**からかう、せき立てる、イライラさせる**、あるいはその他の言語行為の形で行われる」（1975：132）。

g．レベル6：具体的な出来事の陳述

　1から5までのレベルはある意味で、レベル6とは全く対照的である。レベル6は読み手をすぐさま、行動と物体の実際のレベルへと、これらの物事を認知するレベルへと連れて行く。ブレイディーズ・バーから、このレベル

の例を見てみよう。この例は，他の5つの抽象化のレベルで示した例すべてと密接に関係している。「サンディは金曜日の夜には，2階を担当している。彼女は以前には見たことがない5人のグループがいるコーナーテーブルに歩み寄る。4人の男たちと1人の女の子が大きな声で騒いでいる。彼女はテーブルに近づいて尋ねる。『ご注文はお決まりですか』男の1人が彼女の腰をひっつかみ自分の方にグイッと引き寄せる。『何にするかとっくに決まってるよ！　アンタサ』と，彼は邪気のない笑顔を彼女に向けながら言う」(1975：132)。読み手には，すぐさま何が起こっているかがわかり，この状況の中にいる登場人物たちが感じていることをおそらく感じることになる。人々が知っていることがただ単に**伝えられる**だけでなく，こうした知識から人々がどのように行動を起こし，どのように物事を解釈するのか，文化的知識が行為を通して**見せられる**。エスノグラフィーの優れた翻訳は見せる。一方，お粗末なものはただ伝えるだけである。

　エスノグラフィーの文章の6つのレベルに関する以下の例は，おそらく，読み手に対する効果を明確にするだろう。ホームレスに関する私の調査から引用された次の陳述は，すべて彼らの経験の単一の側面を記述している。物請い，借用，こじき，貸付け，さもなければ物々交換である。

レベル1：人間同士の相互依存は，2人の人間が長期にわたり互いに与え合うことでバランスがとれており，そこではおのおのが与え，受け取る。このような相互依存はあらゆる社会の中で起こっている。

レベル2：ホームレスは，部族の村に住む人々のように，まさかの時のためにお互いを当てにし合っている。彼らは他人にお返しを期待している。クワキウトル族の先住民は，ポトラッチ（訳注：北米の先住民が行った儀式。自分の地位が向上したこと，あるいは裕福になったことを誇示するために，祝宴を開き，招待客に豪華な贈り物をした）で与え，後にほかの誰かのポトラッチで贈り物を受け取る。あるホームレスはほかのホームレスに与えることもあれば，また施しを求めることもある。

レベル3：ホームレスは，より大きな社会の他の構成員が行うよりもさらに多くの相互交換にかかわっている。この種の交換は多様な形態をとる。

レベル4：シアトル市刑務所に収容されているホームレスたちは，品物と世話を他のホームレスたちと交換する。もし彼が自由に動ける囚人ならば，

隔離されている誰かを世話して，金と交換するかもしれない．

　レベル5：(情報提供者の発言)「そうさ，ホームレスは他のホームレスに物請いするのさ．もし物請いをすれば，別なホームレスが金やタバコを持っていれば，もらえるかもしれないからな．ソイツが何か必要だって気づいたら，今度はこっちがやる番さ」

　レベル6：どんよりした火曜日の午後，かすかな霧雨がピュジェット湾から静かに吹き込んでいた．ジョーは1時間前に釈放になった．数分前に，彼は公安局のビルの1階でエレベーターを降り，通りへ向かって歩き出した．擦り切れたツイード・ジャケットの襟を首まで引っ張り上げ，彼は肩を少しすぼめてダウンタウンの方へと向かった．酒かタバコでも買う金をどこで手に入れられるか思いを巡らしながら．今夜の雨を凌ぐために，ワシントン通りの橋の下にねぐらをこしらえなくてはならないかもしれなかった．ジェームズ通りの方へとゆっくり向かっている時，1人の男が近づいてくるのが見えた．明らかにホームレスだった．国防義勇兵のホームレスのように見えたが，確かではなかった．「酒を恵んでくれよ」　彼は頼んだ．「オレ釈放になったばかりなんだ」「ムリだな，オレだってオケラなんだ」　その男は言った．「だけど，タバコならどうだい？　オレがもってるのは，全部ブル・ダーラムだぜ」タバコに火をつけると，ジョーはまたジェームズ通りへと向かった．物請い相手の旅行者かビジネスマンを探し求めて．

　エスノグラフィーの文章は，一般から個別までの連続線上にある6つのレベルの陳述をすべて含んでいる．効果的な文章，ある文化の意味を読み手に伝えることに役立つような文章は，これらすべての陳述をなすことによって達成されるが，しかし，それはある**割合**で行った時にだけである．著者が主として同じ分野の研究者に向けて書くような専門誌は，レベル1とレベル2の陳述で構成される傾向がある．そこでは，著者は具体的な出来事を避け，記述は一般的な用語で書かれる．狭い専門集団以外の人にとっては，こうした論文は難解で，退屈で，無味乾燥で，不十分な翻訳となる．記事であれ，論文であれ，本であれ，レベル3と4を用いながら正式なスタイルを採用しているエスノグラフィーの文章もある．ほとんどの学位論文は，レベル5の情報をかなり含んでいたとしても，こうした中間レベルの抽象度で書かれている．彼らは骨子，すなわち知識の骨組みを，具体例や特定の出来事に関す

るレベル6の陳述をすることなしに提示する傾向がある。それとは反対に，レベル5の陳述をほんの少し加えただけで，完全にレベル6の陳述だけから成り立っているエスノグラフィー的な小説や個人記録もある。この種の文章は読み手の関心はひくが，ある文化の全体的構造やエスノグラフィーの本質を伝えることには失敗するかもしれない。

　さまざまなレベルをどのように望ましい割合で混ぜ合わせるかは，エスノグラファーのゴール次第であることは明らかである。『酔っ払いにはツケがある：都市の遊牧民のエスノグラフィー』(*You Owe Yourself a Drunk*：*Ethnography of Urban Nomads*, 1970) の中で，私は，ホームレスに関する一般的な陳述と具体的な出来事の間を行ったり来たりしながら，レベル3から6までの陳述をかなりたくさん用いた。出来事の多くが情報提供者たちからの引用の中に含まれていた。『ホステス』(*Cocktail Waitress*, Spradley and Mann, 1975) では，私たちはより幅広い読者層に伝えようとして，もっとも具体的なレベルであるレベル6の陳述をもっとたくさん入れ込んだ。私たちはまた，より頻繁にブレイディーズ・バーの文化を普遍的なレベルに関連づけようと努めた。振り返ってみると，私たちは中間レベルの一般性に落つけようとする傾向があったようだ。『私のように聞こえない人』(邦訳：神様は手話ができるの？)(*Deaf Like Me*, Spradley and Spradley, 1978) という，耳が不自由な子どもに向き合う家族についての綿密な研究の中で，私たちは考えられ得る限りもっとも幅広い読み手に伝えるために，いちばん具体的なレベルへとほぼ完全に移行した。多くのデータはエスノグラフィーのインタビューやその他のエスノグラフィーの技術によって集められたが，私たちは，読み手により効果的に伝えるために具体的な出来事について詳しく述べた。私たちは，こうした家族の文化とはどのようなものか，彼らがどのように耳の不自由な子どもに向き合っているのか，どのような方法を用いているのか，コミュニケーションの成り立ちについて**見せよう**とした。この研究では，その他の一般化のレベルの陳述もすべて登場するが，それらは非常に徹底的に具体性の中に織り込まれているので目立たない。私たちは，具体的に述べながら，より一般的な陳述を伝えようと試みた。

　エスノグラファーはめいめい，自分がねらいとする読み手を決めなくてはならない。エスノグラフィー研究は，すべての人にとって重要な価値があり，エスノグラファーは学問的世界の外にいる人々に向けて書くべきであると私

は信じている。私は学生やその他の人たちに，中間レベルの一般化を控えめに使うように勧めている。もっとも一般的なものともっとも具体的なものを強調するのがよい。エスノグラフィーの文章では，ある重要な理由から，一般に対する関心は，個別を理解することに対して副次的である。なぜなら，一般は個別を通してもっともよく伝えられるからである。そして，すべての翻訳の残り半分は，部外者たちにある文化の意味を**伝える**ことに関与している。

❷ エスノグラフィーを書くためのステップ

　エスノグラフィーを行うことと同様に，エスノグラフィーを書くことは，それをもし**単一の課題**と考えるならば，困難な課題のように見えるかもしれない。エスノグラファーの初心者は非常にしばしば，書くこととは，ただ単に**書くこと**だととらえている。あなたは真っ白な紙とフィールドノートを前にして座り，エスノグラフィーを書き始める。それを終えた時，いくらかの修正と編集が必要になるが，その作業は概して長くやっかいな仕事である。

　段階的研究手順法（DRSメソッド）の根底には，大きな課題を小さな課題に分けて，それらを流れに沿って並べれば，仕事を単純化し効率を高めるという前提がある。この前提は書くことにも同様にあてはまる。しかし，私たちはめいめい，長年の経験から書くパターンを編み出してきているので，広範囲に適用される一連のステップを生み出すことは非常に難しい。次のステップは単なる示唆として考えられなければならない。読者は，自分の過去の経験を通して編み出されたパターンにもっともよくフィットするようなやり方で書くことを組織立てるような，自分独自のステップをつくり上げたいことだろう。しかしながら，エスノグラフィーを書くことをいくつかの課題に分けることは役立つという根本的な前提は，幅広い適用性を有している。

　ステップ1：読み手を選びなさい　読み手はエスノグラフィーのあらゆる面に影響を及ぼすので，読み手の選択は最初になすべきことの1つである。書くこととはすべて，人間相互のコミュニケーション行為であり，その意味で会話と同様である。誰かに話しかける時には，聞き手が目の前にいること

を思い起こさせる数え切れないほどの合図がある。書き手は，読み手を選び，それをはっきりとさせ，書いている間中読み手が誰なのか念頭に置いておく必要がある。

特定の専門誌や雑誌に向けて書く際には，エスノグラファーは，文章のスタイルを知るためにその雑誌の過去の号に注意深く目を通してみなければならない。そうすることで実際，そのような専門誌が対象としている読み手を見つけることができる。もしエスノグラフィーの単行本を書くつもりならば，読み手はその分野の研究者か，学生か，一般大衆か，あるいはその他の集団になるかもしれない。

私がかつて受けた読み手を選ぶための最良のアドバイスは，アリゾナ大学出版会の編集者，Marshall Townsend からもらったものである。

アリゾナ大学出版会でわれわれが重視する基本的概念は，「標的となる読み手」という概念だ。著者としての**あなた**にわれわれが要求することは，「標的となる読み手」を選び出し，**ただ１人の読み手**のためだけに本を書くことだ。あなたが**知っている誰か**実在の人物を選び出し，それからあなたの題材をこの人物があなたの言っていることがわかるように並べるんだ。あなたに「標的となる読み手」がいる時には，博士号をもっている人からそのことをちょっとだけ調べたい高校生まで，すべての人に情報を提供しようとする時とは違って，あなたは１つのレベルの表現をつくり上げることになる。あなたの伝達レベルを選んで，そこにとどまるんだ――この人物１人だけに向けて書くことに精魂傾けながら。あなたはこの考え方が非常に役立つことがわかることだろう。

あなたが著者として，１人のために見事に書き上げる時，われわれは出版業者としてあなたの本を採用して何千冊も売ることができるだろう。なぜなら，それぞれの人が「これは**自分**のために書かれている」と感じるからだ。逆に，もしあなたが何千もの人に向けて書こうとして，その人たちのさまざまな関心や視点をすべて盛り込んで書こうとしたならば，われわれはただの１冊だって売ることができないだろう。１つのレベルのやり方を貫くことだ。そうすれば，出版業者としてわれわれは，さまざまな関心をもつ読者に対して，その本が，彼らの世界にどんなふうにフィットするか理解できるように情報を流すことに専念する。

ステップ2：主題を選びなさい　読み手に伝えるためには，何か言うことをもっていなければならない。あまりにしばしば，エスノグラフィーの記述は目的地をもたないとりとめもない会話のように見える。当のエスノグラファーと一部の同僚には関心をもたれたとしても，そのような文章は大勢の人の関心を引くことはないだろう。主題とは中心的メッセージであり，あなたが主張したいことである。主題を見つけ出すためにはいくつか，その源泉となるものがある。

　第一に，あなたがエスノグラフィーの調査の中で発見した主要なテーマは，主題となる可能性がある。例えば，ホームレスの文化における主要なテーマは，刑務所に入っていることはその人のアイデンティティに影響を与え，出て行って酒を飲みたくさせるほどであるというものであった。刑務所で人は，「だましとる」ことを学び，このことは路上で「うまくやろう」とするホームレスとしての彼のアイデンティティを強化していた。このテーマはエスノグラフィーの主題になった。つまり，酔っ払いを投獄することは，矯正というよりもむしろ，実際にはホームレスのアイデンティティ形成に重要な役割を果たしていたというものである。この主題はそのエスノグラフィーのタイトルに集約され，それはある情報提供者の「**刑務所に30日もいれば，酔っ払いは自分をツケにしちまうんだ！**」という言葉からもたらされた。

　第二に，あなたのエスノグラフィーのための主題はエスノグラフィーの全体的なゴールからもたらされるかもしれない。例えば，あなたは自分の主題について，次のように述べるかもしれない。「ほとんどの人にとって，バーは酒を飲む場所である。しかし，ホステスにとってはもっと複雑である。それは多様な文化的意味をもった1つの世界であり，その意味とは彼女が仕事をこなし困難をうまく切り抜けるために学んだものである。この論文の中で私は，ホステスの文化的知識が，部外者が気軽にもつ印象とは違って，どんなに複雑なものであるかを示したい」　あなたの主題は，文化的意味体系は私たちが普段考えているよりもずっと複雑であるということをただ単に示すことであってもよい。

　この種の主題を考えだすもう1つの方法は，行動のための一連の方法に着眼することである。文化は通常の生活行動をこなすための手段の集合とみることもできる。あなたの主題は読み手にホームレス，ホステス，あるいは何か他の種類の人物であるための方法を示すことである。Frakeは，一連の論

文の中で，この種の主題を効果的に活用している。例えば，彼はフィリピンのヤカン族における「酒の注文の仕方」(Frake, 1964c)と「家への入り方」(1975)について書いている。

　この種の主題を編み出すさらにもう1つの方法は，行動のための暗黙のルールを示すことである。この主題は，社会生活の中では私たちが気づいていないことがたくさん起こっていること，また，人々が知ってはいるがめったに口には出さない行動のための暗黙のルールがあることを主張する。あなたの論文のポイントはこれらの暗黙のルールを明らかにすることである。

　第三に，主題は社会科学の文献からもたらされることもある。ホームレスに関するある論文の中で私は，「相互依存」の概念に関する文献を調べ直した。そうして私は，ホームレスたちの間にある相互依存のパターンをより一般的な諸概念へ結びつける主題を考え出した（Spradley, 1968）。

　主題が決まった時，それを手短に，できれば一文で述べることは有益であるし，書きながら思い出せるように，それを目の前に置いておくとよいだろう。これはあなたの論文にまとまりをつけ，単一の主要な考えの周りにまとめあげるのに役立つだろう。それはまた，領域(ドメイン)とその意味の単純な羅列という方法ではできないようなやり方で，読み手がその文化の意味をつかむことを助けるであろう。

　ステップ3：トピックスのリストとアウトラインをつくりなさい　どのようなエスノグラフィーであっても，ある文化の選ばれた諸側面しか扱うことはできないだろう。さらにあなたは，自分が集めてきた素材の一部しか使えないことだろう。このステップでは，フィールドノートや文化的な目録を見直し，最終的な記述に含めるトピックスをリストアップする。これらのトピックスのあるものは「序論」か「結論」のようなものになることだろう。ひとたびトピックスがリストアップされたなら，自分の主題にもとづいてアウトラインをつくることができる。これによって，実際に書く文章がいくつかのセクションに分けられ，それぞれのセクションはまた別々の単位に分けることができる。もし調査中に，短い記述的な文章を書いてきたならば（付録B参照），それらの多くもしくは全部を，アウトラインの中にうまく入れ込むことができるかもしれない。

ステップ4：各セクションの下書きを書きなさい　下書きとは，おおざっぱで不完全で推敲されていないものを意味する。多くの書き手を阻むのは，書くたびにいちいち文章を修正したくなるという欲求である。絶え間ない修正は書くプロセス全体を遅くするばかりでなく，コミュニケーションの自由な流れを損なってしまう。絶え間ない修正は会話中にはめったに起きない。私たちはときどき何かを言い直すこともあるかもしれないが，普段は修正することなしに話をしている。**話すように書け**ということは，各セクションの下書きを書く際に従うべき優れたルールである。

ステップ5：アウトラインを修正し，小見出しをつくりなさい　多くの場合，アウトラインは書く間に変わっていくものである。いったん各セクションの下書きが完成したならば，新しいアウトラインをつくり，各セクションを必要に応じて組み立て直してみるのがよい。論文の構成の手がかりを読み手に与えるために，またある部分から他の部分への移行を示すために，小見出しを使いたくなるかもしれない。土着の言葉（フォークターム）は，しばしばエスノグラフィーの小見出しとして使うこともでき，情報提供者の文化的知識を映し出す視点を提示するのに役立つ。

ステップ6：下書きを編集しなさい　執筆のこの時点になると，あなたは，論文の下書き，かなり明確なアウトライン，そして論文の中に使いたいと思うたくさんの小見出しをもっていることだろう。文章の細部までよくするためにそれを見直す時が来た。セクションごとに作業し，同時に記述全体を念頭に置いておくのがよい。以前に書いたページに直接修正を書き入れなさい。段落や文章を加えたい時には，ページの裏や別な紙にそれをどこに入れたらよいかの指示とともに書いておきなさい。この段階にきたら，友人に頼んで原稿に目を通してもらい，おおざっぱなコメントをもらうことがしばしば役に立つ。第三者の視点は，文章を良くするために特に役立ち，記述の伝達力を高めることだろう。

ステップ7：序論と結論を書きなさい　今や記述はかなり出来上がってきており，あなたは，論文のこれら2つの部分をより効果的な方法で書くことができる。書き始めには序論をおおざっぱに書いておき，結論は終わりまで

とっておくほうがうまく書けると思う書き手たちもいる。いずれにせよ，今こそ，序論と結論の両方を吟味して，それらを論文に合うように修正する時である。

ステップ8：例を焦点にして原稿を読み直しなさい　例とは，もっとも低いレベルの抽象度で書くことを意味する。例がもつ伝達力の重要性から，十分な例を使ったかどうかを見るために論文を読んでみるという特別な読み方が特に推奨される。一般的な陳述が文章を「重苦しく」しすぎている場所を探し，その場所に短い例や長い例を挿入できないかどうか見てみなさい。

ステップ9：最終稿を書きなさい　これは単に論文をタイプすることや誰かにタイプで打ってもらうことを意味する場合もある。最終的な編集作業を行いながら，原稿を再び注意深く読み返さねばならない場合もある。このようなステップを踏むことで，執筆中に，原稿全体を何回にもわたって見直すことができる。初稿を最終稿とするような原稿と違って，あなたの論文は一連の発展的段階を経てきたのである。

本章で私たちは，翻訳のプロセスの一部としてのエスノグラフィーの執筆について検討してきた。書くことはゆっくりと学ばれる技能であり，人によって多様性をもつ技能である。本章で述べた示唆は，あくまで一般的なガイドラインとして提示されたものであり，すべての書き手が絶対に従うべきルールとして書かれたものではない。

□ **学習課題**
1）エスノグラフィーの下書きを書きなさい。
2）データの隙間を埋めるために，必要に応じて追加調査を行いなさい。
3）エスノグラフィーの最終稿を書きなさい。

APPENDICES 付録

付録A 段階的研究手順法（DRS メソッド）

　本書は，文化人類学のフィールドワークに対するより系統的なアプローチを開発しようとする試みから生まれたものである。私は，この方法を段階的研究手順法（Developmental Research Sequence Method：DRS メソッド）と呼んでいる。私の関心はかなり単純な観察から生まれた。つまり，**エスノグラフィーのフィールドワークを行う際には，ある作業はほかの作業よりも先に行うとうまくいく**というものである。時にフィールドワークがそれを要求するかのように見えたとしても，エスノグラファーは一度にすべてを行うことはできない。本書で紹介しているフィールドワークの技術としての参加観察法には，ある種の**順序**に従って行うとうまくいく作業が含まれている。例えば，エスノグラファーは，観察する前に社会的状況を定めなければならない。いくつかの観察は他の観察より先に行うほうがうまくいく。フィールドノートをつけることは，データ分析より先に行わなければならない。エスノグラフィーのインタビューもまた，順序性のあるフィールドワークの作業を含んでいる。この順序については，『エスノグラフィーのインタビュー』（*The Ethnographic Interview*, Spradley, 1979）に示されている。

　作業手順という考え方に従って作業し始めたところ，2つの応用例があることに私は気がついた。第一に，この考えは私自身のエスノグラフィー研究のガイドとして役立った。第二に，エスノグラフィーの専門家やさまざまな専門分野の大学院生，また学部生からの相談に応じる時に，段階的研究手順法を用いることで多くのフィールドワークの問題を解決するのに役立った。マカレスター大学では，私は同僚の David McCurdy とともに，エスノグラフィーのインタビューに関する学部生対象の多数の講義でこのアプローチを使った。マカレスター大学の社会学の Jeff Nash 准教授とは，参加観察法に関するコースを教えた。そこから本書に示した多くの考えが生み出された。1976年から1977年にかけて，アメリカ学術振興協会（American Association for the Advancement of Science：A. A. A. S.）の後援による夏期短期講習で，エスノグラフィー研究に関心をもつ，人類学，社会学，心理学，教育学，政治

学の専門家に，これらの考えの多くを提示した。彼らの多くが自身の研究や教育にこのアプローチを活用してくれたが，彼らの考えは本書に書かれていることを洗練し，明確化するのに役立った。

　伝統的に，文化人類学者はその専門教育の終わり近くになってフィールドワークを行う術を学んできた。私の場合もそうだが，しばしばそれはある種の「いちかばちか」の体験を意味していた。エスノグラファーは何年にもわたって講義を聴き，学術雑誌を読み，図書館用の研究論文を書いた末に，異国の言葉を話すどこか奇妙なコミュニティにたどり着いた。ゴールは明白だった。すなわち，**人々にとって生活を意味あるものにしている文化的パターンを発見すること**であった。フィールドワークの技術もまた明白であった。つまり，**インタビュー**と**参加観察**であった。しかし，実際にエスノグラフィーのインタビューを行う方法や参加観察を行う方法については漠然と理解しているだけだった。伝統的なエスノグラファーは，他の文化についてたくさんのことを知っている一方で，どのようにして人々からじかに独創的な発見を導き出したらよいかについては，ほとんど系統的な訓練を受けていなかった。エスノグラフィーを行う技法は，フィールドで行き当たりばったりやってみながら学ぶしか方法がなかったのである。

　そこで，エスノグラファーはまずぶらぶら歩いてみて，観察をし，話を聞き，物事を書きとめた。自ら好んで話してくれそうな人や話し好きそうな人が重要な情報提供者になった。2, 3か月もすると，人々が何を言ったか，何をしたかを書きとめたフィールドノートの量は膨大になった。ほとんどのエスノグラファーは，試行錯誤を通して，また粘り強さや根気強さを通して，なんとかうまくエスノグラフィーを行う術を学んでいった。彼らはフィールドで半年，1年，1年半と過ごした。生活の重要な部分を見落としたのではないかと時折不安に駆られながらも，その文化について多くのことを発見した。

　フィールドワークの期間が終了すると，エスノグラファーは観察と解釈でいっぱいになったノートを持って戻ってきた。その後数か月間，フィールドノートを分類しながら，ほとんどのエスノグラファーは，尋ねるべきだった質問，たどるべきだった重要な調査の方向を見つけだした。しかし，メモに多くの隙間はあるにせよ，エスノグラファーは比較し，対比し，分析し，総合し，執筆した。そしてまた書き直した。ついに終わりが見えてきた。つまり，異国の人の生活の様子を，他の人がわかるような言葉に翻訳したエスノ

グラフィーの記述である。ともかくも調査全体が終わるころには，エスノグラフィーを行う術を学んだのである――それをやってみることによって。

　段階的研究手順法のやり方は，こうしたフィールドワークを学ぶ伝統的な手法と共通した特徴をもっている。どちらも，エスノグラフィーの実際を学ぶための最良の方法はやってみることであるという前提にもとづいている。このことは，本書の第2部に反映されており，そこでは具体的な課題が順序に沿って並べられている。「エスノグラフィー研究」を扱う第1部は，フィールドワークを行うことに関連したいくつかの基本的概念を再検討しながら手早く読むことができる。しかし，「段階的研究手順法」を扱う第2部は，これとは別のアプローチが必要である。それぞれのステップは，この方法の学習目標に関する説明から始まっている。つまり，次のステップに進む前に何を行って何を学ばなければならないかが述べられている。概念や技術について述べた後で，各ステップの最後には，フィールドワークの実施に必要とされる段階的研究手順法の学習課題のリストが挙げられている。後半のステップの多くは，少なくとも最低限の参加観察の経験を積んだ後にしか意味をもたない。本書はなんらかの参加観察の技法を身につけようとする人のために書かれたものだが，経験を積んだエスノグラファーにとっても価値あるものであると私は信じている。後者の場合には，ステップの順序は，フィールドでのそれまでの経験からもっともうまくいくと思うやり方に合わせればよい。

　エスノグラフィーを学び，実践していくための段階的研究手順法の根底にある以下の5つの原則は，本書を構成するうえでの基礎となっており，それによって入れるべき考えの取捨選択が行われている。私の目標は，参加観察に関する専門的な文献を概観することではなく，エスノグラフィーを行うためのフィールドワークの技術を学ぶ際のやりやすい方法を示すことである。

1）単一の技術の原則

　段階的研究手順法は複数のエスノグラフィーの技術をはっきりと区別し，学習目的のために1つの技術を選択する。エスノグラファーは，別の文化を記述するために多くの技術を使う。彼らは参加観察者として行動し，人々が普段の活動の中で行ったり，言ったりすることを記録していく。彼らは儀式を観察したり，漁をしたり，家を建てたりといった活動をする。彼らは人々が行っていることを見ながら，人々の後について回り，さりげなく質問をす

る。個人がどのように自分の文化を経験していくかを発見するために，彼らはライフヒストリーを記録する。昔話や言い伝えも記録する。彼らは重要な情報提供者にエスノグラフィーのインタビューを行い，質問に対する答えを注意深く分析する。家系図も記録する。投影法も使うかもしれない。フィールドでは，経験を積んだエスノグラファーはこれらの方法をすべて同時に使うかもしれない。しかしながら，エスノグラフィーの仕方を**学ぶ**という目的からは，一度に１つの技術を習得することに専念するのがもっともよい。本書は参加観察だけを扱っているが，それは参加観察がもっとも良いデータ源であるからということではなく，エスノグラフィーをするのに不可欠な１つの技術であるからである。

2）課題の明確化の原則

段階的研究手順法では，ある特定のフィールドワークの技術にとって必要とされる基本的課題や具体的目標を明らかにしている。本書で私は12の主要な課題を明らかにした。これらを実行する時，2つのことが起こる。すなわち，第一に，参加観察の基本的技法と文化的記述を書き上げることを学ぶこと，第二に，ある特定の文化的状況の中で独創的な研究をなし遂げることである。

3）段階的順序の原則

段階的研究手順法は，主要な各ステップを遂行するために必要とされる具体的な課題を段階的に踏むという順序性にもとづいている。課題の順序性という性質は，エスノグラフィー研究を**焦点化する**のに役立つ。フィールドにおいてエスノグラファーは，研究可能な何百という事柄に遭遇する。1回のインタビューでさえ，たくさんの進むべき道が示される。各ステップの順序性という性質は2つのことを可能にする。すなわち，ⓐ系統的なやり方で研究の基本的技法を向上させる，ⓑ効率的で実行可能なやり方で文化的場面を研究することを可能にする。これにより，研究能力の素早い向上，コントロール感覚の獲得，フィールドワークでの不安の軽減がもたらされる。

4）独創的な調査の原則

段階的研究手順法は，独創的なエスノグラフィー研究の完成へと人を導く。

本書の第2部の各ステップは，単なる練習問題では**ない**。それらは独創的な研究を行う際のステップを表している。この目標に到達するために段階的研究手順法は，観察技法に加えて，フィールドノートの分析技術，参加観察にもとづいて文化的記述を構成するための示唆，最終的なエスノグラフィーの記述を書き上げるための具体的なガイドラインを網羅している。

私は，段階的研究手順法にもとづいて行った研究を発表した大学院生・学部生を多数知っている。専門学会で論文を発表した人もいるし，調査を継続し，同じ文化的な場面で参加観察からエスノグラフィーのインタビューへと移っていった人も数多くいる。本書全体を通して，私は専門家の研究と同様に学生の研究からも例を引用した。これらすべての人たちを，私はエスノグラファーと呼んでいる。この人たちは段階的研究手順法を使うことで，独創的な研究の実施に携わったのである。

5）問題解決の原則

段階的研究手順法は問題解決プロセスにもとづいたものである。フィールドワークにおいては際限なく問題が現れてくることは，エスノグラファーなら誰でもが知っている。いずれにせよ，エスノグラファーとしてうまくやるためには，首尾よく問題解決を行える人にならなければならない。フィールドワークを行う楽しさのある部分は，問題解決にチャレンジすることから来ている。そのプロセスには次の6つの段階が含まれている。①問題を特定する，②考えつく原因を明らかにする，③可能な解決法を考える，④もっとも良い解決法を選ぶ，⑤計画を実行する，⑥結果を評価する，である。

12のステップ各々に示されている学習目標と学習課題は，この問題解決プロセスを参加観察やエスノグラフィーの記述に応用することから考え出されたものである。私自身の経験や他のエスノグラファーの専門家との話し合い，また何百名という学生の経験から，繰り返し起こる問題が複数あることが明らかになってきた。その中には**フィールドワークの問題**もあった。例えば，約束のキャンセル，質問に答えたがらないこと，疑われること，関係構築の失敗などである。**概念上の問題**は，エスノグラフィーを行うことに関連した基本的概念を理解していないことから生じていた。**分析上の問題**は，参加観察から得られた生データをどう扱ってよいのかわからないことから生じていた。**執筆の問題**は，最終的な論文を構成することや，どんなことを入れ

込んだらよいか，また書くという課題にどう取り組んだらよいかを知ることなどを含んでいた。12のステップの学習目標や学習課題の順序は，他の問題に加えて，このようなすべての問題を想定したものである。それぞれのステップに入れるべき概念や学習目標，学習課題，例は，参加観察を行う際にもっともよく起こる困難に問題解決プロセスをあてはめてみることから生まれてきた。

しかしながら，あらゆるフィールドワーク調査は唯一無二のものであり，常に新しい問題が生み出される。このためエスノグラファーは，研究全体を通して問題解決プロセスを応用していかなければならない。私がエスノグラフィーの初心者に勧めるのは，系統的に取り組むことである。進み具合をチェックし，問題を明らかにし，可能な解決法のリストをつくり，もっとも良い解決法を選び，それを実行し，結果を評価するのである。

グループで作業することで，エスノグラフィーのフィールドワークに問題解決プロセスを応用することが容易になることがよくある。私は週に1回，学部生や大学院生のクラスで，問題解決のための実験的試みを行ってきた。それは，前の週に研究で遭遇した困難が何であったか，私が尋ねることから始まる。通常，問題に関する最初の発言は洗練される必要がある。ひとたびグループが問題をはっきりさせると，私たちはできる限り多くの解決法を考え出そうとする。このリストの中からもっとも良い解決法やそれをどのように実行していったらよいかについて話し合う。時に学生は4,5人の小さなグループで集まって，その時直面している困難を解決するのに問題解決プロセスを使ったり，実施された解決法について評価したりする。

付録 B 段階的研究手順法（DRSメソッド）における書くための課題

段階的研究手順法（DRSメソッド）の各ステップを踏む中で，なにがしか書いておくことが役に立つ。早くから書き始めることで，最終的なエスノグラフィーに組み込むことができるおおざっぱな下書きとなる素材を得ることができる。もちろんあなたは，フィールドノートや日誌，解釈などを書いていくことだろう。それら自体示唆となるものである。またそれぞれの学習課題には，なんらかの書くという作業が含まれている。ここで簡単に述べる課題は，頭の中にイメージされた最終的なエスノグラフィーのために特に考え出されたものである。毎週，最終的な報告書にフィットするようなトピックスについて2～4ページほど書いておくことは，研究に影響を及ぼすことだろう。こうしたことをやっておくことが，ある種の分析を行うようにと，また研究の最終的な産物について継続的に考えるようにとあなたを励ますことになる。これらのトピックスは**示唆**である。あなたはそれらのうちのいくつかあるいはすべてを追究したいと思うかもしれない。または，あなた自身の研究にもっとしっくりくるような特別な書き方を工夫したいと思うかもしれない。

1）社会的状況を定める

エスノグラフィー研究の本質　エスノグラフィーの記述を読む者が，こうした調査の本質を理解していると前提することはできない。読者に対してエスノグラフィーとは何であるかを伝えるような短い文章を書いてみなさい。文化，エスノグラフィー，参加観察，社会的状況など主要な概念を明確にし，定義づけなさい。あなた自身の経験からこれらの概念について説明しなさい。エスノグラフィーの本質に関して数ページ書いておくと，最終的な報告書の導入部分として役立つかもしれない。また，あなたが研究を始める際に，これらの概念をはっきりさせておくことに役立つことは間違いない。

2）参加観察を行う

エスノグラフィー研究における言語の役割　エスノグラフィー研究のすべての段階における言語の役割について論じなさい。参加観察者自身の言語がデータにどのように影響するかについて論じなさい。

3）エスノグラフィーの記録をつける

エスノグラフィーの調査を始めること　読者に向けて，あなたがどのようにしてエスノグラフィー研究を始めたかを書きなさい。そうしたスタイルがよいかどうか確かめるために，最終的なエスノグラフィーの1つの選択肢として，一人称を用いて書きなさい。どのようにしてある文化的場面を選ぶ決断をしたのか，どのようにしてある社会的な状況を定めたのか，そして観察を始めた時どんなことが起こったのかについて，詳細に記述しなさい。このようなフィールドワークの初期段階におけるあなた自身の反応についても書き加えなさい。

4）記述的観察をする

物理的な環境　社会的状況の物理的な環境についても記述しなさい。フィールドワークの際に行われた観察にもとづいて書きなさい。具体的な場所や物のリストをつくることから始めなさい。これらを書くことで，第一印象が色褪せる前に活用され，同時に必要な情報が明らかにされる。

5）領域(ドメイン)分析をする

文化的場面の要約　予備研究で明らかにされた領域(ドメイン)にもとづいて，文化的場面の概観を予備的に書いておきなさい。場面全体を描き出すために大まかに書きなさい。もしくはそれについてあなたが知っていることを書きなさい。

6）焦点化観察をする

文化的場面の要約を修正しなさい　ステップ5で書いた文書を修正しなさい。その際，重要な領域(ドメイン)を加えつつ，その文化的場面の，論理的でありながら簡潔な概観へと文書スタイルを修正しなさい。

7）分類分析をする

　文化的領域(ドメイン)を記述しなさい　1つの領域(ドメイン)を成り立たせている，もしくはより大きな領域(ドメイン)の部分を構成しているひとまとまりの用語を選び出しなさい。そしてそれを記述しなさい。

8）選択的観察をする

　文化的領域(ドメイン)についての対話を書きなさい　分析し終えた1つの領域(ドメイン)を選び，その文化について知っている2人の間で交わされる意味に満ちた対話をつくり出しなさい。その人たちが，会話している状況を記述しなさい。このような書き方で書くことで，少し違ったスタイルを試すことができる。

9）構成要素分析をする

　文化的領域(ドメイン)を記述しなさい　別の領域(ドメイン)を1つ選び，その領域(ドメイン)の本格的な記述をしなさい。その際，それぞれの用語の意味やそれらの関係を明確にしながら書きなさい。それぞれの用語間にある対比を明らかにするようないくつかの属性を示す具体例を挙げなさい。

10）文化的なテーマを発見する

　文化的なテーマを記述しなさい　1つもしくはそれ以上の文化的なテーマを選び，それが，その文化の中にあるいくつかの領域(ドメイン)をどのように結びつけているかを表す短い文書を書きなさい。

11）文化的な目録をつくる

　研究の展開を書きなさい　調査の全般的な展開を記述しなさい。そこで起きた倫理的な問題に関する考察や，それをどのように解決したかについても含めなさい。

12）エスノグラフィーを書く

　今後の研究への示唆　あなたの発見にもとづいて，その文化的場面に関する今後の研究にもっとも重要と思われる領域(ドメイン)を示す短い文書を書きなさい。もしあなたにもっと時間があるか，もしくはほかの誰かにこの場面を研究することを勧めるとしたならば，何を研究するかについて書きなさい。

●文献

AGAR, MICHAEL
1973　*Ripping and Running: A Formal Ethnography of Urban Heroin Addicts.* New York: Seminar Press.
1976　"Themes revisited: some problems in cognitive anthropology." Unpublished paper, Department of Anthropology, University of Houston.

BEAN, SUSAN S.
1976　"Soap operas: sagas of American kinship," in *The American Dimension.* Port Washington, N.Y.: Alfred.

BECKER, H. S.
1963　*Outsiders.* New York: Free Press.[*1]

BENEDICT, RUTH
1934　*Patterns of Culture.* New York: Houghton Mifflin.[*2]

BLACK, MARY, AND DUANE METZGER
1964　"Ethnographic description and the study of law," in *The Ethnography of Law,* Laura Nader, ed. *American Anthropologist* 67(2):141-65.

BLUMER, HERBERT
1969　*Symbolic Interactionism.* Englewood Cliffs, N.J.: Prentice-Hall.[*3]

BOAS, FRANZ
1966　*Kwakiutl Ethnography* (edited by Helen Codere). Chicago: University of Chicago Press.

CARLSON, KATHERINE
1977　"Reciprocity in the marketplace: tipping in an urban nightclub," in *Conformity and Conflict: Readings in Cultural Anthropology,* 3rd ed. James P. Spradley and David W. McCurdy, eds., pp. 337-47. Boston: Little, Brown.

D'ANDRADE, ROY
1976　"A propositional analysis of U.S. American beliefs about illness," in *Meaning in Anthropology,* Keith Basso and Henry A. Selby, eds., pp. 155-80. Albuquerque: University of New Mexico Press.

DEVNEY, ROBERT
1974　"The health and social culture of quadriplegics." B.A. Honors Thesis, Department of Anthropology, Macalester College, St. Paul, Minn.

DIXON, CAROL
1972　"Guided options as a pattern of control in a headstart program." *Urban Life and Culture* 1:203-16.

EDGERTON, ROBERT
1978　*On the Beach.* Berkeley: University of California Press.

EHRMAN, SUZI
1977　"The lord of the rings: ethnography of a directory assistance telephone operator." Unpublished seminar paper, Department of Anthropology, Macalester College, St. Paul, Minn.
1978　"Airport '78: the waiting public: ethnography of killing time in the airport." Unpublished paper, Department of Anthropology, Macalester College, St. Paul, Minn.

ESTENSON, JOAN
1978 "Picketers and arsonists: an ethnography of opposition to an abortion clinic." Unpublished paper, Department of Anthropology, Macalester College, St. Paul, Minn.

FERRY, DAVID
1978 "I think that this would be easier with a machine: an ethnography of waiting in line." Unpublished paper, Department of Anthropology, Macalester College, St. Paul, Minn.

FRAKE, CHARLES O.
1964a "Notes on queries in ethnography." *American Anthropologist* 66(3), Part 2:132-45.
1964b "A structural description of Subanun religious behavior," in *Explorations in Cultural Anthropology*, Ward Goodenough, ed., pp. 111-30. New York: McGraw-Hill.
1964c "How to ask for a drink in Subanun." *American Anthropologist* 66(2):127-32.
1975 "How to enter a Yakan house," in *Sociocultural Dimensions of Language Use*, Mary Sanchez and Ben Blount, eds., pp. 25-40. New York: Academic Press.
1977 "Plying frames can be dangerous: some reflections on methodology in cognitive anthropology." *Quarterly Newsletter of the Institute for Comparative Human Development* 3:1-7. New York: Rockefeller University.

FRANK, PEGGY
1976 "How to cross the urban no man's land." Unpublished paper, Department of Anthropology, Macalester College, St. Paul, Minn.

GLASER, BARNEY G., AND ANSELM L. STRAUSS
1967 *The Discovery of Grounded Theory: Strategies for Qualitative Research.* Chicago: Aldine.[*4]

GOFFMAN, ERVING
1961 *Asylums.* Garden City, N.Y.: Doubleday.[*5]

GORDON, DAVID
1974 "The Jesus People: an identity synthesis." *Urban Life and Culture* 3:159-78.

HAGSTROM, CATHY
1978 "It feels good to be recognized in public." Unpublished paper, Department of Anthropology, Macalester College, St. Paul, Minn.

HALL, EDWARD T.
1959 *The Silent Language.* Garden City, N.Y.: Doubleday.[*6]
1966 *The Hidden Dimension.* Garden City, N.Y.: Doubleday.[*7]

HALL, GAIL
1976 "Workshop of a ballerina: an exercise in professional socialization." *Urban Life and Culture* 6:193-220.

HANSON, JANE
1978 "At the museum: child handling among Indian artifacts." Unpublished paper, Department of Anthropology, Macalester College, St. Paul, Minn.

HAYANO, DAVID M.
  1978 "Strategies for the management of luck and action in an urban poker parlor." *Urban Life and Culture* 6:475-88.
HENRY, JULES
  1963 *Culture Against Man*. New York: Random House.
HICKS, GEORGE L.
  1976 *Appalachian Valley*. New York: Holt, Rinehart and Winston.
HYMES, DELL H.
  1978 "What is ethnography?" Sociolinguistics Working Paper #45, Southwest Educational Development Laboratory, Austin, Texas.
IRVINE, JUDITH T.
  1974 "Strategies of status manipulation in Wolof greeting," in *Explorations in the Ethnography of Speaking*, Richard Bauman and Joel Sherzer, eds., pp. 167-91. New York: Cambridge University Press.
JACOBS, JERRY
  1974 *Fun City: An Ethnographic Study of a Retirement Community*. New York: Jerry Jacobs.
JACOBSON, DAVID
  1973 *Itinerant Townsmen: Friendship and Social Order in Urban Uganda*. Menlo Park, Calif.: Cummings.
KEISER, LINCOLN
  1969 *The Vicelords*. New York: Holt, Rinehart and Winston.
KIEFER, THOMAS M.
  1968 "Institutionalized friendship and warfare among the Tausaug of Jolo," *Ethnology* 7:225-44.
KRUFT, JEAN
  1978 "A humanitarian cause: an ethnography of selling blood plasma." Unpublished paper, Department of Anthropology, Macalester College, St. Paul, Minn.
KRUSE, LIS-MARIE
  1975 "Teenage drinking and sociability." *Urban Life and Culture* 4:54-78.
LE COMPTE, MARGARET
  1978 "Learning to work: the hidden curriculum of the classroom." *Anthropology and Education Quarterly* 9:22-37.
LEWIS, OSCAR
  1963 *The Children of Sanchez: Autobiography of a Mexican Family*. New York: Vintage.[*8]
LIEBOW, ELLIOT
  1967 *Tally's Corner*. Boston: Little, Brown.[*9]
LOFLAND, JOHN
  1976 *Doing Social Life: The Qualitative Study of Human Interaction in Natural Settings*. New York: Wiley.
LYND, ROBERT S.
  1939 *Knowledge for What?* Princeton, N.J.: Princeton University Press.[*10]

MAISEL, ROBERT
1974 "The flea market as an action scene." *Urban Life and Culture* 2:488-505.

MALINOWSKI, BRONISLAW
1922 *Argonauts of the Western Pacific.* London: Routledge.
1950 *Argonauts of the Western Pacific.* New York: Dutton.

MANIS, JEROME, AND BERNARD MELTZER, EDS.
1967 *Symbolic Interaction: A Reader in Social Psychology.* Boston: Allyn and Bacon.

MANN, BRENDA
1976 "The ethics of field work in an urban bar," in *Ethics and Anthropology: Dilemmas in Field Work.* Michael Rynkiewich and James Spradley, eds., pp. 95-109. New York: Wiley.

MANN, LEON
1973 "Learning to live with lines," in *Urbanman: The Psychology of Urban Survival.* John Helmer and Neil A. Eddington, eds., pp. 42-61. New York: Free Press.

MC CORD, JOAN, AND WILLIAM MC CORD
1958 "The effects of parental role model on criminality." *Journal of Social Issues* 14:66-75.

MC CURDY, DAVID W.
1971 "The changing economy of an Indian village," in *Conformity and Conflict: Readings in Cultural Anthropology.* James P. Spradley and David W. McCurdy, eds., pp. 219-28. Boston: Little, Brown.

MEGGITT, MERVYN
1974 "Pigs are our hearts!" *Oceania* 44:165-203.

MONSEY, BARBARA
1978 "Vending machines: order and disorder." Unpublished paper, Department of Anthropology, Macalester College, St. Paul, Minn.

NASH, JEFFREY
1975 "Bus riding: community on wheels." *Urban Life and Culture* 4:99-124.
1977 "Decoding the runner's wardrobe," in *Conformity and Conflict: Readings in Cultural Anthropology,* 3rd ed. James P. Spradley and David W. McCurdy, eds., pp. 172-86. Boston: Little, Brown.

NELSON, RICHARD K.
1969 *Hunters of the Northern Ice.* Chicago: University of Chicago Press.

NORTHROP, DAPHNE
1978 "I look better when I prance: an ethnography of track runners." Unpublished paper, Department of Anthropology, Macalester College, St. Paul, Minn.

OPLER, MORRIS E.
1945 "Themes as dynamic forces in culture." *American Journal of Sociology* 53:198-206.

ORBACH, MICHAEL K.
1977 *Hunters, Seamen, and Entrepreneurs.* Berkeley: University of California

Press.
READ, KENNETH E.
1965 *The High Valley.* New York: Scribners.
RIEMER, JEFFREY W.
1977 "Varieties of opportunistic research." *Urban Life and Culture* 5:467-78.
ROHLEN, THOMAS P.
1974 *For Harmony and Strength.* Berkeley: University of California Press.
ROTH, JULIUS A.
1963 *Timetables: Structuring the Passage of Time in Hospital Treatment and Other Careers.* New York: Bobbs-Merrill.
RYBSKI, JOHN
1974 "Flying like a butterfly from cloud to cloud: an ethnography of soaring in Minnesota." Unpublished paper, Department of Anthropology, Macalester College, St. Paul, Minn.
SANDERS, WILLIAM B.
1973 "Pinball occasions," in *People in Places: The Sociology of the Familiar.* Arnold Bierenbaum and Edward Sagarin, eds. New York: Praeger.
SINGWI, VEENA
1977 "An ethnography of a soda and grill." Unpublished paper, Department of Anthropology, Macalester College, St. Paul, Minn.
SOLOWAY, IRV, AND JAMES WALTERS
1977 "Workin' the corner: the ethics and legality of ethnographic fieldwork among active heroin addicts," in *Street Ethnography,* Robert S. Weppner, ed., pp. 159-78. Beverly Hills, Calif.: Sage Publications.
SPRADLEY, JAMES P.
1968 "A cognitive analysis of tramp behavior," in *Proceedings of the Eighth International Congress of Anthropological and Ethnological Sciences.* Tokyo: Japan Science Council.
1969 *Guests Never Leave Hungry: The Autobiography of James Sewid, a Kwakiutl Indian.* New Haven: Yale University Press.
1970 *You Owe Yourself a Drunk: An Ethnography of Urban Nomads.* Boston: Little, Brown.
1971 "Beating the drunk charge," in *Conformity and Conflict: Readings in Cultural Anthropology,* James P. Spradley and David W. Mc Curdy, eds., pp. 351-58. Boston: Little, Brown.
1973 "The ethnography of crime in American society," in *Cultural Illness and Health,* Laura Nader and Thomas Maretzki, eds. Anthropological Studies, No. 9. Washington, D.C.: American Anthropological Association.
1976 "The revitalization of American culture: an anthropological perspective," in *Qualities of Life: Critical Choices for Americans,* Vol. III, pp. 99-122. Lexington, Mass.: Heath.
1979 *The Ethnographic Interview.* New York: Holt, Rinehart and Winston.
SPRADLEY, JAMES P., AND BRENDA MANN
1975 *The Cocktail Waitress: Women's Work in a Male World.* New York: Wiley.
SPRADLEY, JAMES P., AND DAVID W. MC CURDY

1971   *Conformity and Conflict: Readings in Cultural Anthropology.* Boston: Little, Brown (2nd ed., 1974; 3rd ed., 1977).
1972   *The Cultural Experience.* Chicago: Science Research Associates.
SPRADLEY, JAMES P., AND ALAN R. SCHROEDL
1972   "The raw and the cooked: an ethnography of communicative competence." Unpublished manuscript, Department of Anthropology, Macalester College, St. Paul, Minn.
SPRADLEY, THOMAS S., AND JAMES P. SPRADLEY
1978   *Deaf Like Me.* New York: Random House.*[11]
STARR, PAUL D.
1978   "Ethnic categories and identification in Lebanon." *Urban Life and Culture* 7:111-42.
SUGARMAN, BARRY
1974   *Daytop Village: A Therapeutic Community.* New York: Holt, Rinehart and Winston.
TOLZMANN, BECKY
1978   "Safety in the arcade: an ethnography on knowing the danger signals in an urban setting." Unpublished paper, Department of Anthropology, Macalester College, St. Paul, Minn.
TURNBULL, COLIN
1961   *The Forest People.* New York: Simon and Schuster.
VERIN, NINA
1978   "Deaf and hearing: ethnography of a mainstreamed classroom." Unpublished paper, Department of Anthropology, Macalester College, St. Paul, Minn.
WALUM, LAUREL RICHARDSON
1974   "The changing door ceremony: notes on the operation of sex roles." *Urban Life and Culture* 2:506-15.
WARD, BARBARA
1966   *Spaceship Earth.* New York: Columbia University Press.
WHITING, JOHN, I. CHILD, AND W. LAMBERT
1966   *Field Guide for a Study of Socialization.* New York: Wiley.
WOLCOTT, HARRY F.
1967   *A Kwakiutl Village and School.* New York: Holt, Rinehart and Winston.

●邦訳のある文献
 *1 村山直之訳：アウトサイダーズ―ラベリング理論とはなにか，新泉社，1993.
 *2 米山俊直訳：文化の型，講談社，2008.
 *3 後藤将之訳：シンボリック相互作用論―パースペクティヴと方法，勁草書房，1991.
 *4 後藤　隆・ほか訳：データ対話型理論の発見―調査からいかに理論をうみだすか，新曜社，1996.
 *5 石黒　毅訳：アサイラム―施設収容者の日常世界，ゴッフマンの社会学・3，誠信書房，1984.
 *6 国弘正雄・ほか訳：沈黙のことば，南雲堂，1966.
 *7 日高敏隆・佐藤信行訳：かくれた次元，みすず書房，1970.
 *8 柴田稔彦・行方昭夫訳：サンチェスの子供たち―メキシコの一家族の自伝，みすず書房，1986.
 *9 吉川　徹監訳：タリーズコーナー―黒人下層階級のエスノグラフィ，東信堂，2001.
 *10 小野修三訳：何のための知識か―危機に立つ社会科学，三一書房，1979.
 *11 山室まりや訳：神様は手話ができるの？，ハヤカワ文庫，早川書房，1984.

INDEX
索引

●数字

2つ1組を対比する質問　161
3つ1組を対比する質問　162

●欧文

Benedict, Roth　182
Blumer, Herbert　11
Boas, Franz　39
Cooley, C. H.　11
D'Andrade, Roy　188
Developmental Research Sequence
　（DRS）Method　xi
Glaser, Barney G.　20
Goffman, Erving　153
Hall, Edward T.　10
Henry, Jules　38
Hicks, George　3, 9
Lynd, Robert　23
Malinowski, Bronislaw　3, 15
Mead, G. H.　11
Opler, Morris　182
Read, Kenneth　212
Strauss, Anselm L.　20
Thomas, W. I.　11
Werner, Oswald　25

●あ行

アウトサイダー　72
アメリカ学術振興協会　229
アメリカ人類学会　27
暗黙の質問　99
インクルーディッド・ターム　116, 124
インサイダー　72
インタビュー　158
意味　6, 9, 12
意味関係　116, 121, 124
一般的な文化的領域（ドメイン）　133
エスノグラファー　35
エスノグラフィー　ix, 3, 17, 48, 81
　——の記録　81
　——の質問　41
　——の焦点　130, 157
　——のデータ　43
　——を書く　209
エスノグラフィー研究における焦点　132
エスノグラフィー研究のサイクル　35, 37

●か行

カード分類による対比的質問　163
カバーターム　116, 124
仮説指向型のエスノグラフィー　41
解釈　9, 93
活動　52, 106, 133
感情　103, 106, 133
観察者　71
記述的観察　43, 95, 99, 100
記述的質問　43, 99
　——のマトリックス　105
記録　73
機能　122, 134
グラウンデッドセオリー　20
グランドツアー型観察　100

索引

具体原則　87
空間　106, 122, 133
研究の範囲　38
研究範囲　39
研究目的　30
顕在的　185
　――な文化的知識　14
顕在的文化　9
言語　81
原因-結果　122, 134
現地の人　3
厳格な内包　122, 133
公正な見返り　33
広角レンズ　71
行為　106, 133
　――のための場所　122
行為者　51, 106, 133
構成要素分析　45, 169, 170
構造的質問　43, 139
混合領域（ミクスト・ドメイン）　118

●さ行

作業手順　xii, 229
索引　205
参加観察　67
参加観察者　68
参加者　68
参加のタイプ　74
シンボリック相互作用論　11
時間　106, 133
識別原則　85
社会科学研究　36
社会的状況　49, 50, 112
　――のネットワーク　55
　――のまとまり　53
　――を定める　49
手段-目的　122, 134
主題　221

焦点化観察　43, 129, 138
詳述記録　90
情報提供者　28, 136
専門家の責任に関する原則　27
戦略的研究　25
戦略的なエスノグラフィー　137
潜在的　185
潜在的知識　15
選択的観察　44, 157, 164
選択的な不注意　70
組織化する領域（ドメイン）　193, 205
属性　122, 135

●た行

タキソノミー　145, 146, 155
対比的質問　43, 161
対比の次元　164, 172
短縮記録　89
段階　122, 135
段階的研究手順法（DRSメソッド）
　xi, 47, 229, 235
逐語原則　86
テーマ分析　45, 188
出来事　52, 106, 133
徹底的な調査　130
トピック指向型のエスノグラフィー
　40
土着の言葉（フォーク・ターム）
　117-119
土着の領域（フォーク・ドメイン）
　117

●な行

内省　73
内部者の視点　4
二重の目的　68
認知地図　12

認知的原則　183

●は行

パターン　112,169
パラダイム　171
パラダイム・ワークシート　175,177
場所　50,134
話し言葉メッセージ　13
非公式　158
表層的な調査　130
フィールドノート　83,89
フィールドノート日誌　92
フィールドワーク　3
プライバシーの保護　32
普遍的なテーマ　196
物体　106,133
分析　93
分析用語　117
分析的領域（ドメイン）　118
分類分析　45,145,149
文化　3,6,8,17,112
文化結合理論　18
文化人類学　3
文化的カテゴリー　172
文化的行動　6
文化的人工物　6,7
文化的推論　14
文化的知識　6,7,8
文化的テーマ　181,182
文化的領域　172
文化的な意味　114
文化的な矛盾　196
文化的な目録　201

文化的場面　114
　──の概略図　195
文化的剥奪の理論　18
文化的複雑さ　129
文化的領域（ドメイン）　115
　──のリスト　202
文章のレベル　212
包括的なエスノグラフィー　40
没入すること　188

●ま行

マイクロエスノグラフィー　40
マクロエスノグラフィー　40
混ざり合った言葉　85
ミニツアー型観察　103
明白な意識　69
目次　205
目標　106,133
目録的アプローチ　181

●ら行

理由　122,134
領域（ドメイン）　116
　──の種類　117
　──の組織化　137
領域（ドメイン）分析　45,111
　──のステップ　120
領域（ドメイン）分析ワークシート
　　122,123
倫理原則　27
類似した活動が見られる社会的状況
　　55